中国审计法制史

张伟 主编

主　编｜张　伟

副主编｜郑国洪　胡耘通

撰稿人｜张　伟　陈　坤　秦　涛　梁　健　郑国洪　胡耘通

按撰写章节先后为序

法律出版社
LAW PRESS·CHINA
北京

图书在版编目（CIP）数据

中国审计法制史 / 张伟主编. -- 北京 : 法律出版社, 2025. -- ISBN 978-7-5197-9892-5

Ⅰ. D922.272

中国国家版本馆 CIP 数据核字第 20258M76B1 号

中国审计法制史
ZHONGGUO SHENJI FAZHISHI

张 伟 主编

责任编辑 陆帅文 胡佳文
装帧设计 鲍龙卉

出版发行 法律出版社
编辑统筹 法律教育出版分社
责任校对 王 丰 郭艳萍
责任印制 刘晓伟
经 销 新华书店

开本 710 毫米×1000 毫米 1/16
印张 13.75 **字数** 186 千
版本 2025 年 3 月第 1 版
印次 2025 年 3 月第 1 次印刷
印刷 唐山玺诚印务有限公司

地址:北京市丰台区莲花池西里 7 号(100073)
网址:www.lawpress.com.cn
投稿邮箱:info@lawpress.com.cn
举报盗版邮箱:jbwq@lawpress.com.cn
销售电话:010-83938349
客服电话:010-83938350
咨询电话:010-63939796

书号:ISBN 978-7-5197-9892-5
定价:39.00 元

凡购买本社图书,如有印装错误,我社负责退换。电话:010-83938349

作者简介与分工

张　伟　西南政法大学纪检监察学院教授,法学博士,撰写本书绪论、第一章、第五章和第六章。

陈　坤　西南政法大学纪检监察学院讲师,法学博士,撰写本书第二章。

秦　涛　西南政法大学纪检监察学院讲师,法学博士,撰写本书第三章。

梁　健　西南政法大学纪检监察学院讲师,法学博士,撰写本书第四章。

郑国洪　西南政法大学监察审计学院教授,经济学博士,撰写本书第五章。

胡耘通　西南政法大学监察审计学院教授,法学博士,撰写本书第六章。

目　　录

绪　　论

一、中国审计法制史的研究对象

中国审计法制史，是以历朝历代的审计制度为研究对象，着重研究审计制度的产生和发展规律的审计学、法学与历史学的交叉学科。

《现代汉语词典》定义，审计是指由独立的专职机构或人员按一定的程序和方法，对企业、机关、事业单位等的财政、财务收支以及经营管理进行审核和检查的活动。审计史就是记载和反映审计的产生、形成、发展以及变化过程的历史。研究审计史的主要目的，是通过描述审计演变过程中的各种现象，分析其产生、存在以及发展的外部条件和内在动因，从而揭示其发展的规律。

中国审计历史源远流长，与之相适应的审计制度亦代有发展。讲到审计，首先不可避免地会涉及对"审计"一词出处、演变的了解。现有中国审计史研究成果对此有多种说法，其中最具代表性并且目前被大多数人认可的说法是，最早在南宋时期审计活动被正式冠以"审计"一词。其史料依据是《宋会要·职官》二七之六一记载："高宗建炎元年五月十一日，诏诸司专司、诸军专司，专字下犯御名同音者，改作诸军诸司审计司。"其意是指南宋建炎元年（公元 1127 年）五月，为避宋高宗赵构名讳（"构""勾"同音），诸军诸司专勾司改作诸军诸司审计司，后诸军审计司、诸司审计司合称为审计院。这是我国最早将审计机构正式以"审计"一词命名的记载。

我国古代没有以审计命名的律令典章，但有大量的审计相关的方法、手段、程序等方面法律规则。这些法律涉及考绩、上计、考课、会计、财政以及监察等方面，主要规制财政财务收支、钱物出纳的审计，以及官吏考课的绩效审计，具有政府审计的传统和品格。审计史界一般认为："在中国古代审计演进的各个历史时期，大体贯穿着两条线：一条是以勾考账簿为主，审查钱粮收支真实性，类似于今天的财政财务收支审计；另一条是以考核官吏财政经济方面的治绩为主，与行政监察紧密结合的审计活动。"[1]

二、中国审计立法的发展脉络与特点

中国审计源起何时，学术界有多种看法，诸如"夏商说""西周说""秦汉说""曹魏说""北宋说"等。众多不同的看法源于对审计起源标准的理解不同。比如，有的以相对成熟的审计形态的出现为标准，有的以"审计"一词的正式冠名为标准，有的以审计的孕育、萌芽或雏形出现为标准。根据马克思主义历史唯物主义观点，在历史研究中，应当把研究的问题放到一定的历史范围之内来研究，注意把握研究对象的时代性。因而探讨中国审计起源问题，应当从源头开始梳理，即以审计的孕育、萌芽作为其研究的起点。

夏朝是我国历史上最早出现的奴隶制国家，随着国家的建立，自然产生了审计的需求，故也出现了最早的具有审计性质的监督活动。由于年代久远，留存下来的文献资料极其匮乏，但是根据流传下来有限的、较为可信的史料来看，夏朝已经孕育审计的胚胎——原始意义的监督。《史记·夏本纪》记载："自虞、夏时，贡赋备矣。或言禹会诸侯江南，计功而崩，因葬焉，命曰会稽。会稽者，会计也。"又据《吴越春秋·越王无余外传》记载："（禹）三载考功，五年正定，周行天下，归还大越。登茅山，以朝四方群臣……乃大会……遂更名茅山曰会稽之山。"再根据《韩非子·饰邪》记载："禹朝诸侯之君会稽之上，防风之君后至，而禹斩之。"上述史料表明：禹通过汇集诸侯，对贡赋征收进行稽核，一方面显示王权的神圣不可侵犯，另一方面对诸侯实施带有经

[1] 李金华：《中国审计史》（第1卷），中国时代经济出版社2004年版，第2页。

济意义的监督。从防风君仅因迟到即被问斩一事,便可窥知这项制度之严厉。并且刑法上已有“墨”“惟货”“惟赇”等官吏贪赃之罪,进一步证明了此种具有审计性质的监督活动的存在。

商朝的行政管理和监督体制分为“内服”和“外服”。“内服”是指商王朝直接统治的地区,“外服”则是指直接统治以外的区域。商朝内服官员极多,已发现的卜辞所涉及官职名已达20多个,如“臣正”“多马”“尹”“史”“吏”等;商代铜器铭文上,也可见“尹”“卿吏”“宰”“宗”等职官。这些职官中,少不了监督、管理农业和手工生产等经济活动的官吏。其中特别是“宰”和“臣”,其职责中都含带有审计性质的监督职能。在中国古代,“监管合一”“监审合一”是很常见的,一方面是管理与监督、审计尚未分化;另一方面也是出于维护集权统治的需要。

西周形成了一个从王室到地方较为系统的行政管理和监督体制,其最明显的特征是将宗法制度与政权组织更加密切地结合在一起。《周礼·天官》记载:“宰夫之职,掌治朝之法,以正王及三公、六卿、大夫群吏之位。掌其禁令,叙群吏之治……岁终,则令群吏正岁会。月终,则令正月要。旬终,则令正日成。而以考其治,治不以时举者,以告而诛之。”由此可知,宰夫“掌治朝之法”,监督“群吏”,通过“岁会”“月要”“日成”等方式,进行年终、月终和旬终的稽查考核。

春秋战国时期,御史制度与上计制度成为审计立法的两大核心内容。御史最早为史官,兼掌监察,至战国时期已经演变为监察官。韩、魏等国已在郡县地方机构设御史,以对地方官员监察,其中对地方官的财政税务活动的监督为重要内容。上计制度始于春秋,最早见于《晏子春秋·外篇第七》:“晏子治东阿,三年,景公召而数之曰:‘吾以子为可,而使子治东阿,今子治而乱,子退而自察也,寡人将加大诛于子。’晏子对曰:‘臣请改道易行而治东阿,三年不治,臣请死之。’景公许。于是明年上计。”齐景公时已经实行上计,以作为考核官员政绩的重要措施。除齐国外,秦国也有上计制度,《史记·范雎列传》:“昭王召王稽,拜为河东守,三岁不上计。”

秦汉时期,审计制度得到了前所未有的巨大发展。公元前221

年,秦始皇统一中国,推行郡县制,建立起一套完整的封建官僚机构。根据出土的云梦秦简,秦颁布了核验官府物资财产的《效律》,不仅地方行政长官必须在岁终时“上计”,而且各业务部门、机构的官吏也必须将一年的工作情况向上级主管部门呈现。《效律》:“计脱实及出实多于律程,及不当出而出之,直其贾,不盈廿二钱,除;廿二钱以到六百六十钱,赀官啬夫一盾;过六百六十钱以上,赀官啬夫一甲,而复责其出也。人户、马牛一以上为大误。误自重也,减罪一等。”法律对会计账目存在谬误的情况作出规定,损差不满二十二钱,可以免罪;二十二钱到六百六十钱,罚该官府的啬夫一盾,并责令赔偿损失;超过六百六十钱,罚该官府的啬夫一甲,并责令赔偿损失。可见秦的审计活动开展得已经很深入、广泛,并且有法律依据。两汉时期,当先论西汉,东汉在秉承西汉的审计制度上再做发展,郡国的“上计”,由原本的郡丞、长史担任改为上计吏专任,其独立性和专职化更进一步。皇帝亲自受计,《东都赋》:“春王三朝,会同京汉,是日也,天子受四海之图籍。”东汉上计所包含的审计活动内容比前代更加丰富,为促进中国古代审计制度的形成,起到了重要的推动作用。

魏晋南北朝时期到唐前期,是中国古代审计向独立、专职化方向探索和发展的时期。作为独立的专职审计机构,比部产生于曹魏,其隶属关系不断变更,至隋唐归于刑部。在这一过程中,比部的审计职能不断得到强化。比部审计时期,财务勾检制度发展成熟。在中央集权的一元财政体制下,整个行政管理系统和监察系统的各级官府中均设有身兼行政效率勾检与财务审计双重职责的勾检官,从而形成了广泛的审计网络。比部通过定期的合规性勾考,对广及中央、地方、军镇的财政收支进行全面审计。《比部格》《比部式》的颁行,标志着专门审计法规的出现。在比部审计占据主导地位的同时,御史台作为独立的监察机构也开始形成,御史监察制度有所发展,在对官吏的监督中也实施部分审计职能。唐安史之乱后,藩镇割据,中央集权受到削弱,财政多元化的局面形成,比部的勾检职责难以履行,原有户部四曹被户部、度支、盐铁转运使三司代替。随着三司使的发展完善,使职内部逐渐形成了审计体系。审计独立的思想,审计、监察、会计三者明确分工相互合作的完善的审计制度,勾账、勾历、勾征账并行互补的审计账簿格式,复杂、精细的审计方法,以《勾账式》《比部格》《比部式》为主体的完备详明的审计法规,相差悬殊、迥然有别的唐前期、后期审计机构组织及内容结构等,共同构成隋唐时期的审计特色。

宋承唐制,其基本法内容上大致与唐律相同,《宋刑统》其实就是唐律的翻版。南宋宁宗嘉泰二年(公元 1202 年),右丞相谢深甫监修编成《庆元条法事类》,涉及大量宋代审计相关法律。此外宋代还颁行诸多敕、令、格、式,为特定机构和特别事项制定专法,包括《熙宁编三司式》四百卷、《三司条约》一卷、《元丰户部敕令格式》一百三十卷、《转运司编敕》三十卷等,规模在历史上是空前的。宋代审计监督系多重监督、层层关防,机构专职化程度极高,财政收支之浩大,苛捐杂税之繁多,财政分配之复杂,使宋代财经管理和监督的工作量大大增加,超出官吏人员负荷,所以虽然其审计水平超过唐代,但是审计成效却不如唐代。

元代统治地域广袤,为加强监察,中央设御史台,地方设行御史台,还在包括中书省在内的十一个省区中设二十二道肃政廉访司,形成了一个以御史台为中心,行御史台为重点,各道廉访司为经纬的三级监察网络。《元典章》卷五《宪台格例》、卷六《察司合察事理》有与财经审计监督相关的一些条例。取消比部,设检校负责中央各部门及地方各级官府财政财务收支的审核稽查,与唐代比部隶属于刑部相比,检校隶属于中央和地方最高行政机关中书省或行中书省,即审计职能部门从司法系统转入行政系统。

明代审计是在封建专制政体极端强化的条件下存在和发展的,带有高度集权的特色。正统四年(公元 1439 年)颁布《宪纲事类》,明确规定了监察审计机构的地位和职权,赋予都察院及其十三道监察御史、提刑按察使和六科给事中审计监督权,重点审查中央政府各部门和地方各级政府的财政收支。都察院侧重于纠察全国官员,十三道监察御史审计稽核的重点在地方,而六科给事中则主要对口监督中央六部等机构。三部门多层次交叉制约,但是缺少一个专业的、独立的国家财政审计机构，无法适应社会经济发展的需要，高度集权背景下审计职能的发挥取决于君主，后期朝政败坏，审计监督名存实亡，加速了明王朝的覆灭。

清代颁行的《钦定台规》是一部专门的审计、监察法典，它的制定使中国封建社会时期的审计法规制度建设迈向了一个新高度。清代审计机构的总汇为都察院，左都御史主持公务，下属六科给事中、各道监察御史行使对中央各部院以及地方的审计监督权。右都御史由总督兼衔，副职由地方督抚大吏担任，形成上下相维，中央与地方交互为用的网状结构。开展就地审计、巡回审计是清代审计制度的重要内容，根据《钦定台规》记载，清代对重要的经管钱粮、物资的部门，如京通十六仓、户部三库、内务府等，均派科道官员进行专项就地审计。此外，还对审计官员作出回避籍贯、亲属，不得兼职，知情如实上报义务的规定。清末立宪，近代法治思想传入国内，在官制改革中，提出分权以定限，即调整立法、行政、司法三权，由此于光绪三十四年(公元1908年)提出设立审计院。后出台我国第一部专门的审计法规——《审计员官制草案》，是在参考了日本及欧美各国经验做法的基础上制定的，应该说是清末审计思想的一个飞跃性进步。但随着1911年辛亥革命推翻了清代统治，计划于1912年成立的审计院尚未出世便已灰飞烟灭。

民国时期先后由北京政府、广州国民政府、南京国民政府和重庆国民政府分别在1914年、1925年、1928年、1938年颁布了四部《审计法》。《审计法》(1914年)共计19条，采取了诸如审计范围涵盖中央政府、各官署、特别会计、公营官产的收支计算；审计程序和方法主要采用事后送审制。《审计法》(1914年)是经国家立法程序制定的法律，从此便确立了审计在监督国家财政收支过程中的法律地位，厘定了审计监督与会计监督之间的严格界限，但其也存在诸多不足：规定大总统和副总统的“岁费”以及政府“机密”费用不在审计范围，这就为政府的滥支滥用大开方便之门；审计院对于法令或者行政应行改正与有关重大的处理意见，必须呈报“大总统行之”，从而也使审计缺乏必要的独立性。广州国民政府于1925年颁布的《审计法》，继承《审计法》(1914 年)之上又有所创新,取消了总统“岁费”以及政府“机密”的免审特权,增加了事前和巡回审计制度,赋予审计机关更大的独立性,但令人遗憾的是有些规定并未得到完全实施。1927 年南京国民政府制定的《审计法》又有新的发展。一是加强事前审计,未经审计院核准,国库一律不得付款;二是加强审计的职责和权限,规定审计院严格把关,对于即使与预算法案相符合但不经济的支出,“亦得驳复之”;三是赋予审计机关对故意违反审计程序的各机关以处分建议权。但是该《审计法》(1927 年)却规定对于国民党党部和地方审计机构成立以前的地方政府的收入支出免于该法限制,无疑助长了国民党部与各地方政府的贪污腐败。1938 年重庆国民政府颁布《审计法》,共计 5 章 56 条,是民国年间最完整的一部审计法。第一章“总则”主要规定了审计机构的组织体系及其职责范围与权力,第二章、三章、四章分别为“事前审计”、“事后审计”和“稽查”,分别有 6 条、11 条、8 条,各自规定了事前、事后审计的程序与方法,以及稽查的职责范围与程序方法。第五章为“附则”共计 3 条,主要规定了一些需要特别说明的问题。《审计法》(1938 年)不仅内容上更加详细具体,而且设想思虑也更加周密,从而为审计工作有效开展和全面深入提供了法律指引,也使中国的审计制度基本定型。

三、学习中国审计法制史的意义与方法

法律是制度的基础,任何制度的建立和维持都必须有一套与之相适应的法律、法规作为保障,否则制度只是徒有其表的空壳,难发挥实质性的功能。对于这一点,中国历代的统治者有着深刻的认识,都十分重视法律、法规的建设。到封建社会灭亡的清末,中国已经建立了一套完整的封建律令体系。审计制度的建立与维持也不例外,一套完善健全的审计制度的建立必须有一套与之相适应的审计法律、法规为基础。审计立法作为法制建设的一部分,在监督与制衡方面有着十分重要的作用,自然受到重视。中国审计立法经过几千年的发展,经过历代立法者的不断修改完善,相关成果已经有了相当丰厚的积淀。

中国共产党自成立起，在自身的组织建设中就一直高度重视对财务进行内部审计监督，如1922年广东社会主义青年团进行改组设立的财政部审计股，1923年安源路矿工人俱乐部先后成立的审查部和经济审查委员会，1925年省港罢工委员会设立的审计局，都是中国共产党创立早期领导设立的内部审计监督机构。

2018年5月，习近平总书记在中央审计委员会第一次会议上强调，要拓展审计监督广度和深度，消除监督盲区，加大对党中央重大政策措施贯彻落实情况的跟踪审计力度。同年9月，审计署在全国内部审计工作座谈会上提出，内部审计工作要坚持将推动党中央、国务院重大决策部署在本地区本部门本单位的有效落实作为首要职责。2018年1月，审计署修订发布《审计署关于内部审计工作的规定》（审计署令第11号），明确将"对本单位及所属单位贯彻落实国家重大政策措施情况进行审计"规定为内部审计应当履行职责中的第一项。中国内部审计协会在2021年年初修订发布的《第2205号内部审计具体准则——经济责任审计》中，也根据2019年7月中办、国办印发的《党政主要领导干部和国有企事业单位主要领导人员经济责任审计规定》，将被审计领导干部和领导人员"贯彻执行党和国家经济方针政策和决策部署，推动单位可持续发展情况"作为经济责任审计的重要内容。上述政策法规规范的要求表明，党和国家重大政策措施贯彻落实情况审计已成为内部审计的"规定动作"，是新时代赋予内部审计的重要职责和使命。

"学史明理、学史增信、学史崇德、学史力行"，深刻学习中国审计法制史，完善审计法规建设，是建设社会主义法治国家的重要保障。依法治国的前提就是有法可依，立法机关要严格按照立法程序制定法律，逐步建立起完备的法律体系，使国家各项事业有法可依。审计执法构成依法治国的重要部分，审计执法不但关系到国家公共财产的安全，而且还关系到被审计单位的合法权益。特别是在社会主义市场经济条件下的中国，审计的监督职能就显得更为重要。它在维护财经纪律、经济秩序、促进廉政建设、保护国家财产安全等方面，有着十分显著的作用,然而审计监督职能作用的发挥必须有一套坚实的法律作为后盾,离开审计法律的指引、规制,审计活动难以开展,实效更是奢谈。依法审计的中心环节是有法必依,审计机关和审计人员在进行审计活动时必须以审计法律、法规为依据。通过审计立法,从法律上明确审计机关的法律责任,规范审计机关和审计人员的行为,保证审计机关和审计人员依法行政、依法审计,这不仅保护了被审计单位的合法权益,而且还维护了社会主义国家法律的尊严。

研究中国审计法制史,应当以辩证唯物主义与历史唯物主义为根本方法。

要运用历史的、发展的观点研究审计法制史。审计法反映存在于制度中的经济监督、法律监督,是政府廉政建设的一面镜子。我们研究审计法制史,一定要结合审计法制定的时代背景,不能以今日的目光去评价过去的法律,始终保持辩证的角度,既要看到审计法进步的一面,也要看到其局限性。

研究审计法需要将理论与实践相结合。实践是审计法理论的源泉、发展动力与检验标准。紧贴实践与应用是审计法的重要特征,学习审计法就是为了适用审计法规定、应用审计法理论,审计法理论也只有在具体运用中才能得到检验、丰富与发展,因此,要联系中国国情、中国的审计立法与司法实践学习审计法。

社会学研究法,是指对审计法与社会现象的关系、审计法的社会作用与效果进行考察,使审计法与社会发展相协调的方法。审计法不是孤立存在的,而是与其他社会现象并存,因此,必须在各种社会现象中研究审计法,使审计法理论与社会发展相适应。

历史研究法,是指对审计法进行历史的分析与未来的展望,弄清审计法的来龙去脉,了解审计法的发展动向的方法。审计法有鲜明的时代性,同时又具有明显的继承性,因此,研究以往审计法对类似问题的规定,有助于理解审计法的精神。审计法也具有一定的稳定性,一经制定就在相当长的时期内实施,因此,分析各朝代的历史走向,有利于理解审计法的适用。

第一章　夏商至汉的审计法律制度

一般认为,夏朝建成了我国历史上第一个奴隶制政权,该时期也是我国早期法律制度的形成阶段。夏朝后期,商族因夏桀的残酷统治推翻了夏政权,建立起中国历史上第一个有文可考的政权,这期间法制指导思想和诉讼制度等方面有了长足的发展。在商朝后期,周武王作为商朝的邦国首领,会同诸多小国和部族讨伐了纣王,灭商后建立起周朝。西周时期,统治者结合夏商的法律思想,确定了自己的法律思想和制度,对中国两千多年的传统法治产生了深远的影响。公元前770年周王朝东迁洛邑,到公元前221年秦始皇统一中国,即为“春秋战国”时期。春秋战国是我国历史上大变革大发展的重要时期,政治制度、经济制度、文化制度、法律制度都发生了巨大的变化。秦王嬴政继位后开始进行大规模的统一战争,建立起中国历史上第一个统一的多民族专制主义中央集权国家。秦朝末期依然没有摆脱暴政的局面,随着秦朝统治被推翻,汉承秦制,吸取秦朝灭亡的教训,汉朝建立起来。在统治者的带领下,社会稳步发展、经济文化空前繁荣,成为中国法制发展史上一个重要时期。

第一节　夏商时期的审计法律制度

一、夏商时期社会背景

在原始社会,部落联盟的重要事务都是由各氏族部落首领组成的联盟议事会讨论决定，首领也是由议事会推举产生。根据这一传统，禹的后一任本应为伯益，但禹暗中培养儿子启的党羽和势力，最终启运用武力赶走了伯益，宣布自己成为夏王，史称"夏传子，家天下"，自此，古代社会从原始氏族公社向奴隶制君主专制转变。启继位以后很长一段时间不断受到各势力的反抗，直到少康治理时期，夏政权才逐渐趋于稳定。《左传·襄公四年》载："茫茫禹迹，划为九州，经启九道。"大禹时期的中原被分为九州，冀、豫、雍、扬、兖、徐、梁、青、荆州，并设立了管理各州的长官，称为九牧。除此之外，《礼记·明堂位》记载："有虞氏官五十，夏后氏官百，殷二百，周三百"，这说明国家的政权机构开始出现，管辖庶政、军事、赋税、宗教、诉讼、车马、历法、档案、天象、量器等事务。中央设六卿，后稷掌农事，司徒（司土）掌民事，司马掌军事，秩宗掌祭祖，作士掌司法，羲和掌时令历象，州牧管理居民，牧正掌畜牧，车正掌造车等。[1] 氏族首领的权威超越了氏族的界限，可以对全体居民进行统领。夏朝官僚制度的支撑是一支对内进行镇压、对外发动战争的军队。此时在夏朝，百姓需要向上缴付贡赋、税收。《国语·周语下》载："《夏书》有之曰'关石和钧，王府则有'。"夏朝用一般的石、钧等量器进行计算，以此来维持王府的日常收入。《左传·昭公六年》记载："夏有乱政而作禹刑。"乱政指的是奴隶和平民反抗奴隶主的抗争，而"禹刑"是夏朝法律的统称。夏朝的法律极其零散，可考内容极少。文明起源阶段，国家初成，难以形成完备的成文法律规范体系，其时存续、运行的法律多为氏族部落的规范性习惯。这既是法律早期发展的必然形态，也是当时中国社会的发展阶段所决定的。夏朝的最后一个统治者夏桀荒淫残暴，商族人民推翻了夏朝，开启了一个新的朝代——商朝。

商朝是我国历史上第一个有文字可考的朝代。商代的建立，被宣扬为"天命"，《尚书·昭诰》有云："有殷受天命"。对鬼神的信仰是商朝人意识形态的突出特点。《礼记·表记》载："殷人尊神，率民以事鬼

---

[1] 张国安：《中国法制史》，中国检察出版社 2007 年版，第 23 页。

神，先鬼而后礼，先罚而后赏，尊而不亲，其民之敝，荡而不静，胜而无耻。周人尊礼尚施，事鬼敬神而远之，近人而忠焉。”商王作为神灵在人间的代表，以占卜的方式与神灵进行沟通，接受神灵的旨意。将政治统治与祖先神灵的崇拜联系在一起，是商朝统治的一大特色。这种统治既延续了原始部落联盟时期祖先崇拜和血缘联系的习惯，又使商王的祖先与商民的祖先成为统治与被统治的关系。商朝的政权体制具有典型的神权与王权结合的特征。殷商时代，奴隶的使用广泛存在于农业、手工业、畜牧业等生产领域，奴隶与奴隶主的阶级对立十分明显。

《左传·昭公六年》载："商有乱政，而作汤刑。""汤刑"或为商朝法律的总称，不成文的习惯法和王所发布的"誓""诰""命"等也同样具有很高的法律效力。在夏朝的基础上进行发展，商朝的政治也日趋成熟，国家机构日渐完备。在王位继承方面，商朝早期以兄终弟及为主要方式，以父死子继为辅助手段。这样两种制度的并行使当时的商朝内乱不断。盘庚迁都之后，"父位子继"成为主流的继承方式，到了商朝晚期完全确立这一继承王位的制度，为西周的嫡长子继承制及宗法等级制度奠定了重要的基础。商朝在中华民族的发展史上具有重要的历史地位，其统治领域几乎遍布了中国的中部地区，将中部地区的各个民族几乎连为一体，这样规模的政权，在世界上同时期的其他国家也不常见。

二、立法指导思想

（一）立法指导思想

当时人们认识自然事物的能力有限，"天命""鬼神""神意"等宗教迷信思想十分普遍。基于对祖先、鬼神的崇拜，夏朝采取的是"恭行天罚"的神权法的立法指导思想。夏的统治者利用宗教鬼神进行统治，为国家权力的获取和行使赋予了神性。以王为代表的奴隶主贵族是按照神的旨意来统治人们，使王的权力和奴隶主贵族的权力获得绝对不可被侵犯的权威。法律也是神意志的体现，法律的运行则是在实现神的意志。《尚书·召诰》载："有夏服天命。"《礼记·表记》载："夏道尊命，事鬼敬神而远之。"《论语·泰伯》传夏禹"菲饮食而致孝乎鬼神，恶衣服而致美乎黻冕。"《尚书·甘誓》夏启"赏于祖"，"戮于社"，表示替天行罚。

夏朝的神权思想到了商朝有了更进一步的发展。商朝除了保持对于上天的信仰外，内容上形成了王权神授的思想，把统治权力解释成为是上天的托付，为王权加上了神秘色彩，使之更有威慑力。《尚书·召诰》载："有殷受天命"，《师诗·商颂·玄鸟》载："天命玄鸟，降而生商"就是王权神授思想的描述，以此证明其统治权来源的合理性、正当性。夏朝已经出现的天罚思想，在商朝时期得到了继承，商王依照神的旨意，代替神对罪人进行惩罚。《尚书·汤誓》载："有夏多罪，天命殛之……尔尚辅予一人，致天之罚。"与夏朝单纯的信仰"天意"不同，商朝还将神意同占卜联系在一起。商王无事不补、无日不卜，政治、经济、日常生活都要占卜，尤其重视的是司法审判方面的占卜。神判是假借神的旨意判罪量刑，是人类社会早期普遍使用的一种审判方式。商王通过占卜来判定一个人是否有罪，占卜的结果就是神的旨意，依照神的要求来决定是否惩罚、如何惩罚。

（二）宗法等级制

奴隶主阶级为了巩固统治阶级内部的秩序，制定了宗法制。宗法是以原始社会父权为中心的宗族组织关系为基础而制定的。宗法制与等级制紧密结合，区分出了王室和诸侯、诸侯和卿、大夫之间的政治等级关系，保证了王室对其他政治阶级的控制权。这个制度是族权和政权的结合，是奴隶主贵族阶级统治进一步加强的反映。商朝早期实行"兄终弟继""父死子继"并行的王位继承制，就是王位继承与宗法等级的密切结合，象征国家的王权与族权高度统一，呈现出家国一体的格局。商朝奴隶主与平民、奴隶的界限十分清晰，原来氏族联盟的首领和军事统领等转变为了"王侯"，"王族""子族""邦伯师长百执事”“百姓王人”成为奴隶主阶层。平民阶层则为“小人”,需要向奴隶主纳税和服役。“众人”“工”“臣”“妾”“仆”等是奴隶阶层,他们有的是战俘,有的是平民因为破产等原因而沦为的奴隶。国家的主要权力由奴隶主贵族阶级掌握、支配。

宗法制度的本质是按照血缘关系的亲疏来分配整个国家的资源、权力、政治利益等,建成一套等级化了的政治权力的运行和流转体系。与君主在血缘上的远近程度决定其在社会上能获得的资源和权力,越是亲近,权力越大,所拥有的社会资源越丰富。宗法制将“家天下”的统治模式具体地落实到了现实政治实践当中。

三、夏商时期审计制度的主要内容

夏朝是中国历史上第一个奴隶制王朝,当时已经有了较为完善的国家财政收支体系。奴隶主拥有一定数量的奴隶,在利益驱动下,奴隶主将越来越多的奴隶投入生产活动中,奴隶成为当时的重要生产资料,剥削奴隶劳动成为重要收入来源。《国语·周语下》载:“《夏书》有之曰‘关石和钧,王府则有’”,韦昭注曰:“关,门关之征也。石,今之斛也。言征赋调钧,则王之府藏常有也。一曰:关,衡也。”《史记·夏本纪》载:“自虞、夏时,贡赋备矣”“夏后氏五十而贡”。夏朝时期,统治阶级就开始了收取贡税、赋税,王府以之来维持日常的开销。除了夏朝民众上缴的税之外,周边的邻近部落、氏族也会向夏朝贡献。《左传·宣公三年》载:“昔夏之方有德也,远方图物,贡金九牧,铸鼎象物,百物而为之备,使民知神、奸。”《左传·哀公七年》载:“禹合诸侯于涂山,执玉帛者万国。”夏朝的统治者在治理国家时,需要对国家财政收支进行相应的监督和管理。夏禹时代对诸侯的考核是三年一次,其考核内容是核算各诸侯的贡赋税收,方式是将各诸侯召集在某地进行面对面的统一考核。这种定期会集诸侯的考核设定了奖惩,对于迟到者,盟会后才赶到的人,当斩,可见考核的重要性。夏禹时期的“会计”是后世上计制度的基础。

商朝王室直接经营的田庄、牧场和手工业作坊,以及畿内有封土的贵族、王臣和畿外诸侯、方国的贡纳,是国家财政收入的几大来源。殷墟甲骨中的记事刻辞记录了大量的贡纳活动,其中记载了带有审计性质的经济监督活动,隐约显示出审计萌芽的迹象。商代卜辞中有很多关于祭祀用牲、田猎收获、贡赋交纳、赏赐、赠送等记录,虽然记录者的本意并非"会计"记录,但从其内容上来看,显示了当时会计记录的实际方法。殷人货贝而宝龟,甲骨文中常记载进贡龟贝的事件。《殷墟文字丙编》278 号甲骨记载:"永入十",意思是永(方国邦族之名)人进贡了十只龟,经过一名贵妇人的审验,另有一名陪同审验者。甲桥刻辞中也有许多关于商代对贡龟进行检视和验收的制度。《殷墟文字乙编》7782 号甲骨(甲桥刻辞):"帚好入五十","争"。

四、夏商时期的典型案例

据《吴越春秋·越王无余外传》《史记·夏本纪》等记载,夏禹会诸侯于茅山,是中国古代审计的重要历史传说。《史记·夏本纪》载:"自虞、夏时,贡赋备矣。或言禹会诸侯江南,计功而崩,因葬焉,命曰会稽。会稽者,会计也。"《吴越春秋·越王无余外传》载:"三载考功,五年政定。周行天下,归还大越,登茅山[1]。以朝四方,群臣观示。中州诸侯,防风后至,斩以示众,示天下悉属禹也。乃大会计治国之道,内美釜山州慎[2]之功,外演圣德以应天心。遂更名茅山曰会稽之山。"禹通过"三载考功""大会计",对各诸侯和方国缴纳贡赋的情况进行检查、考核。禹在茅山会诸侯时,防风氏违命迟到,禹将其诛杀。后人为纪念禹,将茅山改名为会稽山。

---

〔1〕《史记》注:"禹到大越,上苗山。"《十道》注:"会稽山,本名茅山,一名苗山。"
〔2〕"慎"同"镇"。

第二节 西周时期审计法律制度

一、西周时期社会背景

夏商周在历史上被称为“三代”,西周是三代发展的最顶端,是中国上古文明的全盛时期。夏商时期已经出现了奴隶制,西周则是对奴隶制的进一步继承和发展,是奴隶制最发达的时期。西周主要可以被分为三个基本的阶级:奴隶主阶级和平民阶级、奴隶阶级。奴隶阶级包括从事农业生产的“庶民”或“庶人”,从事手工业的“工”,替奴隶主经商的“商”等。奴隶主阶级包括王、侯、卿、大夫、士等阶级,在“士”这一阶级中,有的属于奴隶主下层,有的属于平民上层。平民是除了奴隶阶级和奴隶主阶级的自由民,其数量最多。《诗经·周颂·臣工之什》:“噫嘻成王!既昭假尔。率时农夫,播厥百穀。骏发尔私,终三十里。亦服尔耕,十千维耦”。手工业方面得到了快速发展,更是有了所谓“百工”的部门分工。奴隶在奴隶主的强迫下为奴隶主进行集体劳动,平民的地位虽然要高于奴隶,但每年都需要为奴隶主进行一段时间的无偿劳动,并仍然需要服兵役和纳贡税。平民阶级和奴隶阶级都是奴隶主阶级压迫和剥削的对象。

西周的“井田制”已比较成熟,贵族们在自己的领地内将土地划分为方田,从形状上来看像数量众多的“井”字排列在一起,因此被称为“井田制”。按“溥天之下,莫非王土,率土之滨,莫非王臣”的说法,土地和奴隶都是周王所有,在西周土地王有制下,“田里不鬻”,受封贵族不得私自转让土地,但周王可以对土地和奴隶进行分配。周王将土地和奴隶依照自己的意愿分给了他的王室成员和臣下,这些王戚贵族再向下分给自己的亲属和下属,层层分封。“井田制”是西周国家结构和政治制度的经济基础,其实行使西周的生产力得以显著提高,经济得以快速增长。

商朝已有“兄终弟及”之制，西周在其基础之上形成了嫡长子继承制，并与分封制紧密联系在一起。嫡长子继承，即只有正妻所生的长子为法定的王位继承人，《春秋·公羊传·隐公》云：“立嫡以长不以贤，立子以贵不以长”，西周从一开始便确立这一准则。天子是“大宗”，嫡长子继承“大宗”之位，其他的庶子、次子分封为诸侯，成为“小宗”，从属于“大宗”，其后代中无法继承为“小宗”的，分封成为卿大夫。西周的分封制基本是按照血缘的关系远近为原则来划分。周王分封给诸侯王，诸侯王分给卿大夫，卿大夫再分给士，士为分封制的最底层，以此形成了层层等级结构。周王直接治理的区域为王畿，以王畿为中心，周朝势力所及的区域，按照与王朝的远近和地理距离的远近，分为若干服，分封给周王的兄弟、亲族、大臣等，称为畿服。在畿服内，各诸侯王可以建立自己的诸侯国，享有军事、司法、行政等各项权力。但需要服从于周王的命令并按期纳税。在宗法等级制和分封制的结合下，在周王统治范围内形成了以天子为中心和权力最高点的宗法系统。宗法制和分封制使奴隶主阶级的政治特权和社会地位不会被分散和削弱，也有利于维护统治阶级内部关系的稳定，为后世宗法等级制产生了极大影响。

由于宗法制与政权体制的紧密联系，西周的政权体制具有明显的家国一体的特征。周王为国家的最高统治者，其下有三公进行辅佐，《通典》载：“夏、商以前，云天子无爵，三公无官。周以太师、太傅、太保曰三公”。三少辅佐三公，少师、少傅和少保，三公之下有三事官、四方和卿事寮。三事官是指政务官、事务官和地方官，四方包括诸侯和方国、部族。卿事寮为六卿僚属的总称，六卿为王朝的官员，掌管具体的事务。太宰总揽朝政，太宗管礼仪祭祀，太史管历法记事，太祝管祈祷，太士管神事，太卜管占卜，合称六卿。

二、西周时期的立法指导思想

（一）“以德配天”

西周统治者在总结商朝灭亡原因时，认为根本原因是没有关注到民在天意中的重要地位。西周的统治者在继承了夏商神权法思想的同时，认为王不是天意的化身，天意不是永远不变的，不会永远支持某一特定的统治者。《诗经·大雅·文王》载：“上帝即命，侯于周服。侯服于周，天命靡常。”上天依旧是万物的主宰，王权来自上天，但是当统治者的行为不符合德行时，上天便会收回对王授予的权力，所谓“皇天无亲，唯德是辅”。《尚书·召诰》载：“我不可不监于有夏，亦不可不监于有殷。我不敢知曰：不其延，有夏服天命，惟有历年；我不敢知曰：其不延……我不敢知曰：有殷受天命，惟有历年；我不敢知曰：不其延。”统治者的权力不仅仅是“受命于天”，还有“以德配天”这一关键因素。上天选择了有德行的人作为人间的王进行统治，商王的暴虐不敬德，才让有德的姬周灭商，成为新的统治者。《左传·僖公五年》载：“皇天无亲，唯德是辅。”

周王为了统治延续，必须要时刻注意修德，关注百姓的情绪，重视民心向背，不可迷信天威。《尚书》中此类言说甚多，如《康诰》载：“天威棐忱，民情大可见。”又如，《君奭》云：“我亦不敢宁于上帝命，弗永远念天威。越我民罔尤违，唯人。”再如，《酒诰》载：“人无于水监，当于民监。”这些论说大致可概括为“敬天保民”，沿着这一人文关怀理路，自然衍生出“明德慎罚”的刑罚观念。

（二）“明德慎罚”与“德主刑辅”

周人重视“德”，关注民生、民意、民心，周王认为商朝最终被推翻的一个重要原因在于商朝统治者意图通过重刑、重罚的方式控制社会，结果适得其反，最终导致商朝的灭亡。周王总结历史经验，以明德慎罚作为其刑罚指导思想，促进社会的和谐、稳定。该思想的提出和具体运用确实为西周的社会稳定带来了积极的影响。出土的西周时期的青铜器上记载有“明德慎罚”的铭文大部分集中在成康、共懿和宣王三个时期，这三个时期同时也是历史上大乱之后三个所谓的盛世、安定和中兴时期。

最早提出“明德慎罚”思想的人是周公旦。周公在其书中多次讨论教与罚的使用，具体阐述明德慎罚的内容。关于明德慎罚的论述主要集中在《尚书·康诰》中，“惟乃丕显考文王，克明德慎罚，不敢侮鳏寡，庸庸，祗祗，威威，显民，用肇造我区夏……予惟不可不监，告汝德之说于罚之行”。他强调应当任用该任用的人，尊敬该尊敬的人，惩罚该惩罚的人，包含了对于统治者自身道德修行的要求，也包含了慎罚的要求。这段话是周公在平定三监之乱后将康叔分封于殷之地时的训诫之词。以文王为事例，告诫康叔要时刻谨记以明德慎罚作为指导原则，用怀柔的方式，教化和刑罚并用，统治殷遗民。周王不仅将“明德”作为论证其政权合法性的依据之一，还认为这一思想也应当在法律制度层面得到贯彻，“慎罚”则是其在法律上的体现。

“明德”意为提倡和重视道德，强调道德教化的作用，向民众提倡德教，用道德去教育和感化，实行德治。“慎罚”意为谨慎地立法和运用司法，强调适用刑罚时要慎重和以宽缓为主，防止刑罚的滥用和随意实施。“明德”是“慎罚”的前提和指导思想，“慎罚”是“明德”得以实现的具体方式。《左传·成公二年》引《周书》中的“明德慎罚”进行解释，“文王所以造周也。明德，务崇之之谓也；慎罚，务去之之谓也”。德是根本，罚为补充，二者相互交融。这是中国思想史上第一次明确将“德”与“刑”联系起来。面对具体案例时，周公认为应当先对人进行教化，给他改过自新的机会。如果在此之后，仍不悔改，再用刑罚进行惩戒。例如，周公认为商人饮酒进而导致灭国，周人当以史为鉴，厉行戒酒。《尚书·酒诰》记载：“尽执拘以归于周，予其杀。”对于“群饮”的周人，是明知故犯，一旦发现，杀之。《尚书·酒诰》载：“勿庸杀之，姑惟教之。”对于商人，由于其之前有过“群饮”的习惯且当时并不认为是有罪的，一经发现先进行教化，不杀。在适用刑罚之前先对民众进行教育,发挥劝说民众、改错向善的作用。

虽然在案件处理过程中,道德教化具有非常重要地位,但“明德慎罚”并不意味着不罚不杀。《尚书·康诰》载:“用其义刑义杀。”在应当适用刑罚时施以刑罚,应判处死刑的处以死刑,尽量做到罚当其罪,不冤枉、不滥用,以德支配刑罚的实施。《尚书·康诰》载:“服念五六日,至于旬时,丕蔽要囚。”“明德慎罚”要求统治者重视道德教化的作用,立法、司法都必须慎重、宽缓,但是对应当处以刑罚的案件,在经过审判者审慎的考虑和决定之后,仍应对犯人处以应承担的刑罚。刑罚的适用需要被控制在适当的限度范围内,否则会导致民众产生怨恨,不利于政权的稳定。

三、西周时期审计制度的主要内容

(一)礼与刑

1.《周礼》

西周初期,奴隶主贵族为了巩固和加强统治,在周公姬旦的主持下“制礼作乐”,编订了一整套旨在维护宗法等级制的规章制度和行为规范以及相应的礼节仪式,即为《周礼》。《左传·隐公十一年》载:“礼,经国家,定社稷,序民人,利后嗣者也。”以既有的习惯法为基础,周王将夏商以来的礼进行补充和完善,去其糟粕,取其精华,使礼的规范更加系统和完整,并赋予了其道德和法律的种种属性,用于调整当时的各种社会关系。周礼以“亲亲”“尊尊”为原则,所涉及的领域十分宽泛,国家的政治、经济、军事、文化,个人的衣食住行,都在其约束和调整范围内,内容大致可以分为“五礼”:吉礼、凶礼、兵礼、军礼、嘉礼。

2.《吕刑》

西周的《吕刑》是我国历史上现存最早且较为系统的刑典专著。主要记述了当时的法律原则和详尽的赎刑及一般司法制度。它重点针对以权谋私、行贿受贿等问题,是司法实践的依据,也是经济、审计监督的依据。吕侯所作的《吕刑》,以禁束朝廷百官和四方诸侯为目的,并据以强化政治考核和经济监督的力度。《吕刑》的要点之一,是要求办案人员不得以权谋私、贪赃枉法、收受贿赂、勒索财物,当时司法活动中有"惟官、惟反、惟内、惟货、惟来"五种现象。"惟官",是指官官相护,"其罪惟钧",即与犯罪者一样惩处。《吕刑》还强调:"狱货非宝,惟府辜功,报以庶尤。"意思是办案时收受的贿赂财货不是宝物,而是在聚集罪恶,将招致民众的怨恨,受到国家的惩治。《吕刑》反复指出,办案一定要仔细审查核实,即使是细微的细节也要调查清楚;一定要明察事实,依法办事。

西周审计开中国古代审计之先河,对西周以来的中国审计产生了深远影响。美国会计学者迈克尔·查特菲尔德(Michael Chatfield)在其所著的《会计思想史》一书中指出,"在内部管理、预知和设计程序方面,西周时代在古代社会可以说是无与伦比的"。

(二)西周的审计职官

夏商西周时期,是中国审计的萌芽阶段。西周官计制度中的审计,其历史渊源可以上溯到夏代禹会诸侯于涂山的传说,以及殷商甲骨刻辞中透露出的一些审计信息。官计制度主要是对官吏财经方面政绩进行考核监督,包括每年一"岁计",三年一"大计"。

1. 大宰

《周礼·天官冢宰·大宰》记载,大宰"岁终,则令百官府各正其治,受其会,听其致事,而诏王废置。三岁,则大计群吏之治,而诛赏之"。年终,命令各官府实事求是地整理文书材料,接受会计总账,接受他们对政绩的汇报,帮助王决定对官吏的罢黜和提升。三年一次的大计考核各个官吏的政绩,帮助王决定对他们的惩罚和奖励。大宰以此方式来考核群吏之治,对审计负总责。

2. 小宰

《周礼·天官冢宰·小宰》记载,小宰位居大宰之下,为大宰执掌官计的助手,"执邦之九贡、九赋、九式之贰,以均财节邦用"。小宰掌管王国九贡、九赋、九式的副本,以辅佐大宰使王国均财节用。《周礼·天官冢宰·小宰》云:“小宰之职,掌建邦之宫刑,以治王宫之政令,凡宫之纠禁。”小宰的职责,掌管建立有关王宫中官吏的刑法,实施王宫中的政令,纠察一切违反王宫禁令者。“听出入,以要会”,官府财物出入有争执时,依据会计账册来听断,这是最具审计性质的监督活动。“月终,则以官府之叙,受群吏之要。替冢宰受岁会,岁终,则令群吏致事。”每月月底,小宰依照官府的尊卑次序,接受官吏们当月的会计总账。小宰还要协助大宰接受一年的会计总账,年终时命令官吏们汇报当年的政绩。

3. 司会

《周礼·天官冢宰·大宰》记载,大宰职下除小宰外,还设有司会,作为一个具体主管财计的部门,总揽全国财会,负责全国财会的稽核审计。“掌邦之六典八法、八则之贰,以逆邦国都鄙官府之治。以九贡之法致邦国之财用;以九赋之法,令田野之财用;以九功之法,令民职之财用;以九式之法,均节邦之财用。掌国之官府郊野县都之百物财用,凡在书契版图之贰,以逆群吏之治,而听其会计。以参互考日成,以月要考月成,以岁会考岁成。”司会的辅佐主要体现在两个方面:一是辅佐大宰运用六典八法八则,考核邦国和都鄙官府的政绩。二是辅助大宰掌管财政收支,按照九贡的法制收取诸侯国的上贡;按照九附的法制,征收田野的地税;按照九功的法制,命令百姓交纳从业的赋税;按照九式的法制,来分配调节国家财物的支出。司会掌管王国各官府及郊野县都有关各种货物、钱财账册和户籍地图的副本,并根据这些文件,接受各级官吏呈报的政绩,加以审计考核,评断他们的会计文书。相互参照(司书、职内和职岁三官的记录)来考核十日的办事文书记录,用月结算的会计文书考核当月的办事文书记录,用年终结算的会计文书考核全年的办事文书记录。类似的财计部门还有司书、职内、职岁、职币,都属于大宰的下属部门。

4. 宰夫

隶属于小宰之下,主要检查、监督百官执掌的财政财务收支。《周礼·天官冢宰·小宰》记载："宰夫之职，掌治朝之法，以正王及三公、六卿、大夫群吏之位。掌其禁令，叙群吏之治。"宰夫的职责是掌管有关治朝的法令，以规正王及三公、六卿、大夫和群吏的职位，监察他们是否违反禁令，以尊卑安排群吏的职事。"掌治法，以考百官府群都县鄙之治，乘其财用之出入。凡失财用物辟名者，以官刑诏冢宰而诛之。其足用长财善物者，赏之。"宰夫在审计内容上综合了经济政绩、财政财务、财经法纪三方面，掌管治法用以考核各官府，各采邑及其县、鄙的政绩，涉及从中央到地方各级政府机构，计算他们钱粮财物的收支情况。凡钱粮财物使用不当，以及制作假账的，宰夫要根据官刑报告冢宰加以惩罚。而那些用度充足、能够增值财物、能使物产精良的，宰夫就奖赏。"岁终，则令群吏正岁会。月终，则令正月要。旬终，则令正日成，而以考其治。治不以时举者，以告而诛之。正岁，则以法警戒群吏，令修宫中之职事，书其能者与其良者，而以告于上。"年终时宰夫命令官吏们总结确定一年的会计文书，月终时下令总结确定当月的会计文书，旬终则下令总结确定本旬的会计文书，用以考核官吏们的政绩。政令不按时施行的，宰夫就报告冢宰加以责罚。正月，宰夫用法警诫官吏们，让他们做好王宫中的各项工作，同时记载他们当中的贤能者和优秀者，用以报告上级。根据《周礼》的记载，宰夫属于下大夫，司会属于中大夫，但宰夫有权对司会的会计文书进行审计。当宰夫对小宰及其所属机构的会计文书进行审计时，属于是内部审计，对于司会及其他机构的会计文书进行审计时，属于是外部审计。在人员配置方面，下大夫、上士、中士的人数虽然和司会相同，但是旅下士、府、史、胥、徒的人数远多于司会，对应的审计工作量和审计范围应当超过司会。

四、西周时期典型案例

五年琱生簋，又名召伯虎簋、五年召伯虎簋。其铭文记载了大宰琱生审计贡税一事。

铭文记载：

唯五年正月己丑，琱生（周甥）有事，召来合事。余献妇氏以壶。告曰："以君氏令曰：'余老，止公仆庸土田多刺，式伯氏从许，公宕其三，汝则宕其二；公宕其二，汝则宕其一。'"余惠于君氏大璋，报妇氏帛束、璜。召伯虎曰："余既讯，我考我母令，余弗甘乱，余又至我考我母令。"琱生则觐圭。

召伯虎是周宣王和幽王的大臣，主管有关诸侯采邑主贡税事项；君氏，是宣王之王后；止公，是君氏之父。西周宣王四年（公元前824年）年终时，大臣召伯虎献上会计簿书。五年（公元前823年）正月，经大宰琱生审核后发现，止公长期不交岁贡。君氏派遣妇氏与琱生、召伯虎进行商议。君氏一边为其父止公不交纳贡税的过错开脱，一边又将部分过错推至召伯虎身上。同时又对召伯虎赂以贵重玉器"大璋"，向他表示对其父亲行为的纵容的感谢。召伯虎虽然认为止公不敢乱，但是又觉得继续对止公纵容下去不妥，于是召伯虎酬琱生以玉器"瑾圭"，欲使琱生不再追究。该铭文反映了西周宰官审查贡税交纳的情况。

第三节　春秋战国时期的审计法律制度

一、春秋战国时期社会背景

周王东迁洛邑至秦始皇统一中国的这段时期为春秋战国。"春秋"之名源于孔子编订的鲁国编年史《春秋》，"战国"则是由于这段时期各诸侯国连续发生战争。春秋时期被认为是我国奴隶制解体的时期，战国时期是我国封建社会确立的时期，诸多诸侯国中只剩下十几个国家，"战国七雄"是他们中最为强大的几个国家：魏、韩、赵、齐、秦、楚、燕。春秋战国时期频繁地发生战争导致社会秩序十分动荡，但思想领域却异常活跃，政治制度、文化制度等各方面都发生了翻天覆地的变化，因此春秋战国时期是我国社会的大变革、大发展时期。

（一）井田制的崩坏

西周时期实行的土地制度为“井田制”，土地归周王所有，受到分封的贵族不能私自买卖。到了春秋战国时期，冶铁技术的广泛运用使生产方式发生了巨大的改变。铁器农具和牛耕运用在农业生产上面，这使人们不仅可以耕种更大面积的土地，还使精耕细作成为现实。除此之外，其他的生产管理技术例如人工灌溉、施肥等开始在日常的农业耕作中得以运用，生产力得到了长足的发展，劳动生产率也得到了不小的提高，为个体生产和小农经济创造了有利的发展条件。随之而来的耕地面积扩大和粮食产量增加，让奴隶们在完成了奴隶主耕作任务之余，可以在“公田”范围之外开垦更多的“私田”。最初人们在自己开垦出来的私田进行耕种不需要上交赋税，大大地鼓励了私田的开垦和耕种，这使西周以来实行的“井田制”受到了冲击。当这一现象大量出现，并普遍、持续存在时，“井田制”被瓦解，个体家庭和小农经济得以逐步形成，为新的生产关系的出现奠定了基础。

私田的大量出现也影响了国家以土地为基础征收的赋税。不断在“公田”之外开垦“私田”给宗主贵族的利益和诸侯国的贡税收入造成了不小的影响。诸侯国和贵族无法制止人们开垦土地的行为。为了维护其经济利益和挽救国家的财政状况，各国被迫进行了土地制度和税收制度的改革。各国以不同方式直接或间接地承认了私田的合法性。《公羊传·宣公十五年》载：“初税亩。初者何？始也。税亩者何？履亩而税也。”鲁国首先对田制和税制进行了改革，实行“初税亩”，即不论是公田还是私田，一律按照所占有的土地亩数进行收税，将之前的劳役地租形式改为实物地租形式。之后的其他诸侯国也纷纷进行了改革。齐国采用的是“相地而衰征”的土地赋税制度，先将公田和私田按照劳动力为单位进行均分之后，根据土地质量的不同和粮食产量的不同征收不同的税额。晋国在与秦国的韩原之战中战败后，实行了“作爰田”的制度。《左传·僖公十五年》载：“晋于是乎作爰田。”杜预注:“分公田之税应入公者,爰之于所赏之众。”将土地分配给固定的家庭,按照所占有土地面积的大小收税。楚国则是按照土地占有面积的大小作为征收军赋的标准。这些诸侯国在进行制度改革时都承认了私有土地的合法性,并将私田作为收税的依据。

(二)礼崩乐坏

由于地方经济的发展和诸侯势力的壮大,周初“诸侯并列,王室独尊”的局面不复存在。分封制虽然在稳定当时的政治秩序上起着关键作用,但这也是导致后期诸侯国的强大,周朝统治权岌岌可危的原因。由于生产关系及经济基础的巨大变革,上层建筑随之产生剧烈的动荡。周王室在政治权威和经济实力方面的下滑,西周鼎盛时期“礼乐征伐自天子出”的格局被打破。诸侯国为了扩充领土、掠夺财富和建立霸权,开始了旷日持久的兼并战争,而周王室无力干涉。在王畿周边的诸侯国已不满足于吞并其他诸侯国的领土,而依靠自身的军事力量开始蚕食周王室的土地,领土的减少导致赋税的减少,强大的诸侯国不再进贡,周王室的经济受到了不小的打击。为了维持王室的存续,天子不得不向诸侯国低头。周王室的经济状况甚至窘迫到周平王去世时的丧葬费也是向诸侯国求得的。《周礼》中确定的各种礼仪制度几乎被完全破坏。西周时期,诸侯们需要对周王实行朝觐之礼,《礼记·王制》记载:“诸侯之于天子也,比年一小聘,三年一大聘,五年一朝。”鲁国是诸侯国中保留传统礼制较多的国家,根据《春秋》的记载,242 年间鲁国一共觐见周王室 3 次,由此可见觐见之礼已经不被诸侯国遵循。《左传·僖公二十八年》载:“是会也,晋侯召王,以诸侯见,且使王狩。仲尼曰:‘以臣召君,不可以训。’”在温地会盟时,强势的晋文公甚至直接召见周天子参加,作为臣下召见君主,是绝对不符合礼制的,可见诸侯国的实力已经强大到可以任意违背礼制。《左传·隐公三年》载:“郑武公、庄公为平王卿士。王贰于虢,郑伯怨王,王曰‘无之’。故周、郑交质,王子狐为质于郑,郑公子忽为质于周。”周平王与郑庄公的交换质子事件是周王室地位下降与诸侯国无礼的直接、典型证据。

二、春秋战国时期的立法指导思想

春秋时期，礼乐崩坏导致原有的等级秩序，礼仪制度被打乱。随着生产技术和经济的发展，社会关系更加复杂，需要有一套新的理论体系规范社会秩序，指导人们的生活，调整更加复杂的社会关系。春秋战国时期出现了我国历史上第一次思想解放运动——百家争鸣，这对中国古代法律思想发展产生了重大的影响。

（一）成文法的公布

部分诸侯国公布成文法是春秋时期最大的立法成就。其实早在夏商时期我国或已经制定了成文法。《左传·昭公六年》载："夏有乱政而作禹刑，商有乱政而作汤刑，周有乱政而作九刑。"只是那时似乎更崇尚"刑不可知，则威不可测"，即被当时社会普遍认为的观点是法律不对外公布，则其更有权威。这也使贵族特权得以维护，贵族凌驾于法律、游离于法网，造成司法专横的局面。将成文法公布之后，增加法律的公开性和透明性，剥夺奴隶主贵族们对法律进行任意解释的特权，打破司法专横。从客观上来说，这是法律制度进一步发展的体现，为各种新型社会关系的出现、调整和发展创造了条件，提供了依据。同时，成文法的公布为战国至秦的"法治"逐步替代"礼治"奠定了基础。

郑国和晋国是成文法公布运动中的两个代表国家。《左传·昭公六年》载："三月，郑人铸刑书。"杜预注："铸刑书于鼎，以为国之常法。"郑国成文法的公布运动由该国执政子产操刀的。《左传》载："冬，晋赵鞅、荀寅帅师城汝滨，逐赋晋国一鼓铁，以铸刑鼎，著范宣子所为刑书焉。"郑国之后，晋国的执政赵鞅、荀寅将前任执政范宣子所著刑书铸在鼎之上，将法律对外公开。

（二）法律思想的百家争鸣

春秋战国时期，维护贵族阶级特权的礼乐逐渐崩坏。诸子百家关于如何治理国家,对待礼的态度等各种思想和理论如雨后春笋般不断涌现,在法律思想方面,比较具有代表性的为儒、墨、道、法四家。儒家是最早形成并具有强大影响力的一个学派,儒家代表有孔丘、孟轲、荀况等,其法律思想继承了西周时期的明德慎罚和礼治,并在此基础上提出一系列维护礼治、提倡德治、重视人治的法律观点,其理想状态为社会实现"无讼""大同"。墨家的代表学者为墨翟,成员大部分是手工业的从业者,其主张的核心思想为"兼爱",法律观念为"兼相爱、交相利",追求天下人都相爱、非攻的理想状态。《汉书·艺文志》载:"墨家者流,盖出于清庙之守。茅屋采椽,是以贵俭。养三老五更,是以兼爱。选士大射,是以上贤。宗祀严父,是以右鬼。顺四时而行,是以非命。以孝视天下,是以上同。此其所长也。"道家的代表为老子和庄周,主张"道法自然",道是"天之道",它主张以一种自然而然的方式来管理人类社会。道家的治国理政理念可概括为"无为而治"。《老子·道经》有云:"绝圣弃智,民利百倍。绝仁弃义,民复孝慈。绝巧弃利,盗贼无有。"

法家的典型代表有李悝、商鞅、韩非等,其法律思想最为集中和系统。法家强调"以法治国","法"是评判一个人的行为的标准,确定赏罚的根据。法家认为人的本性是"好利恶害",因此道德的教化作用被轻视,更强调法律的惩戒和强制作用,主张只有严刑峻法才能约束贵族和普通百姓,进而维护社会秩序和统治者的统治。法家的思想突出反映了新兴地主阶级的主张,故在春秋战国时期成为各国的主流指导思想。《史记·太史公自序》云:"法家不别亲疏,不殊贵贱,一断于法",亲疏的远近,地位的贵贱,都不会影响到法律的决断。《韩非子·有度》载:"法不阿贵,绳不挠曲。法之所加,智者弗能辞,勇者弗敢争。刑过不避大臣,赏善不遗匹夫。"为保障国家和君主的利益,无论贵贱,适用法律一律平等。在适用刑罚的严厉程度上,法家采取"轻罪重刑"的原则,《商君书·说民》载:"行刑,重其轻者,轻者不生,则重者无从至矣,此谓治之于其治也。"只有用严酷的刑罚使百姓畏惧,才能起到抑制违法犯罪行为的作用,实现"以刑止刑,以杀止杀"的效果。

三、春秋战国时期的审计制度

春秋战国时期，中国社会内部生产力和生产关系之间、阶级之间以及新旧势力之间的矛盾不断发展，奴隶制社会逐步解体，封建社会逐步形成。列国间战争频繁，部分诸侯国通过暴力兼并不断扩大"君土"，并大量赏赐有功贵族，引起了诸侯国内采邑制度的迅速发展和演变，导致土地从"君土"到"家土"转变。此外，各诸侯国逐渐变藉田制为税亩制或征税制，纷纷建立了上计制度，审计监督即包含其中。上计制度是由西周的官计制度逐步发展而来。上计制度重在稽查考核官吏，对管理财经方面的政绩和经济责任的审查是上计的主要内容之一。春秋时期，国家对于管理的考核正式被称作"上计"，其包含了对财会计簿的审计，对此史籍多有记载。比较典型的有齐国晏婴在治东阿期间上计于齐景公。《晏子春秋集释·外篇》第二十《晏子再治东阿期间上计景公迎贺晏子辞》载："三年，景公召而数之曰：'吾以子为可，而使子治东阿，今子治而乱，子退而自察也，寡人将加大诛于子。'晏子对曰：'臣请改道易行而治东阿，三年不治，臣请死之。'景公许。于是明年上计，景公迎而贺之曰：'甚善矣！子之治东阿也。'"

战国时期，上计考核官员的方法得到进一步完善，对此的记录也更为详细。这个时期的上计指的是中央和地方官员每年都要把自己所管辖区域的户口、农田、赋税等预算记录在木券上，木券从中剖开，预算记录一式两份，国君持右券，官员持左券。年末时，官员向国君报告今年的财政收支情况，国君或者大臣根据右券审核，并根据审核的结果决定官员的赏罚奖惩。《商君书·禁使》载："十二月而计书以定，事以一岁别计，而主以一听，见所疑焉。"国君年终审查上计报告被称为听从。各地区、各部门的主要官吏要亲自向国君报告工作，听从的"听"，并非仅仅是听取的意思，有治理、清理、清查、审查、断决等含义。国君根据右券对计书进行审核，并根据审核结果对官吏做出任免、升降、赏罚的决定，如有疑难解的问题，还可派员实地视察。上计制度审核的内容倾向于对官吏的经济政绩的考核，《淮南子·人间训》载："解扁为东封,上计而入三倍。"《新序·杂事第二》载:"东阳上计,钱布十倍,大夫毕贺",收到赋税的多少是衡量官员政绩的重要依据。《商君书·去强》载:"竟内仓府之数,壮男壮女之数,老弱之数,观士之数,以言说取食者之数,利民之数,马、牛、刍稿之数。"这些数是上计具体考核内容,同时官员的日常办公是否廉洁也是考核内容,《韩非子·外储说右下》载:"一曰:田婴相齐,人有说王者曰:'终岁之计,王不一以数日之间自听之,则无以知吏之奸邪得失也。'王曰:'善。'田婴闻之,即遽请于王而听其计。"

各国的官制虽不完全相同,但从中央到地方都有一批官吏协助国君参与上计,如相、内史、御史等。相,作为百官之长,主要职责之一就是协助国王对国家财政财务进行监审,对百官进行考核。战国时期赵、秦等国设有内史一职,参与上计。《史记·赵世家》记载:"明日,荀欣侍以选练举贤,任官使能。明日,徐越侍以节财俭用,察度功德……徐越为内史。"秦律规定各县上计于内史,由"内史课县"。各诸侯国也有与上计有关的官吏。各县在上计之前,除有关责任人和县令亲自核验其物资财产和会计账目以外,还有一些被称为"掾计""尉计""苑计"的官吏,在上计过程中做具体工作。

第四节 秦汉时期的审计法律制度

一、秦汉时期社会背景

秦孝公为变法图强,起用法家商鞅对秦国进行了大胆的变法运动,秦国的国力日益强大,尤其在政治、军事层面较其他诸侯国优势明显。嬴政即位后,延续了大规模的兼并战争,灭掉韩、魏、楚、赵、燕、齐后,结束了两百多年的诸侯割据的战国时代,建立起了中国历史上第一个统一的多民族的中央集权王朝。统一之后,秦王采取了一系列的措施来维护其统治,这些措施具有强烈的专制主义和中央集权的特色。政治方面,《史记·秦始皇本纪》载:“命为‘制’,令为‘诏’,天子自曰‘朕’……去‘泰’,著‘皇’,采上古‘帝’位号,号曰‘皇帝’……朕为始皇帝。后世以计数,二世三世至于万世,传之无穷。”秦王总结了战国时期各国的官僚制度,由中央到地方设置了一套适合当时秦朝统治需求的官僚体系。中央包括三公、诸卿、中朝官等,其中三公作为权力中枢尤为关键,太尉、御史大夫和丞相三者互不隶属,相互制约,直属于皇帝,便于皇权的集中。地方实施郡、县两级行政制度,郡县制也是中央集权制度在地方行政上的体现。《史记·秦始皇本纪》载:“分天下为三十六郡,郡置守、尉、监。”秦共有三十六郡,每个郡有郡守、郡尉和监御史,郡下为县,每个县有县令、县尉和县丞。郡的长官郡守,县的长官县令均由皇帝进行任免。在法律制度方面,依然坚持法家的法律思想和原则,将原本秦国使用的法律适度推广到全国适用。在经济方面秦朝承认土地私有,但国家可以通过收归国有、战争掠夺等方式获得对土地的所有权。《史记·秦始皇本纪》载:“一法度衡石丈尺。车同轨。书同文字。”文字的统一便于各地进行文化的交流,货币和车轨驰道的统一便于各地的经济来往。但是由于秦朝继续坚持了法家的重刑主义,继续推行严刑峻法,严重激化社会矛盾,其统治最终被陈胜、吴广等人领导的农民起义推翻,仅存续了十余年。但秦朝所确立的中央集权的政体对后世王朝的制度建立产生了深远影响。

汉承秦制,延续了中央集权的政治制度,同时对秦朝灭亡的教训进行反思,统治者认为为巩固政权,应当实施有利于经济发展和社会秩序稳定的政策。汉初,采用“无为而治”的政治策略,以求达到“与民休息”的目的,具体措施为轻徭薄赋、约法省刑,减轻百姓的徭役和赋税负担。汉代废除严酷的法律,刘邦入咸阳曾约法三章,宣布废除秦朝残酷严苛的律法;汉惠帝四年(公元前 191 年)宣布废除“挟书律”;《汉书·刑法志》载:“至高后元年,乃除三族罪、妖言令”;文帝、景帝废肉刑,进行刑制改革。汉初推行无为而治取得了生产发展、政权稳定的显著成效。

汉初休养生息国策得到了切实有效的贯彻，文帝和景帝统治时期，社会秩序稳定，经济逐渐恢复并繁荣发展，史称"文景之治"。汉文帝在位时期，曾两次"出田租税之半"，在文帝十三年（公元前167年）时甚至全免田租。同时，对周边国家不轻易用兵，以免损耗国力。汉文帝生活节俭，下令禁止郡国上贡奇珍异宝，贵族官僚不可奢侈无度，带动整个国家节省开支，减轻人民的负担。文景二帝均重视农业生产，多次下令劝课农桑，赏赐努力耕作的百姓，引导百官致力于农桑。文帝和景帝先后对刑罚进行了改革，主要内容为将肉刑用其他刑罚加以替代，意图消除肉刑，减轻刑罚。景帝时期，制定《箠令》，规范刑具的大小、行刑的部位等，使笞刑更加规范，汉朝的刑制因此进入了比较文明的阶段。《汉书·刑法志》载："是以刑罚大省，至于断狱四百，有刑措之风。"汉初实行的郡国并行制使郡国的实力日益增强，并有危及到中央朝廷权力的趋势，最终在景帝时期爆发七国之乱。在平定叛乱后汉朝的统治者开始打击地方的割据势力，加强中央集权。汉武帝时期，继续削减地方割据势力。在这一时期，国力强盛，社会稳步发展、经济文化空前繁荣，促进了各项制度的建设与发展。

二、秦汉时期的立法指导思想

（一）秦朝的指导思想

秦统一中国之后，继续推行法家思想，并以之为指导制定政策、制度。秦朝的立法指导思想主要可以分为三个部分：

一是全国要实行统一的法令。《史记·秦始皇本纪》载："今天下已定，法令出一"，"海内为郡县，法令由一统"。在统一之后，废止六国法律，改用秦国法律，并制定了焚书令，史官除了秦国史籍、医农等著述之外，其他各国史书、各家学说著作一律禁绝。百姓若要学习法令，应向官吏学习，只有国家官吏才有权解释法律。皇帝享有最高立法权，最高司法权也由皇帝掌握，最高立法权和最高司法权成为皇帝集权的重要内容。

二是“缘法而治”。法律是衡量人们言行是非曲直，进而施以奖惩赏罚的唯一标准。为实行法治，秦朝十分重视立法工作，《史记·秦始皇本纪》载：“皇帝临位，作制明法，臣下饬修。”秦朝法律涉及政治、经济、文化等多个方面。法网之严密也是秦朝法律的特色之一，事无巨细皆在律令之内。《盐铁论·刑德》：“秦法繁于秋荼，而网密于凝脂。”甚至包括穿鞋这样的小事也在律法规制以内，睡虎地秦简《法律答问》有“敢履锦履”的处置疑难。

三是重刑主义，秦统一中国后，重刑主义得到了继承和发展。《汉书·刑法志》载：“至于秦始皇，兼吞战国，遂毁先王之法，灭礼谊之官，专任刑罚，躬操文墨，昼断狱，夜理书，自程决事，日县石之一。而奸邪并生，赭衣塞路，囹圄成市，天下愁怨，溃而叛之。”秦二世即位后，用更加严酷的刑罚对待百姓，《过秦论》载：“蒙罪者众，刑戮相望于道，而天下苦之。”

（二）汉代指导思想

汉初倡导黄老学说，这既是长期战乱导致经济凋敝的客观条件所决定的，又是统治者总结秦亡教训、探索治国之道的结果。汉初通过批判秦的“专任刑罚”“轻罪重刑”，在政治上确立了无为而治的指导思想。无为而治思想强调顺应自然规律进行统治，法律的最高权威来自自然的“道”，不是单纯的帝王统治百姓的工具。统治者统治国家的根本目的在于安民，帝王的统治应顺应民情。黄老思想的内容符合汉初统治的需求，反思秦亡原因的同时要恢复正常的社会秩序，建立新的制度，具体体现为“轻徭薄赋”和“约法省刑”。轻徭薄赋目的在于休养生息，对外尽量避免发动战争，对内节省开支，减少徭役和赋税，减轻民众的负担。约法省刑目的在于纠正秦法的烦苛。由于秦法过于严苛和繁重，汉朝统治者则尽可能将法律精简，便于理解和掌握，“禁网疏阔”“务在宽厚”，汉初数位统治者不断废除秦遗留的严苛法律，包括文景之治时期对肉刑的废除和刑制改革。与秦朝不同的是，汉统治者推崇黄老思想时并不禁止其他思想学派的存在和活跃，“黄老刑名之术”便是儒家的“仁义”，道家的“无为”和法家的“刑名”等多家学说融合之后的产物。

经过休养生息，到汉武帝时期，中央政权日益巩固，社会趋于稳定。由于郡国并行，导致地方诸侯割据势力壮大，中央集权受到的威胁日益变大，地方豪强也逐渐横行乡里，匈奴也不时来犯，汉初消极被动的“无为而治”的政治思想已不再适应此时的情况。董仲舒将原本儒家的思想进行了部分修改，强调皇帝的权威，君主对百官万民有着绝对的统治权。通过皇权来自上天赋予的论说，进一步强化皇帝的权威，《春秋繁露·为人者天》有载：“传曰：唯天子受命于天，天下受命于天子，一国则受命于君。”经过董仲舒的理论阐释和附会，“君为臣纲，父为子纲，夫为妻纲”之“三纲”成为法律制度的核心和宗旨，《春秋繁露·基义》载：“王道之三纲，可求于天”，其中尤其鼓吹“君权神授”，强调君主集权。董仲舒的理论维护中央集权的统治，推动意识形态的统一，顺应了当时汉武帝的统治需要，他以“天人感应”的国家法律观和“大一统”的秩序模式，系统阐述了“礼法并用”“德主刑辅”的立法指导思想。《汉书·董仲舒传》载：“天道之大者在阴阳，阳为德，阴为刑；刑主杀而德主生……王者承天意以从事，故任德教而不任刑，刑者不可任以治世。”《春秋繁露·天辨在人》载：“故刑者德之辅，阴者阳之助也。”其思想以先秦儒家思想为主体，吸收了阴阳、法、道等诸家学说而建构完成，实现了儒法的合流。“德主刑辅”纠正了秦朝专任刑罚的偏失，以儒家的德礼教化和法家的刑法惩治相结合，更有利于维护王朝的长治久安。

三、秦简、汉简所见的审计制度

（一）《睡虎地秦墓竹简》所见的秦审计制度

1.《金布律》和《仓律》

睡虎地秦墓竹简含《秦律十八种》。秦代主管经济的部门均设有专门从事经济审核的官员，多称为“计”，各地地方行政机构和主管经济的部门定期需要上报计簿。审计计簿，稽查账目，是上计中运用最为普遍的审计方法。计簿一般是按月编写上报，到上计考课时，则整年汇编。年度报告多是由县以上机构制定。《金布律》载："受衣者，夏衣以四月尽六月禀之，冬衣以九月尽十一月禀之，过时者勿禀。后计冬衣来年。囚有寒者为褐衣……已禀衣，有余褐十以上，输大内，与计偕。"按此规定，地方发放囚衣后，若剩余褐衣在十件以上的，应上缴大内，与年终上计账簿同时缴送。《仓律》载："县上食者籍及它费大仓，与计偕。都官以计时雠食者籍。"秦朝都官在每年结账时应核对领取口粮人员的名籍，复查中还往往对照实物核验账目中所记载的各种物资。从竹简的内容可以看出，秦朝的上计制度与春秋战国、两汉有较大的不同。首先是上计机构，从上述内容来看，秦朝计簿上报给大内这一中央机构，战国一般是交给国君或者辅佐国君审计的丞相、御史大夫。其次是"与计偕"的含义与两汉时的不同。"与计偕"分为偕者和被偕者，在秦朝皆指的是记载领取口粮人员的名簿、费用、剩余的褐衣等物品，在两汉时期则指的是一种官职，由各个郡县选拔之后送至京师与上计簿使共同工作。《厩苑律》载："内史课县，大仓课都官及受服者。"秦朝的经济考核大致可以分为两个部分：中央大仓考核都官本人的以及由都官主管的各个部门的财物，中央内史考核县级及其主管的各个部门的财物。《内史杂》载："都官岁上出器求补者数，上会九月内史。"结合上述《仓律》内容来看，县级的经济支出需要向大仓上报，都官向内史上报，说明此时的两种财政制度并没有进行严格的区分和固定化。

2.《效律》

《效律》是有关都官和县核验官府的物资财产和审查会计账目的律法，并对官员在会计审核最终被查出有出入时的惩罚规定。审核的对象包括度量衡、库存、粮食和其他财产："衡石不正，十六两以上，赀官啬夫一甲；不盈十六两到八两，赀一盾"，"斗不正，半升以上，赀一甲；不盈半升到少半升，赀一盾"，"半石不正，八两以上；钧不正，四两以上；斤不正，三朱以上；半斗不正，少半升以上；参不正，六分升以上；

升不正,廿分升一以上;黄金衡羸不正,半朱以上,赀各一盾。”度量衡不准确的,依照上述规定进行惩罚。簿记账目的审核:“计用律不审而羸、不备,以效羸、不备之律赀之,而勿令赏(偿)。”会计不符合法律的规定而与实际有出入时,按照审核时超过或者不足的法律规定处罚,但不下令进行赔偿。“官啬夫赀二甲,令、丞赀一甲;官啬夫赀一甲,令、丞赀一盾。其吏主者坐以赀、谇如官啬夫、其它冗吏、令史掾计者,及都仓、库、田、亭啬夫坐其离官属于乡者,如令、丞。”在对官员进行惩罚时,相关的其他官员也会被牵连受罚。官啬夫被罚,令、丞也会被罚,主管的吏与官啬夫受到同等的处罚,其他有参与会计的官吏,以及都仓、库、田、亭啬夫承担下面属于乡的分支机构的罪责,都与令、丞同例。“计校相缪(谬)欧(也),自二百廿钱以下,谇官啬夫;过二百廿钱以到二千二百钱,赀一盾;过二千二百钱以上,赀一甲。人户、马牛一,赀一盾;自二以上,赀一甲。”该条规定的是,会计在经过核对后发有错,根据算错数目的多少,对啬夫处以不同程度的处罚。

(二)汉代审计制度

1.《居廷新简》

《居廷新简》记载了西汉武帝至平帝时期的会计事项,包括钱谷、食品、饲料、兵器等账簿,是研究西汉时期会计发展情况的重要文书记录。根据《居廷新简》,上级机构可以随时向下级索取、核查有关簿籍,“阳朔三年九月癸亥壬午,甲渠鄣守候塞尉顺敢言之。府书移赋钱出入簿,与计偕。谨移应书一编,敢言之”。“应书”指的是上计机构要求上报的簿书。审计的方法在这其中也有记录:相关官员需要进行账账与账物核对,在汉代称作“拘校”。拘校的目的在于使簿籍记录准确无误。《居廷新简》载:“拘校令与计簿相应。”登记钱谷财物的簿籍应当与计簿记载的内容相一致。进行核对时,可由下属部门呈送其主管机构进行,《居廷新简》载:“吞远侯长王恭持兵簿诣官校。”拘校多以自查形式进行,有时上级机构也派官员核查,《居廷新简》载:“踵故承余府遣掾校兵物,少不应簿,拘校天凤。”拘校的结果,一律记录在案,拘校的记录便是新的账簿，即校簿。《居延新简》载："令史弘校第廿三仓穀。十月簿余穀榜程大石六十一石八斗三升大。"

2.《上计律》

与《居延新简》不同的是，《上计律》确立了上计制度的法律地位，是与审计关系密切的专门法规，但已佚。只能从其他古籍中找到一些零星的记载，汉代对上计制定了部分惩罚性的条款。第一，上计中，无论是哪一级的考课都必须认真负责，如实考课，否则将反坐其罪。《后汉书·宋弘传》载："弘在位五年，坐考上党太守无所据，免归第。"第二，对于计簿中所有不实欺瞒的记录者治罪。《汉书·景武昭宣元成功臣表》载："众利侯郝贤……元狩二年，坐为上谷太守入戍卒财物，上计谩，免。"第三，《上计律》对负责上计的官员有严格的要求，执法者一旦被发现违法将被严惩。《汉书·匡衡传》载："衡位三公，辅国政，领计簿，知郡实，正国界，计簿已定而背法制，专地盗土以自益"，终被免为庶人。

3. 上计机构

汉代上计机构，在朝廷仍为相府，由丞相主管。高帝六年（公元前201年），专设计相一职，后改称为主计，"领主郡国上计者"由侯爵级官员、列侯张苍担任。《汉书·张苍传》云："张苍，阳武人也，好书律历。秦时为御史，主柱下方书。有罪，亡归。及沛公略地过阳武，苍以客从攻南阳……燕王臧荼反，苍以计相从攻荼有功，封为北平侯，食邑千二百户。迁为计相，一月，更以列侯为主计四岁。是时萧何为相国，而苍自秦时为柱下御史，明习天下图书计籍，又善用算律历，故令苍以列侯居相府，领主郡国上计者。"高后八年（公元前180年）张苍升任御史大夫后，再未设计相，上计仍由丞相主持。

对比东汉与西汉可以发现，西汉上计制度或更加完备，该时期设置了专门机构和职官，主持上计事务的官员规格更高，受计仪式更隆重，上计的内容更加广泛。皇帝有时会亲自主持受计大典，《汉书·武帝纪》记载了汉武帝在位期间的四次受计活动。上计制度在东汉时呈现出地位逐步下降的趋向。西汉时朝廷主管上计事务的计相、主计，在东汉时不再设置；西汉由丞相乃至皇帝受计，东汉时期由司徒受计；西汉时郡国负责上计的官吏，主要是郡丞、长史，甚至有郡守，而东汉则是郡丞、长史的下属，即“上计掾”“上计吏”。从东汉中叶开始，皇权旁落，外戚、宦官轮流专权，官僚机构腐朽，受此影响，东汉上计及其制度建构并未延续西汉时的发展势头。

（三）秦汉时期监察官员的审计职能

秦汉时期的监察御史不仅在政治上对百官进行监察，还在经济上对各级官吏进行监督。例如，治粟内史掌管国家财政，少府掌管皇室私人财政，都在御史大夫的监督范围内。秦统一之后，正式建立起中央、郡、县三级御史监察体系。朝廷设御史大夫，位列三公，具有纠察百官、弹劾检举的权力，同时监督民政、财政，有权复查地方的上计簿书。与皇帝关系密切的御史中丞统领众侍御史，具体执行监察大权。在各郡所设的监，即监御史，对郡太守以及郡府所有属官执行监察任务。郡丞主管上计事务，民政财政事务都在其监督之列。秦代丞相查阅各地上交的上计簿后，御史大夫有权对丞相上奏的查阅情况和各地的上计簿进行复查。汉代监察御史在财经方面的职责主要为监督上计制度的有效执行，而御史大夫是每年全国的上计主持者之一。皇帝诏令御史询问郡国上计关于长史、守丞在政令中的得失，并命令御史察看计簿，辨别其所言的虚实真伪。两汉时期，刺史常在八月巡行各个郡国，岁尽返京上奏，其时正处于郡国上计的时期，刺史的上奏对郡国考课起到了关键作用，凭借此可辨别计簿记录的真伪。

四、汉简《奏谳书》中的案例

比，是在没有法律固定的情况下援引从前用来作为判决依据的有关判例。江陵张家山出土的汉简《奏谳书》所载内容具有比的性质，谳是议罪，《奏谳书》是议罪案例的汇编，包含春秋至西汉时期的二十二个案例。其中，惩治经济犯罪的判例涉及以下三个方面。

一是严惩盗卖公家财物、中饱私囊的贪官污吏。据《奏谳书》案例十五载,“七年八月己未江陵丞言:醴阳令恢盗县官米二百六十三石八斗,恢秩六百石,爵左庶长□□□□从史石盗醴阳已乡县官米二百六十三石八斗,令舍人士五(伍)兴、义与石卖,得金六斤三两,钱万五千五十,罪,它如书。兴、义皆言如恢。问:恢盗臧(赃)过六百六十钱,石亡不讯,它如辞。鞫:恢,吏,盗过六百六十钱,审。当:恢当黥为城旦,毋得以爵减免赎。律:盗臧(赃)直(值)过六百六十钱,黥为城旦,令吏盗,当刑者刑,毋得以爵减免赎,以此当恢。恢居郦邑建成里,属南郡守,南郡守强,守丞吉、卒史建舍治”[1]。

高帝七年(公元前200年)醴阳令恢为第十等爵左庶长,秩六百石,指使从史石盗取本县已乡的公米,由他的舍人士伍(无爵的成年男子)兴、义和石一起出卖。恢所盗的米,共计二百六十三石八斗,得金六斤三两,钱一万零五十钱,合计七万六千九百二十六钱。恢终以“盗臧(赃)过六百六十钱”,被“黥为城旦”,且“毋得以爵减、免、赎”。

二是惩罚行贿受贿。据《奏谳书》案例七载,“北地守谳:女子甑、奴顺等亡,自处□阳,甑告丞相自行书顺等自赎。甑所臧(赃)过六百六十,不发告书,顺等以其故不论,疑罪。廷报:甑、顺等受行赇狂(枉)法也。”[2]

女子甑收受奴顺等钱,“不发告书”,女子甑为受赇枉法,奴顺等为行赇枉法。做出这种判定是因为两人都有逃亡罪,甑诈称上书丞相以自赎,骗取顺等钱财;奴顺等以赠送钱财的方式谋求甑上书丞相以自赎,所以称为“枉法”。

三是惩处隐匿户口,擅自役使公家人手以谋取私利者。据《奏谳书》案例十四载,“八年十月己未安陆丞忠刻(劾)狱史平舍匿无名数大男子种一月,平日:诚智(知)种无[名]数,舍匿之,罪,它如刻(劾)。种言如平。问:平爵五大夫,居安陆和众里,属安陆相,它如辞。鞫:平

---

[1] 江陵张家山汉简整理小组:《江陵张家山汉简〈奏谳书〉释文(一)》,载《文物》1993年第8期。

[2] 江陵张家山汉简整理小组:《江陵张家山汉简〈奏谳书〉释文(一)》,载《文物》1993年第8期。

智(知)种无名数,舍匿之,审。当:平当耐为隶臣,锢,毋得以爵、当赏免。令曰:诸无名数者,皆令自占书名数,令到县道官,盈卅(三十)日,不自占书名数,皆耐为隶臣妾,锢,勿令以爵、赏免,舍匿者与同罪。以此当平。南郡守强、守丞吉、卒史建舍治,八年四月甲辰朔乙巳,南郡守强敢言之,上奏七牒谒以闻,种县论,敢言之。"[1]

高帝八年(公元前199年)"十月己未,安陆丞忠劾狱史平舍匿无名数大男子种一月"。借管理隐匿户口以谋取私利,狱史平受到耐为隶臣的处罚。

---

[1] 江陵张家山汉简整理小组:《江陵张家山汉简〈奏谳书〉释文(一)》,载《文物》1993年第8期。

第二章　魏晋南北朝的审计法律制度

魏晋南北朝时期起于公元 220 年，曹丕取代汉献帝即位，改年号为黄初，至公元 589 年陈后主祯明三年，隋灭陈，共历时三百六十余年。

魏晋南北朝又称六朝，指东吴、东晋、宋、齐、梁、陈这六个在建康定都的王朝，广义上也包括北方政权(十六国、北朝)。研读历史者，常将魏晋南北朝与秦汉、隋唐这些统一帝国相比较，故而称魏晋南北朝为中国历史上的分裂时代。因为魏晋南北朝时期政治上的统一时间较短，公元 280 年西晋灭东吴，至公元 291 年发生八王之乱，再至公元 306 年氐族李雄在四川称帝，建立成汉，在此期间没有一个大一统的政权。魏晋南北朝的长期变乱，与东汉后期的变乱相系，东汉后期，黄巾变乱发生，继之以军阀割据纷争，所以分裂时代自东汉后期就已开始，一直延续到公元 589 年隋灭陈完成大一统事业为止。

从“分裂与统一”的角度来看待魏晋南北朝，这一时期确实是混乱与分裂，但分裂并不意味着黑暗与蒙昧。“礼坏乐崩”的东周时代迫使先贤们寻求济世救民之道，从而出现了“百家争鸣”的繁荣景象。

魏晋南北朝时期，“分裂”的时代背景下，《老子》《庄子》《易》受到重视，玄学兴起，打破经学垄断文化的局面。道教的成立，与上层社会、下层社会的紧密联系，佛教也已在南、北方站稳脚跟，并逐步影响着世俗社会。士族的兴盛也带动了书法、骈体文、家训谱学的繁荣，涌现了王羲之、王献之、《文心雕龙》、《世说新语》等一批优秀的大家与作品。北方民族的新鲜血液融入进汉族中，游牧民族受到汉族先进文明的影响而开始建立新兴的国家，民族融合的第一次高潮出现，多种因素的混合，创造出了多姿多彩的璀璨文化。

第一节 魏晋南北朝的审计制度

一、比部审计的出现

三国和西晋上计制度的内容和形式基本与秦汉时期相当,负责各郡上计的人员仍称为上计吏或上计掾等。魏晋时期仍实行计吏拜官制度,当时不少高官或将领,都曾任上计吏或被上计掾举荐。

《三国志·魏书·邓艾传》载:“邓艾字士载,……后为典农纲纪,上计吏,因使见太尉司马宣王。宣王奇之,辟之为掾。”

《三国志·蜀书·姜维传》载:“姜维字伯约,……好郑氏学。仕郡上计掾,州辟为从事。”

《晋书·魏舒传》载:“魏舒字阳元,……年四十余,郡上计掾察孝廉。”

《晋书·傅玄传》载:“傅玄,字休奕,……玄少孤贫,博学善属文,解钟律。性刚劲亮直,不能容人之短。郡上计吏再举孝廉,太尉辟,皆不就。”

魏晋南北朝时战乱不止,各政权存在时间多数较短,地方州郡权重,不听调遣,有所图则“上计”,否则就不“上计”。南北朝时上计的形式虽存在,实质已发生变化,成为皇帝或朝廷向地方官府或官员讨取贡物的一种形式,所以称为“贡计”、“贡献”或“献奉”,实际上已脱离了审计职能。

上计制度逐渐淡出后,比部审计逐渐成为这一时期审计的主角,中国审计史开始进入比部审计阶段。比部是中国古代重要的审计机构,通说认为,作为独立的专职审计机构,比部产生于曹魏,隶属关系不断变更,至隋唐归刑部,审计职能不断强化。比部审计时期,财务勾检制度发展成熟。在中央集权的一元财政体制下,比部审计在唐前期发展到顶峰，中央各行政机构及地方各级政权，均设有身兼行政效率勾检与财务审计双重职责的勾检官，形成了广泛的审计网络。比部通过定期的合规性勾考，对广及中央、地方、军镇的财政收支进行全面审计。唐代《比部格》《比部式》的颁行，标志着审计法规的出现。魏晋南北朝以来，在比部审计占据主导地位的同时，御史台作为独立的监察机构开始形成，御史监察制度有所发展，在对官吏的监督中也实施部分类似于审计的经济监督职能。唐安史之乱后，藩镇割据，中央集权受到削弱，财政多元化的局面形成，比部的勾检职责难以履行，户部、度支、盐铁三司承担了审计监督的任务，从而迈向了三司审计阶段。

魏晋南北朝时期的审计制度承前启后，承袭秦汉，沿及隋唐。从魏晋南北朝到唐前期，是中国古代审计向独立、专职化方向探索和发展的时期，而比部审计是魏晋南北朝审计制度中至关重要的一环，在中国审计史上占据了重要地位。

二、魏晋南北朝时期比部的设置

（一）设置概况

魏晋南北朝时期是从上计向比部审计转型的过渡时期。钱穆先生在其《中国历代政治得失》中写道："某一制度之创立，绝不是凭空忽然的创立，它必有渊源，早在此制度创立之先，已有此项制度之前身，渐渐地在创立。"比部审计虽创立于曹魏，辉煌于唐朝，但早在汉代就初现端倪。西汉成帝时期，尚书省出现分工，分为五曹尚书，郎曹数目不明，《宋书》卷三十九《百官上》载："汉成帝之置四尚书也，无置郎之文。"东汉尚书台之权渐大，"矫枉过直，政不任下，虽置三公，事归台阁"，分为六曹尚书，下辖三十四郎曹，但有无比部郎，不得详考。但在东汉郡属吏中有"比曹"的记载，如《隶释》卷五《巴郡太守张纳碑》碑阴中有比曹吏、比曹掾各一人。户口及财产的调查登记，汉代称之为"案比"，一般在每年的八月进行。《周礼·地官司徒·小司徒》云："及三年则大比，大比则受邦国之比要。"郑玄注曰："大比谓使天下更简阅民数及财务也。”《后汉书》卷三十九《江革传》云：“建武末年，与母归乡里。每至岁时，县当案比（注曰案验而比之，犹今貌阅也），革以母老，不欲摇动，自在辕中挽车，不用牛马，由是乡里称之曰：‘江巨孝’。”有学者认为，既然检阅民数及财产为比，比曹当即主管简核之事。[1]

曹魏承汉之制，在尚书台设吏部、左民、客曹、五兵、度支五曹尚书，但曹魏时尚书台发生了明显的变化，台内小曹的设置更加适应了社会经济发展的需要，专设了经济监督的机构和官员，即比部。首次明确记载有比部郎是在曹魏黄初[2]年间，即曹魏黄初年间在某曹尚书之下产生了比部或称比部小曹，其职官称为比部郎。《晋书》卷二十四《职官志》载：“尚书郎，西汉旧置四人，以分掌尚书。其一人主匈奴单于营部，一人主羌夷吏民，一人主户口垦田，一人主财帛委输。及光武分尚书为六曹之后，合置三十四人，秩四百石，并左右丞为三十六人。郎主作文书起草，更直五日于建礼门内。尚书郎初从三署诣台试，守尚书郎，中岁满称尚书郎，三年称侍郎，选有吏能者为之。至魏，尚书郎有殿中、吏部、驾部、金部、虞曹、比部、南主客、祠部、度支、库部、农部、水部、仪曹、三公、仓部、民曹、二千石、中兵、外兵、都兵、别兵、考功、定课，凡二十三郎。青龙二年，尚书陈矫奏置都官、骑兵，合凡二十五郎。”这是《晋书》对比部设置的记载，成书于先的《宋书》也有记载也大致相同。

《晋书》还记载了晋、宋之间曹部增减变化，“及晋受命，武帝罢农部、定课，置直事、殿中、祠部、仪曹、吏部、三公、比部、金部、仓部、度支、都官、二千石、左民、右民、虞曹、屯田、起部、水部、左右主客、驾部、车部、库部、左右中兵、左右外兵、别兵、都兵、骑兵、左右士、北主客、南主客，为三十四曹郎。后又置运曹，凡三十五曹，置郎二十三人，更相统摄。及江左，无直事、右民、屯田、车部、别兵、都兵、骑兵、左右士、运曹十曹郎。康穆以后，又无虞曹、二千石二郎，但有殿中、祠部、吏部、

---

〔1〕 王东洋：《魏晋迄隋比部郎隶属及其职掌之变化》，载《东方论坛》2007 年第 1 期。

〔2〕 黄初，三国曹魏时期魏文帝曹丕的年号，自公元 220 年 10 月至公元 226 年。

仪曹、三公、比部、金部、仓部、度支、都官、左民、起部、水部、主客、驾部、库部、中兵、外兵十八曹郎。后又省主客、起部、水部,余十五曹云。”[1]从上述记载来看,曹魏的二十三曹、二十五曹中即有比部,西晋时的三十四曹、三十五曹中亦有比部,西晋皇族司马睿南渡之后建立东晋,东晋初罢直事、右民、屯田、车部等十曹,康穆以后减去虞曹、二千石,所余诸曹中仍有比部,后又减主客、起部、水部,余十五曹中仍有比部,宋高祖初,又置骑兵、主客、起部、水部四曹郎,合为十九曹郎。其中还有比部,宋太祖元嘉十年(公元433年),“省仪曹、主客、比部、骑兵四曹郎”,次年“又并置”,恢复了比部的设置。在魏、晋、刘宋[2]之间尚书郎的频繁置废分合中,除元嘉十年(公元433年)外,比部始终存在,可见它已成为不可缺少的部门。

除刘宋外,南朝的梁、齐、陈,北朝的北魏、北周、北齐均有比部设置的记载,《南齐书·百官志》云:“吏部尚书领吏部、删定、三公、比部四曹。”《南齐书》诸传中也有比部郎的记载,如江谧、卞彬都曾任比部郎。《梁书》有裴子野、顾宪之、陶季直曾任比部郎的记载,《陈书》亦有范泉、江德藻等任比部郎的记载,《陈书》还记载有华皎曾任梁尚书比部令史、毛喜父栖忠曾任梁尚书比部侍郎的记载,可见比部曹内部亦有职官设置,其长官称比部郎或比部侍郎[3],其下有令史、主簿一类的属官。《唐六典》卷六“刑部尚书”条云:“比部郎中一人,从五品上。”李林甫注云:“魏氏置,历晋、宋、齐、后魏、北齐皆有郎中。后周天官府有计部中大夫,盖其任也。梁、陈、隋并为侍郎,炀帝曰比部郎。自晋、宋、齐、梁、陈皆吏部尚书领比部、后魏、北齐及隋则都官尚书领之,皇朝因焉。”

由此可见,比部自魏黄初年间出现,经两晋南北朝,一直到隋、唐,

---

[1] 《晋书》卷二十四《职官志》。

[2] 南朝宋(公元420—479年),是南北朝时期南朝的第一个朝代,因国君姓刘,为与赵匡胤建立的宋朝相区别,故又称“刘宋”。

[3] 《宋书》记载汉代“然则一尚书则领六郎也。主作文书,起立事草。初为郎中,满岁则为侍郎”,或可为郎与侍郎之分一解。

都持续存在,在中国古代审计史上留下浓墨重彩的一笔。

(二)隶属关系

李林甫注《唐六典》"比部郎中"条云:"魏氏置,历晋、宋、齐、后魏、北齐皆有郎中。后周天官府有计部中大夫,盖其任也。梁、陈、隋并为侍郎,炀帝曰比部郎。自晋、宋、齐、梁、陈皆吏部尚书领比部,后魏、北齐及隋则都官尚书领之,皇朝因焉。"查阅史籍,最早可见的比部隶属关系在《宋书·百官志》记载:"吏部尚书领吏部、删定、三公、比部四曹。"《南齐书》《隋书》所载的隶属关系也与李林甫所注相符,故自宋以后比部的隶属关系没有争议,唯有魏、晋两朝正史中没有关于比部隶属关系的记载。两晋时比部隶属是否隶属吏部正史没有记录,但有李林甫的注作凭证,较为可信,对于曹魏时期的比部隶属关系学术界则存在两种观点。

第一种观点认为,曹魏时期比部设在度支曹,持此种观点的学者以黑龙江审计厅的白玉贵研究员为代表,该观点认为,明人王光鲁在所撰的《古今官制沿革图》(北京图书馆藏明末刻本)中以(曹魏)吏部尚书统吏部、殿中、三公、二千石、考功、定课;五兵尚书统中兵、外兵、别兵、都兵、骑兵、驾部;左民尚书统右民、都官、农部、水部;客曹尚书统主客、仪曹、祠部、虞曹;度支尚书统度支、比部、金部、仓部、库部。《通典·职官四》载:"汉成帝初置尚书五人,其一人为仆射,四人分为四曹:(尚书曹名,自此而有。)常侍曹,(主公卿。)二千石曹,(主郡国二千石。)民曹,(主凡吏民上书。以人字改焉。自后历代曹部皆同。)客曹,(主外国夷狄。)后又置三公曹,(主断狱。)是为五曹。……魏有吏部、左民、客曹、五兵、度支,凡五尚书。晋初有吏部、三公、客曹、驾部、屯田、度支六曹。(无五兵。)太康有吏部、殿中、五兵、田曹、度支、左民,为六曹尚书。(无驾部、三公、客曹。)及渡江,有吏部、祠部、五兵、左民、度支五尚书。"[1]如前所述,户口及财产的调查登记,汉代称

---

〔1〕《通典·职官四》。

之为“案比”，一般在每年的八月进行。《周礼·地官司徒》云：“及三年，则大比，大比则受邦国之比要。”郑玄注曰：“大比谓使天下更简阅民数及财务也。”既然度支曹主管“军国大计”，那比部隶属于度支曹似也合理。

第二种观点认为，曹魏比部隶属于吏部。这种观点以《中国审计史稿》作者方宝璋教授为代表，方教授认为曹魏隶属于吏部有两点原因。其一《唐六典》卷六注云：“自晋、宋、齐、梁、陈皆吏部尚书领比部”；“后魏、北齐及隋则都官尚书领之。”《宋书·百官志上》载：“吏部尚书领吏部、删定、三公、比部四曹”，由此可见，晋和南朝比部隶属于吏部而后魏、北齐及隋则隶属于都官（后来的刑部）。《隋书·百官志》载：“都官统都官、掌畿内非违得失事。二千石、掌畿外得失等事。比部、掌诏书律令勾检等事。水部、掌舟船、津梁，公私水事。膳部掌侍官百司礼食肴馔等事。五曹。”北周由于官制仿西周，比部改名计部，隶属于六官中天官府。其二曹魏时五曹尚书之中吏部主选举，左民主修缮，客曹主外国朝贺，五兵主军队，度支主计算，显然没有后魏、北齐、隋时主刑法狱讼的都官。曹魏由于正处于三公九卿制向三省六部制的演变时期，刑法狱讼仍由九卿中的廷尉负责。总之从曹魏之后一段时期比部不是属于吏部就属于都官，而曹魏无都官尚书推断比部在曹魏时当隶属于吏部。[1]

第一种观点寻前，第二种观点溯后，两种观点均有合理之处，但比部初置时究竟隶属于度支曹还是吏部曹史无明载，尚需后来者详细考订。

三、魏晋南北朝时期比部的职掌

曹魏比部所掌何事史无明载。《宋书·百官志》载：“以三公、比部主法制。”《周书》有计部侍郎、计部中大夫、计部下大夫，唐人李林甫认为计部中大夫是比部郎的延续，所掌应为审计之事，《隋书·百官志》载，“比部，掌诏书律令勾检等事”。可见正史所载比部职掌有二，一为

---

〔1〕 方宝璋：《论比部》，载《审计研究》2001 年第 5 期。

勾检,二为掌诏书、律令等法制之事。

寻绎比字之义,一为校比、案比、考校之意。如《周礼·地官司徒》“小司徒”条云:“及三年则大比。”二为比例、则例之意。如《礼记·王制》载:“众疑,赦之,必察小大之比以成之。”二义本相引申,而相承又各为一义。比部如以刑法得名,当为比例之比;如以勾会得名,当为校比之比。《韵会》“四支”云:“比,相次也。又比部,官名。”“四纸”云:“比,校也,唐比部官名。”凡比较者,必相次而始见。《大司马》注:“比,校次之也。”校、次二义本属相生,是旧说比部乃三年大比之比,而非小大比之比,与唐、宋职掌其义正合。从“比”之字义及后世北齐比部所掌职事推断,曹魏比部不外有两种主要职能:其一作为校比、案比、考校之意当负责勾检之事,又可以引申为稽核、勾稽或勾覆,就是现在所说的审计;其二作为比例、则例之意当负责诏书、律令等法制之事。

沈家本在其《比部考》中写道:“比部官名,始于曹魏,所掌何事,史弗能详。《唐六典》云:‘比部郎中,魏氏置。历晋、宋、齐、后魏、北齐,皆有郎中。后周天官府有计部中大夫,盖其任也。梁陈、隋并为侍郎,炀帝曰比部郎。自晋、宋、齐、梁、陈,皆吏部尚书领比部,后魏北齐及隋则都官尚书领之,皇朝因焉。武德三年,加中字,龙朔二年,改为司计大夫,咸亨元年复故。’所叙沿革甚详,亦不及魏氏所掌之事。玩其语意,谓后周计部中大夫盖其任,龙朔改为司计大夫,是所掌者仍司计之事,而非刑事。”

沈家本认为李林甫的观点是比部主计事,而非法制之事。户口及财产的调查登记,汉代称之为“案比”,一般在每年的八月进行。《周礼·地官司徒》云:“及三年,则大比,大比则受邦国之比要。”郑玄注曰:“大比谓使天下更简阅民数及财务也。”《后汉书》卷三十九《江革传》云:“建武末年,与母归乡里。每至岁时,县当案比(注曰案验而比之,犹今貌阅也)。”《汉书·张苍传》有张苍“迁为计相”的记载,颜师古注曰:“专主计籍,故号计相。”《周官》司会隶于大宰,后周计部隶属于天官府,可见计事有脉络相承,自汉分曹办事,各曹职掌如其名,比部主计事合理，唯有《宋书·百官志》载："三公、比部主法制"，《隋书·百官志中》载："比部掌诏书、律令、勾检等事。"[1]

寻觅史籍，在《三国志》《晋书》《宋书》《梁书》《陈书》《南齐书》《魏书》《北齐书》《周书》《隋书》《南史》《北史》中来回逡巡，共有十九位比部郎见诸史籍，如表 2.1 所示。

表 2.1　魏晋南北朝比部郎一览

姓名	朝代	职位	出处
孔渊之	宋	比部郎	《宋书》卷五十四
孙超之	宋	比部郎	《宋书》卷八十四
江谧	南齐	尚书度支郎，俄迁右丞兼比部郎	《南齐书》卷三十一
卞彬	南齐	尚书比部郎	《南齐书》卷五十二
裴子野	梁	尚书比部郎	《梁书》卷三十
顾宪之	梁	尚书比部郎	《梁书》卷五十二
陶季直	齐	尚书比部郎	《梁书》卷五十二
华皎	陈	皎，梁代为尚书比部令史	《陈书》卷二十
毛栖忠	梁	梁尚书比部侍郎	《陈书》卷二十九
范泉	陈	比部郎	《陈书》卷三十三
江德藻	陈	尚书比部郎	《陈书》卷三十四
贺循	陈	尚书比部	《陈书》卷三十四
孤孙度	北魏	比部尚书	《魏书》卷十四
司徒石	北魏	比部侍郎	《魏书》卷十四
宿倪	北魏	比部侍御	《魏书》卷三十
陆叡	北魏	比部尚书	《魏书》卷三十四
崔士安	北魏	尚书比部郎	《魏书》卷六十六
羊烈	北齐	比部郎中	《北齐书》卷四十三
刘沨	宋	尚书比部郎	《南史》卷七十三

---

〔1〕 沈家本：《寄簃文存》，商务印书馆 2015 年版，第 118 页。

然而查阅史籍，却少有比部郎任职期间职掌的记载，所得仅有三条，一为《宋书》卷五十四载孔渊之议“科刑不当”；二为《陈书》卷三十三载：“梁代旧律，测囚之法，日一上，起自晡鼓，尽于二更。比部郎范泉删定律令，以旧法测立时久，非人所堪，分其刻数，日再上”；三为《隋书》卷二十五《刑法志》载：天监元年[1]八月，乃下诏曰：“律令不一，实难去弊。杀伤有法，昏墨有刑，此盖常科，易为条例。至如三男一妻，悬首造狱，事非虑内，法出恒钧。前王之律，后王之令，因循创附，良各有以。若游辞费句，无取于实录者，宜悉除之。求文指归，可適变者，载一家为本，用众家以附。丙丁俱有，则去丁以存丙。若丙丁二事，注释不同，则二家兼载。咸使百司，议其可不，取其可安，以为标例。宜云‘某等如干人同议，以此为长’，则定以为《梁律》。留尚书比部，悉使备文，若班下州郡，止撮机要。可无二门侮法之弊。”

这三处记载，第一处为南朝宋孔渊之任比部郎时对一疑难案件处理方式的建议，这一案件经过为安陆应城县张江陵与其妻吴氏一起咒骂张母，言语激烈，令张母自死，张母愤恨自杀，时值大赦。当时律文规定，“子贼杀伤殴父母，枭首；骂詈，弃市；谋杀夫之父母，亦弃市。值赦，免刑补冶”。子嗣若杀伤殴打父母，要被处以枭首的刑罚；斥骂父母，要被处以在闹市执行死刑的刑罚；谋杀丈夫的父母也要被处以在闹市执行死刑的刑罚，若遇到大赦，可以脱去刑具以示宽赦。张江陵骂母，张母因之自裁，重于伤殴。若同杀伤父母科刑，则疑重；用殴伤及骂父母科刑，则疑轻。法律只规定了殴打父母，遇大赦仍然要被处以枭首，没有骂母致死遇到大赦的处理方式。比部郎孔渊之议曰：“夫题里逆心，而仁者不入，名且恶之，况乃人事。故殴伤咒诅，法所不原，詈之致尽，则理无可宥。罚有从轻，盖疑失善，求之文旨，非此之谓。江陵虽值赦恩，故合枭首，妇本以义，爱非天属，黄之所恨，情不在吴，原死补冶，有允正法。”[2]皇帝采纳了孔渊之的建议，将骂母致死的张

---

[1] 天监元年，即公元509年，梁武帝萧衍的第一个年号。

[2] 《宋书》卷五四。

江陵处以枭首的刑罚,其妻吴氏则被免弃市。在此处记载中,孔渊之以比部郎的身份对案件的科刑提出建议,合《宋书》"比部主法制"之记载。

第二处为《陈书》卷三十三记载:"比部郎范泉删定律令",范泉删定的律令是有关测立的制度,测立是南朝梁、陈时对不招供的囚犯使用的一种刑讯制度,对不招供的囚犯先鞭二十、笞三十,然后身戴刑具,在"高一尺,上圆,劣容囚两足立"的土垛上站立,若仍不招供,则反复拷打站垛。"梁代旧律,测囚之法,日一上,起自晡鼓,尽于二更。"比部郎范泉认为梁代旧法测立时久,非人所堪,故分其刻数,日再上,范泉的新制减轻了囚犯的身体负荷,避免屈打成招。刑讯方法的修订仍属于法制范畴,就所见而言,《陈书》所载比部郎的职掌应也是法制。

第三处为《隋书·刑法志》载梁代颁行《梁律》时,将律文留尚书比部,让比部曹"悉使备文",若要班下州郡,则让比部"止撮机要",以此避免律令不一,二门侮法。从此条记载来看,梁代比部执掌的应该也是与法制有关事务。上述三条有关比部郎事迹的记载,仅涉及比部掌法制之职能,并不涉及比部勾检职能,那比部掌勾检之事的记载又从何而来呢?

比部产生以来,首次明确其职掌是勾检的记载是在《隋书·百官志》中,在记述北齐的官制时说:"比部掌诏书、律令、勾检等事。"史书中没有记载比部郎所做的具体事迹,但出土文献可以给我们提供另一个视角。1959 年到 1975 年,在新疆吐鲁番市阿斯塔那、哈拉和卓两地,共发掘清理了晋到唐的墓葬 400 余座,在所获珍贵文物中,有 2700 多件汉文文书。其中晋十六国时期的 100 多件,占全部文书的 5%,高昌王朝时期的 700 余件,占 30%,其余为唐朝的,约 1700 件。据文书记年,最早的是西晋泰始九年(公元 273 年),最晚的是唐大历十三年(公元 778 年),前后历时 500 年。这些珍贵的出土文书主要是汉文,其次是古粟特、突厥、回鹘、吐蕃文等。

阿斯塔那和哈拉和卓两地古为车师前部,西汉置戊己校尉,建高昌、交河诸壁、垒[1]，开置屯田。东晋成帝咸和二年（公元327年），前凉张骏于此建高昌郡，历经前秦、后凉、西凉、北凉，皆为凉州（或沙州）的属郡。444年北魏灭北凉，北凉残部西迁高昌，460年又为柔然所灭，柔然立阚氏为高昌王。嗣后，张、马、麹诸氏相继据此称王。唐贞观十四年（公元640年），太宗灭立国100余年的麹氏，以其地置西州。吐鲁番文书主要为这一历史时期的政治、经济、文化生活诸方面的原始资料。

吐鲁番文书就其性质，可粗略分为公私文书、古籍、佛道等教经卷四大类：公文书有朝廷诏敕、律文、籍账，各级军政机构的文牒数量更多；私文书包括世俗及寺观所有的各类疏（衣物疏、功德疏之类）、契券（租佃、借贷、雇佣、质赁、买卖等）、遗嘱、辞、启、信牍等；古籍有儒家经典、史书、诗文、启蒙读物、判集等；宗教类有佛教经论，道教符箓、醮辞、经文，以及摩尼教、景教、祆教等宗教文书和属于高昌郡时期的文书。就目前所知，这些文书大部分均在国内，其中以北凉时期为多。从这些文书中，可以看到行之于内地的地方行政区划以及设官分职，军事编制，秀才、孝廉的选举，同样在高昌郡实行。赋役制度如北凉的计赀制度、各类徭役的征发，以及水利灌溉的重视与管理等方面，文书中也提供了翔实的资料。

在审计文书方面，《吐鲁番出土文书》（见图2.1）中《高昌僧智副等僧尼财物疏》之二第12行“愿伦足”之下有“了”字，指僧尼中愿伦已按数领足有关财物后，经审核人员审核后签署朱书“了”。《吐鲁番出土文书》中的《高昌口子等施僧尼财物疏》之十二的第2行“法祭足尼耀光足”中，“法祭足”三字由朱笔勾画，“耀光足”三字上有朱书“了”字，其下又有朱书大字“了竟”二字。表明此二人按规定数额领足后，审核人员才签署“了”和“了竟”。本来签署“了”字就可以了，后又签署大字“了竟”二字，“竟”为穷、终，“了竟”似有加重语气之意。

---

〔1〕 指军营的围墙或工事。

图 2.1　吐鲁番出土文书(摄于中国审计博物馆)

魏晋南北朝时期出土文献稀缺,有关审计实践的记载非常少,《吐鲁番出土文书》中《高昌僧智副等僧尼财物疏》《高昌口子等施僧尼财物疏》二疏的记录为我们提供了了解魏晋南北朝审计实践的另一把钥匙。比部在曹魏产生之时,职责比较笼统,所以才有比部主法制的记载,而后来随着实践的发展,比部的勾检职能越来越受到重视,《旧唐书·职官志》记载:"改尚书省为中台,仆射为匡政,左右丞为肃机,左右司郎中为丞务,吏部为司列,主爵为司封,考功为司绩,礼部为司礼,祠部为司禋,膳部为司膳,主客为司蕃,户部为司元,度支为司度,仓部为司仓,金部为司珍,兵部为司戎,职方为司域,驾部为司舆,库部为司库,刑部为司刑,都官为司仆,比部为司计,工部为司平,屯田为司田,虞部为司虞,水部为司川,余司依旧。"司计,即审计之事,从"主法制"到"掌诏书、律令、勾检事"再到"司计",经过魏晋南北朝时期的发展完善,比部的审计职能越来越明确,最终发展成独立的审计机构,在中国审计史上发挥着重要作用。

第二节　魏晋南北朝的监察与审计

在古代除文书、财务的审计外，对官员的审计也是审计制度的重要内容，魏晋南北朝时比部曾隶属于吏部或许也有此方面的原因。很多人常常会把审计与监察混淆，认为它们之间没有什么区别，其实并非如此，古代监察的内容包含经济监督，但监察制度的经济监督与审计监督有明显不同。

我们可以从一个例子来感受一下监察制度产生的原因，美国汉学家孔飞力在其《叫魂》一书中写道："中国传统官僚制度依附于皇权，借助官僚制度，可以实现社会事务的专门处理，从而使日常政治权力常规化，皇帝可以借助于这种常规化的权力，实现全国政令的统一。"〔1〕按常理，皇权应该是至高无上令行禁止的，可在《叫魂》中我们看到的并不是，皇帝一下旨查办妖术案件，官僚系统便迅速行动，甚至在1768年7月之前，从没有一个地方官员主动向皇帝报告妖术案件，尽管他们手中掌握着直接向皇帝奏报的渠道，这是因为在中国传统的君主专制政治中，最高权力属于君主一人，官僚体系中各级官吏是君主实现其国家治理目的的工具，但各级官吏不可能仅仅作为尽职尽责的工具人而存在，各级官僚势必会有自己的主观意识和利益考量，君主与各级官僚之间最为突出的问题便是信息不对称，中国幅员辽阔，各省的情况又各不相同，再加上官僚的有意隐瞒，信息传递并不能准确反映一省的实际情况。由于信息的严重不对称，皇帝难以摆脱受蒙蔽的处境，面对这样的情况，皇帝对官员的监察就非常有必要。监察制度是我国古代国家治理体系中的重要一环，纲纪之整肃、吏治之维护、政治

〔1〕［美］孔飞力：《叫魂：1768年中国妖术大恐慌》，陈兼、刘昶译，上海三联书店2014年版，第278页。

污弊之涤荡都有赖于此，是公正、有效的政治法律秩序得以实现的保障。

自两汉以来，中央监察机关由御史台、丞相司直和司隶校尉组成，共同行使监察职能。秦朝原本独享监察权的御史台，权限不断缩小、事权混乱，影响监察职能有效发挥。两汉遗留下的中央监察机关三大系统名义上各自行使监察权，但彼此权力界限并不明晰，产生了许多争端，汉成帝时期就发生过丞相司直是否能监察司隶校尉的廷议。而晋惠帝时期，也曾发生过御史中丞和司隶校尉关于监察范围的冲突。前代遗留下来的监察权争端尚未解决，曹魏时期的校事制度又来横添一脚。

校事是曹操设置的监察官职，类似于明代的厂卫。曹操使用校事监察和控制百官，排除异己。《太平御览》中记载，卢洪、赵达二人曾任校事官，监察举报军中，当时有人甚至说"不畏曹公，但畏卢洪；洪尚可，赵达杀我"。可看出校事是曹操用来掌控百僚、控制朝廷的工具，在此情况下，御史台的监察作用就逐渐被取代。曹魏之后，御史地位逐渐回升，御史监察机构在魏晋南北朝时期转变为完全独立的监察机构。汉代的御史台受制于九卿之一的少府，东汉的御史台虽然实质上直接向皇帝报告，但名义上仍属于少府。而东汉末年，受战乱影响，依托于皇权的九卿制度遭到破坏，少府职权旁落，成为单一的皇室手工业管理机构，与其职能不对称的御史台脱离出来成为皇帝直接掌握的独立监察机关。从此，御史监察机构从名义到实质都成为完全独立的监察机构。[1]

魏晋南北朝时期御史台走向独立，喻示着从此专职监察不再兼领其他职务，御史台成为与行政、司法、军事机构一样独立的政府机构，拥有平等地位，直接向皇帝负责也有利于御史台不受其他权力机构干预。对于御史台行使监察职权以察举官员也无疑是大有裨益的。在监察官员的职能中，确实包含对官员的经济监督。汉代部刺史依据

〔1〕贾玉英：《中国古代监察制度发展史》，人民出版社2004年版，第145页。

《六条问事》行使监察权："刺史班宣，周行郡国，省察治状，黜陟能否，断治冤狱，以六条问事，非条所问，即不省。一条，强宗豪右田宅逾制，以强凌弱，以众暴寡。二条，二千石不奉诏书遵承典制，背公向私，旁诏守利，侵渔百姓，聚敛为奸。三条，二千石不恤疑狱，风厉杀人，怒则任刑，喜则淫赏……四条，二千石选署不平，苟阿所爱，蔽贤宠顽。五条，二千石子弟恃怙荣势，请托所监。六条，二千石违公比下，阿附豪强，通行货赂，割损政令。""六条"监察范围看似宽泛，实际监察对象仅针对二千石以上长吏和地方豪强，其第二条"不奉诏书遵承典制，背公向私，旁诏守利，侵渔百姓，聚敛为奸"与第六条"违公比下，阿附豪强，通行货赂，割损政令"正是汉代刺史经济监督职能的体现，但其只是对该官员的经济违法行为进行监察并上报皇帝，而不是通过上计审核该官员的年度工作计划是否完成。

唐代权德舆在《唐故银青光禄大夫守吏部尚书兼御史大夫充诸道盐铁转运等使上柱国赵郡开国公赠尚书右仆射李公墓志铭》中详细列举了这位曾任御史大夫的李公所行之事，"公温重方严，恺悌忠清，得洪范之正直，禀大雅之明哲。强志特立，为儒门吏师，中台草议，左曹还诏，法程之下无尢违，分画之下无差失。其为二方，循班制，建长利。布以休和，树之风声。大凡都府岁杪使刻深吏周行支郡，钩摭泉货，二千石不相聊生，如梏。然，公至，分命部从事览观礼俗，问人疾苦，廉吏善否而已。至有经用之羡，使郡自为理，得以蠲乏用，补庸亡，府无私焉。四履之内，遇凶旱水溢，捐有馀以均不足。农里无大乏，官司无宿忧，而邦乡硕生，劝学讲艺，道彼轻僄，率循教化，皆有声诗，揭于康庄。其制国用也，调盈虚，御轻重。阜齐人之业，而地不加赋；佐公家之急，而利无所滞。先是池泽之税，因缘为奸，牢盆以私，币货浸滥。公则去一朝之便，质终岁之成，变其苦窳，以宽物力，盈入之数，不可胜条"。其中亦涉及经济方面的诸多事务，但监察并不等于审计，二者在设立目的、机构设置、隶属关系、所掌职能等方面均有明显区别。

以魏晋南北朝的监察与审计制度为例阐释二者区别。首先，在设立目的上，虽然二者都是为了巩固皇权，为实现对国家的治理而设立的，但相较而言，监察制度受皇权影响更大，容易被滥用而成为统治者排除异己的工具。比如魏晋南北朝时期御史的风闻奏事制度，所谓风闻，即是不需要真凭实据，只需要“听说”便可弹劾被“风闻”的官员。《容斋随笔》中记载：“御史许风闻论事，盖自晋、宋以下如此。”南齐御史中丞沈约因“风闻”而弹劾王源，南梁御史中丞刘孝仪根据“风闻”弹劾徐陵贪赃，北周崔子枢因受纳风闻被御史弹劾。这一制度不可否认，在客观上的确起到了让御史等监察官毫无顾忌行使监察权的作用，但仅凭传言就可以举报他人缺乏理性依据，亦极易导致监察权的滥用。部分御史将其风闻奏事的权力用作打击报复他人的工具，如前文所引的刘孝仪弹劾徐陵一事，就是因二人曾结怨而发生的。其次，在机构设置上，御史监察机构在魏晋南北朝时期转变为完全独立的监察机构。汉代的御史台受制于九卿之一的少府，而东汉末年，受战乱影响，御史台脱离出来成为皇帝直接掌握的独立监察机关。曹魏将御史台机构分为三个级别，由上至下分别是御史中丞、治书执法和治书侍御史、侍御史三个级别。此外，曹魏对于汉代就有的部曹侍御史数量进行了增加，共有治书曹、掌度支运、课第曹、掌考课等，由此看来，比部曹在层级上要低御史台两个级别，约等于御史体系中的侍御史。再次，在隶属关系上，御史台是皇帝直接掌握的独立监察机关，而比部曹则隶属于度支尚书，吏部尚书或都官尚书之下。最后，在所掌职能上，魏晋南北朝时期监察官员掌纠察，任何违礼、违制的行为都在纠察范围内，经济监督只是监察官员的职能之一，而比部曹不管是主法制也好，掌勾检也罢，都只是负责静态的核算，其职掌要比监察官员小得多。

比部审计制度始创于曹魏时期，最终消亡于明洪武二十二年（公元1389年）。魏晋南北朝时期是比部审计的初始阶段，隋唐时期是比部审计的完善阶段，自唐以后，比部审计逐渐开始进入消亡阶段。魏晋南北朝时期，上计制度逐渐淡出，中国审计史开始进入比部审计阶段，中国古代审计向独立、专职化方向探索和发展，比部审计是魏晋南北朝审计制度中至关重要的一环，在中国审计史上占据了重要地位。

第三章　隋唐至宋辽金夏时期的审计法律制度

581年,手握军政大权的北周外戚杨坚逼迫周静帝退位,建朝称隋。589年,隋朝挥军南下,渡江灭陈,攻占建康,结束了南北朝以来割据混乱的局面,再次实现了全国的统一。隋统治后期,阶级矛盾激化,爆发了大量的农民起义,严重动摇了隋朝的统治根基。618年,隋朝灭亡,唐高祖李渊在长安称帝,建立唐朝。唐朝经历290余年,并先后出现"贞观之治"和"开元之治"等盛世,国力一度达到封建王朝的顶峰。中国传统法律制度在隋唐经过200余载的探索逐渐走向成熟,这一时期的审计法律制度也日趋完善。

第一节　隋唐时期的审计法律制度

一、隋唐时期的社会背景

隋文帝杨坚登基后,随即进行了政治、经济等多方面的改革,巩固了隋朝的统治。政治上,恢复了废除已久的"三公九卿"旧制,并初创了"三省六部"制,巩固和加强了中央集权;开设了科举制度,选拔优秀人才,弱化了士族阶级对官职的垄断,为封建社会的人才选拔模式提供了新蓝本,对后世影响极大;另外建立政事堂议事制、监察制、考绩制,政府机制得以强化。经济上,实行均田制、租庸调制并改定赋役,减轻农民生产压力；采取大索貌阅和输籍定样等方式整顿户籍，清查人口，保证财政收入；隋朝还在各地修建粮仓，储备粮食，应对灾害；同时修建大运河增强漕运力量，沟通了南北经济、文化的发展。文化上，隋朝承袭了南朝梁、陈的艳丽文学，讲究声律和色彩，未有文风上的较大突破；"丝绸之路"加强了中国和中亚地区的商贸往来，也产生了文化思想碰撞的火花。

唐朝是中国历史上的封建盛世王朝，其政治、经济、文化多方面的成就，都对后世产生了深远而不可估量的影响。政治上唐朝沿用隋朝开创的三省六部制，主要机构有三省、六部、一台、五监、九寺。三省是核心机构，即中书省、门下省、尚书省。中书省负责草拟诏令，门下省主审核驳斥，尚书省六部分管执行，极大地提高了行政效率；同时武则天时期首创武举制度，为武将的选拔提供了道路。唐朝经济发展迅速，除了农业的持续发展外，手工业也得到了空前的发展，诸多精美的手工产品远销海外；两税法的施行和货币制度的改革，也助力经济持续发展。唐朝亦是文化大繁荣的时代，诗歌的"初唐四杰""李杜"再到"郊寒岛瘦"，书法的"颜筋柳骨"、绘画的"吴带当风"和敦煌壁画，艺术成就之高，无一不令人嗟叹。

隋唐时期的特殊社会背景，意味着作为独立监督活动的审计必然有一席之地。在封建法律制度成熟的隋唐时期，审计法律制度也愈加完善和成熟，为审计活动的顺利开展提供了制度保障。而审计形式也从魏晋南北朝时期的上计审计逐渐发展到了隋和唐中前期的比部审计阶段；安史之乱后，由于财政机构的变化和财政多元化的局面形成，三司审计在唐朝后期逐步走上了历史的舞台。

二、法律思想和立法原则

（一）隋朝的法律思想

自西汉中期开始的法律儒家化进程，经魏晋的发展，至北魏、北齐，在内容上已基本完成。正统儒家思想作为立法、司法的指导思想，也长期得到历朝统治者的认可。隋初统治者在建国之初,即确立了儒学在法律思想中的指导地位。

以德为主,德刑并用,这是自西汉中期开始形成的正统法律观。汉以后历朝统治者多以此正统法律观指导立法、司法。隋初统治者强调以仁、德为治国之本。开皇三年(公元583年)十一月,隋文帝颁发诏令称:本朝治理国家、将"以德代刑"。[1] 开皇初年(公元581年),为废止北周旧律,除削烦苛刑罚,文帝提出:枭首、身及之刑,修烈之极,"义无所取,不益惩肃之理,徒表安忍之怀";而鞭刑,剥肤侵体,"虽云远古之式、事乖仁者之刑"。因此,应为以仁、德治理天下者所不取。[2] 正统法律观主张仁政和德治,这是治理国家的最高目标,也是为实现这一目标而采取的基本手段;但同时,为实现仁政、德治,还必须重视法律的作用。以刑辅德,最终达到措刑而正德的境界。隋初统治者重视法律的作用,提出:军队之设在于保护国家,维持政权,不可废除;法律的实施,在于治理国家,维持秩序,必须慎重。[3] 开皇元年(公元581年),隋文帝在一篇诏令中称:颁布刑律的目的,不在于刑杀,而在于使民众惧法而无犯,从而实现"措而不用"。[4]

基于对此前三百年国家分裂、社会动荡历史的认识,隋朝统治者致力于建立一个具有实际权威的中央集权政府,维护作为中央集权核心的皇权,因而竭力主张借重于法律手段,确立包容儒家学说与法家学说的正统法律观为立法与司法的指导思想。但到了统治后期,文帝却较多地侧重于法家关于专任于法、严刑止奸的学说。为防止内外官吏懈怠职责,文帝常命左右侍从巡访、监视,发现官吏有小的过失,即采取轻罪重罚的原则,加重处罚。为考验职官,查获罪犯,文帝甚至采取诱使犯罪的方法,以考验职官,查获罪犯。文帝甚至指使人私下给职官馈送财物金钱,如果接受,则以贪赃受贿罪将其处以死刑。其统

[1] 《隋书·高祖纪》。
[2] 《隋书·刑法志》。
[3] 《隋书·高祖纪》。
[4] 《隋书·刑法志》。

治后期,社会上频频发生强盗案件,甚至在京城也有白日抢劫案。文帝于是下诏,对于纠告此类犯罪者,将没收罪犯的家产赏给纠告之人。此举实施之后,短期内确实起到抑制犯罪的作用。但很快即引起新的问题,一些人故意将少量物品放在富家子弟必经之路上,等其捡拾,则将其擒获送官,以领取奖赏。轻罪重罚原则尤其明显地体现于对于盗窃罪的处理上。开皇后期,对于窃盗犯罪,不再依律处断,而是加重处罚:盗一钱以上,处死刑,并暴尸市井。因而出现"三人共盗一瓜"即被处死刑的反常现象。轻罪重罚及奖励纠告的实行,在很大范围内造成恐慌气氛,人心动荡,社会混乱,造成很多冤屈之案,以至于有人劫持官吏,让其转告皇帝,不要再继续实行这种直接导致冤案的制度,他们讥讽文帝"自古以来,体国立法,未有盗一钱而死也"〔1〕。

隋炀帝即位之初,针对隋文帝后期法网严密、犯罪频仍的恶性循环状况,采取了一系列旨在宽罚恤刑的措施,这使社会矛盾得到一定的缓和。但不久,隋炀帝开始大规模的营建活动——修筑长城、开凿运河、营造洛阳、修缮离宫,加之连年声势浩大的巡游,以及对高句丽等的征战,耗费了大量的人力、物力、财力,极大地加重了民众的负担。为防止民众因不堪忍受沉重的劳役赋税而对朝廷表示不满乃至萌发出反抗,隋炀帝也贯彻了高压的立法思想,再次采取专任刑罚、轻罪重罚的刑事政策。"帝乃更立严刑,敕天下窃盗已上,罪无轻重,不待闻奏,皆斩。"〔2〕

隋朝文、炀二帝,即位之初,均能认识到宽法轻刑对于维系民心、稳定社会、巩固政权的重要性,并且在德刑并用、以德为主的法律思想下,采取了一系列措施,取得了积极的社会效果。但他们在各自统治的后期,又都无一例外地破坏自己建立起来的"德刑并用、以德为主"的方针,无奈采取了"专任刑罚、欲以重刑"的高压政策,以维持其超出社会承受力的统治方式。

---

〔1〕《隋书·刑法志》。
〔2〕《隋书·刑法志》。

(二)唐朝的立法原则

亲身经历了隋末农民大起义的唐初统治者深知人心向背的重要性,认识到“为君之道,必须先存百姓;若损百姓以奉其身,犹割股以啖腹,腹饱而身毙”[1]。据此,他们提出“安人宁国”的治国方针。唐太宗为首的统治集团,为贯彻落实这一治国方针,除了推行轻徭薄赋等措施来缓和严重的阶级矛盾外,还吸取前朝灭亡的经验教训,确立了唐朝的立法原则,其中,“德礼为政教之本,刑罚为政教之用”[2],是唐朝最为重要的立法原则。

德主刑辅,礼法并用。唐朝统治者认为,“德礼”和“刑罚”是规范和约束百姓日常行为的重要标准和制裁手段,正如日有早晚、年有春秋,二者功能互补、缺一不可。但其从隋末严刑酷法,进而激化社会矛盾最终导致政权灭亡的教训中也意识到:在封建专制统治下,德礼的作用是教化万民,处于根本性、主导性地位;而刑罚则强调禁顽止奸,处于辅助性、派生性的地位。因而,唐朝统治者一再强调德刑相济,礼法并用的指导思想,即重视“德”的指导作用,要求国家制定法律、适用刑罚要以儒家的礼仪为标准;同时又不放弃刑罚的惩戒作用,尊重法家的“令为止行”,主张“失礼之禁,著在刑书”。[3] 虽然德礼与刑罚均为国家治理所必需,但二者的性质及作用注定了二者的适用次序存在不同。德礼在前,重在通过教育感化的方式,劝民以礼,导民向善,不仅能够使万民安分和谐,而且有利于社稷政权的长期稳定。因此,弘德倡礼是国家治理的核心和本源,也是国家治理的优先手段。刑罚在后,重在禁顽止奸,打击危害政权、侵害社会的犯罪行为。虽然刑罚为国家治理所必需,但由于刑罚是以剥夺生命、残害肢体、限制自由等手段来实现其目标,违反人的本性,而且刑罚往往只能通过威慑解一

---

[1]《唐律疏议·名例》。
[2]《唐律疏议·名例》。
[3]《全唐文·薄葬诏》。

时之急,难以保持政权的长期稳定。故德礼在前,刑罚为辅,成为重要的法制指导思想。

宽简相济和注重法律的稳定性是唐朝立法的另一原则。

鉴于“炀帝忌刻,法令尤峻,人不堪命,遂至于亡”[1]的教训,为了贯彻“德主刑辅”的思想,唐初统治者强调立法务求宽简。所谓“宽”即宽平,是针对前朝法律的严苛而言的。唐太宗李世民即位后,主张“以宽仁治天下”,对于刑法的适用尤其重。基于这一认识,唐初立法以仁恕宽厚为原则,“凡削烦去蠹,变重为轻者,不可胜纪”,[2]对唐律能够做到“得古今之平”具有直接影响。“简”即简约,是针对隋朝法律的繁杂而言的,要求立法简明扼要,尽可能使百姓容易理解法律的内容,使官员能够把握律条、正确适用法律。唐高祖要求修订的法令,“使人共解……务使易知”[3]。贞观十年(公元636年),唐太宗对大臣们说:“国家法令,惟须简约,不可一罪作数种条格。格式既多,官人不能尽记,更生奸诈……宜令审细,毋使互文。”[4]这说明,统治者已认识到法令简约对于官吏严格执法、避免“出入人罪”和百姓知法守法、自觉减少犯罪的作用。在这种思想指导下经过多次修订的唐律,结构严谨,文辞简洁,注疏确切,举例适当,成为中国乃至世界法制史上的经典。

唐朝统治者要求立法时应当审慎,不轻易制定新的法令,这体现了注重法律稳定性的立法原则。法令一旦制定出来,就要坚决执行,不轻易改废。在这方面,唐初的统治者对历史的经验教训有深刻体会。贞观十一年(公元637年),唐太宗就曾说过,“诏令格式,若不常定,则人心多惑,奸诈益生……今宜详思此议,不可轻出诏令,必须审定,以为永式”,[5]还说:“法令不可数变,数变则烦,官长不能尽记,又

---

[1]《旧唐书·刑法志》。

[2]《旧唐书·刑法志》。

[3]《旧唐书·刘文静传》。

[4]《贞观政要·论赦令》。

[5]《贞观政要·论赦令》。

前后差违,吏得以为奸。"[1]即法令不可多次变化、多变就会烦琐,还会造成前后法令的冲突,导致人心不稳、执法不一,官民无所适从,腐败及社会秩序混乱由此而生。为维护法律的严肃性和权威性,唐初统治者在立法时注意法律的连贯性、统一性。在每次修改法令时,都要经过正式的程序,不能由一个机构独立立法。即便皇帝的制敕也要经过中书省起草、门下省复核才能正式下达尚书省执行。对前代法律的修改,也采取十分审慎的态度,字句斟酌,反复推敲,力求使制定出来的法律能在相当长的时间内保持稳定。"自房玄龄等更定律、令、格、式,迄太宗世,用之无所变改。"[2]即使是高宗永徽年间修订的闻名于世的《唐律疏议》,对前代的《贞观律》也没有作大的改动,只是增撰了一个对律文进行注释、疏解的"律疏",以便阐明律义和重要制度的源流演变,解决司法实践中具体条文的适用问题。

三、隋唐审计法制主要内容

隋唐时期的法律主要由律、令、格、式四类构成。律为国家法典,是对一切违法行为量刑定罪的依据;令是保证尊卑、贵贱等级的国家制度;格是百官和诸司所常行之事;式为百官及其诸所常守的法。接下来,将按照不同类型的法律形式,对隋唐时期的审计法制进程展开论述。

(一)隋朝的审计法制

由于隋朝存在时间较短,加之史料相对匮乏,对于隋朝的审计法律制度的考究主要参考《职员令》。在隋朝,专职审计的机构是比部,初为尚书省都官下设,后在开皇三年(公元583年)改属三省六部中的刑部,审计活动则称之为"勾检"。

隋初有载:"尚书省兵部尚书之属,有库部;都官尚书之属,有比

[1] 《资治通鉴·唐纪十》。
[2] 《新唐书·刑法志》。

部;度支尚书之属,有度支、户部、金部、仓部;工部尚书之属,有工部、屯田、虞部、水部等侍郎。并分掌兵仗、勾检、出纳国计、户口、金银、廪庾、工役、官田、山泽、舟船之事焉。"[1]从记载不难发现,比部职掌"勾检"。而从行文出处"邦计部"亦可推知隋朝比部勾检的内容主要是财政和经济方面。"尚书省,事无不总……都官尚书统都官侍郎二人,刑部、比部侍郎各一人,司门侍郎二人……凡三十六侍郎,分司曹务,直宿禁省,如汉之制。"[2]此句源于《职员令》,《职员令》比较清晰规定了比部官吏的设置及其职掌,使隋朝审计活动有法可依。"始开皇中,署司唯典掌收纳,至是署令为判首,取二卿判。丞唯知勾检。令阙,丞判。"[3]

由《隋书》可知,隋初设比部侍郎一人,正六品上;员外郎一人,品阶不详。隋炀帝改比部侍郎为比部郎,"废诸司员外郎,而每增置一曹郎",这样比部就有了比部郎两人。不过隋炀帝改革并未持续太久,很快,每曹又减少一郎,另置承务郎一人,同此前的员外郎之职。在比部郎、比部承务郎的领导下,还有主事、令官等官吏配合其工作。当时比较著名的负责审计的官员包括李谔、皇甫诞等。李谔"性公方,明达世务,为时论所推,勾检诸司"[4]。皇甫诞"开皇中,复入为比部、刑部二曹侍郎,俱有能名。迁治书侍御史,朝臣无不肃惮。上以百姓多流亡,令诞为河南道大使以检括之"[5]。

除了专职审计的机构和官员,隋朝负责监察的御史台、谒者台和司隶台在监察官员的日常过程中,不可避免地涉及官员的经济问题。《隋书·百官下》载,隋初御史台置大夫一人,治书侍御史二人,侍御史八人,殿内侍御史、监察御史各十二人,录事二人。隋炀帝大业年间,增治书侍御史为正五品,省殿内御史员,增监察御史员十六人,加阶为

[1]《册府元龟·邦计部·总序》。
[2]《隋书·百官志》。
[3]《隋书·百官志》。
[4]《隋书·李谔传》。
[5]《隋书·皇甫诞传》。

从七品,罢御史直宿禁中制,又置主簿、录事员各二人。大业三年(公元607年)增设谒者台和司隶台两个监察机构。谒者台大夫“掌受诏劳问,出使慰抚,持节察授,及受冤枉而申奏之”。司隶台掌六条察事,其中“察官人贪残害政”,“察水旱虫灾,不以实言,枉征赋役,及无灾妄蠲免者”与审计密切相关。司隶台大夫“掌诸巡察”,其属官别驾“分察畿内”,刺史“巡察畿外”。御史台、谒者台和司隶台职官在纠察弹劾官吏贪赃枉法的过程中行使一定的审计职能。如治书侍御史柳彧、皇甫诞“巡省河南、河北”,柳彧“持节巡省河北五十二州,奏免长吏赃污不称职者二百馀人。州县肃然,莫不震惧”[1]。“士文至州,发擿奸隐,长吏尺布升粟之赃,无所宽贷。得千余人而奏之,上悉配防岭南。”[2]隋末御史监军也检查军队财物。河南道讨捕大使裴仁基见士卒劳敝,“所得军资,即用分赏。监军御史萧怀静每抑止之”[3]。

(二)唐朝的审计法制

唐朝是封建法制的鼎盛时期,其律、令、格、式一应俱全,相较于隋朝历史进程的稍纵即逝,唐朝与审计有关法律制度的记载也更为翔实。唐朝以《唐律疏议》为基础,辅以格、式,以及考课、监察法制等,并有专门的勾检之法,使唐朝的审计法律逐渐具有一定的体系性,达到了相当的高度,是比较成熟的。

《唐律疏议》是中华法系的代表,亦是封建法律制度集大成者,其中关于比部的职责主要规定在《名例律》的“同职犯公坐”中。“检者,谓发辰检稽失,诸司录事之类。勾者,署名勾讫,录事参军之类。皆同下从:若有四等官,同四等从;有三等官,同三等从;有二等官,从二等从。其无检、勾之官者,随判官发辰勾稽,若有乖失,自于判处得罪,不入勾、检之坐。”[4]勾检官是唐朝官吏中特殊的一类,其职掌是勾检稽

[1]《隋书·柳彧传》。
[2]《隋书·库狄士文传》。
[3]《隋书·裴仁基传》。
[4]《唐律疏议·名例律》。

失,如果检覆有失,要承担相应的责任,受到刑事处罚。朝廷诸司、地方的各级审计官员在《唐律疏议》中被作为一类官员提及并制有相应的量刑定罪条文,表明了唐朝审计官员的特殊地位。

唐因隋制,比部属于尚书省下的刑部。龙朔二年(公元 662 年),国家机构普遍更名,比部改为司计,咸亨元年(公元 670 年)复故。[1] 天宝十一年(公元 752 年)又改比部为司计。至德元年(公元 756 年)复旧。[2] 这只是名称的变异,对比部职能及机构性质等并无影响,其仍是唐前期最重要的审计机构。

比部置郎中一人,从五品上;员外郎一人,从六品上;主事四人,从九品上。与隋相比,比部郎中、员外郎的品级显然有所提高。比部的背吏共有四十六人,其中,令史十四人,流外勋品;书令史二十七人,流外二品;计史一人,流外三品;掌固四人,流外七品。[3] 此外,据《唐六典》卷二"吏部郎中"条"凡诸司置直,皆有定制"载,比部尚有有品直官一人。直官是具有其他职事官或散官、勋官、前官、常选人等,因有特殊技艺,以"直诸司"的身份于所在司从事技术活动,不受官品、任期的限制。而比部郎中、员外郎的职掌是有明确规定和记载的。"掌勾诸司百僚俸料、公廨、赃赎、调敛、徒役、课程、逋悬数物,以周知内外之经费,而总勾之。""凡仓库出内(纳)、营造佣市、丁匠功程、赃赎赋敛、勋奖赐与、军资器仗、和籴屯收,亦句覆之。"[4] 唐朝形成了朝廷、地方审计官员以日、月、季、两季、年为单位,审核及勾会各地、各司、各种财务收支账目簿历的制度。勾检官审核财务收支后,对存在的问题,如应征税而未征,不应支而滥用,保管中损坏等,要重新征收或处理纠正,唐朝称此种对于审计结果的处理方式为"勾征"。"其一年勾获数及勾当名品,审比部。"

唐《格》共计二十四篇,其中《比部格》是比部执行审计勾检活动

---

〔1〕《唐六典·比部郎中》。
〔2〕《通典·尚书下·比部郎中》。
〔3〕《通典·大唐官品》。
〔4〕《唐六典·比部郎中》。

的直接法律依据之一，是一部专门的审计法规。但囿于唐《格》残缺，我们难以完整窥探全貌。《唐会要》卷五十九《比部员外郎》曾载：

建中元年四月，比部状称："天下诸州及军府赴勾账等《格》：'每日（月）诸色勾征，令所由长官、录事参军、本判官，据案状仔细勾会。其一年勾获数，及勾当名品，申比部。一千里已下，正月到；二千里已下，二月到；余尽三月到尽。省司勘检，续下州知。都至六月内结，数关度支，便入其年支用。旨下之后，限当年十二月三[十]日内纳足'者。诸军支[度]使亦准此。又准大历十二年六月十五日敕：'诸州府请委当道观察判官一人，每年专按覆讫，准限[申]比部'者。自去年以来，诸州多有不到。今请其不到州府，委黜陟使同观察使计会勾当，发遣申省，庶皆齐一，法得比行。"敕旨："依奏。"

比部奏文提到的"天下诸州及军府赴勾账等《格》"是比部格的一部分，比部格对账簿勾检做出了比较详尽的规定。第一，它要求地方每月进行财务检查，参与审核的官员包括州长（刺史）、勾检官录事参军事、财务负责官员（基本为仓曹参军事）。第二，它规定在州每月审核、勾征、造账的基础上，将一年的审计勾征结果详细造账，并申报比部，主要内容包括审核财物种类、数量，审查出的因应纳未纳及不应支而支出需要填还补足的财物品种、数量等。第三，它规定了地方年终勾账申送比部的时间，即根据所在地距首都长安的远近划分，"一千里已下，正月到；二千里已下，二月到；余尽三月到尽"。最晚不能超过三月。第四，它规定了比部审计之后的处理办法。比部检查后，将检查结果通知诸州，使诸州在六月内结案；同时，将检查结果通知度支，度支将此笔勾征收入列入下年支度国用预算。第五，要求州在接到比部检查结果后，将应交纳的钱物在年底前如数征收。[1]

据记载，唐《式》共有三十三篇，《比部式》和《勾账式》也在其中，二者也是重要的审计专门法规。《比部式》的原件与拓本至今尚未发现，但根据《唐六典》和《旧唐书·职官志》、《新唐书·百官志》等，可

〔1〕 李金华编：《中国审计史》（第1卷），中国时代经济出版社2004年版，第149页。

推定比部郎中和员外郎条所载内容，为《比部式》内容：

凡内外官料俸，以品第高下为差。外官以州县府之上中下为差。

凡税天下户钱，以充州县官月料，皆分公廨本钱之利。羁縻州所补汉官，给以当土之物。关监之官，以品第为差。其给以年支轻货。镇军司马、判官俸禄，同京官。镇戍之官，以镇戍上中下为差。

凡京师有别借食本，其在京给用，则月一申之；在外，二千里内季一申之，二千里外两季一申之，五千里外岁终一申之。

凡仓库出内（纳）、营造佣市、丁匠功程、赃赎赋敛、勋赏赐与、军资器仗、和籴屯收，亦勾覆之。

京师仓库，三月一比，诸司、诸使、京都，四时勾会于尚书省，以后季勾前季；诸州，则岁终总勾焉。

上述第一、二、三条是关于官吏俸料、公廨本钱、食利本钱的规定。比部除了进行审计外，还兼管公廨本钱收支。官吏俸料改由户税提供后，仍由掌公廨本钱的比部司掌。第四、五条规定了比部审计的项目、内容和时间、方式等，在审计活动中发挥了重要作用。

《勾账式》是唐《式》中的一卷，正式出现于垂拱元年（公元685年）。《唐会要》卷三十九《定格令》载："至垂拱元年三月二十六日，删改《格》《式》，加《计账》以及《勾账式》，通旧《式》成二十卷。"因而，垂拱时所增加的《勾账式》得以沿袭下来。什么样的账是"勾账"，只能约略推断。《唐会要》卷五十九"比部员外郎"载：

长庆元年六月，比部奏："准制，诸道年终勾账，宜依承前敕例……其诸州府，仍请各委录事参军，每年据留州定额钱物数，破使去处，及支使外余剩见在钱物，各具色目，分明造账，依格限申比部。准常限，每限五月三十日都结奏。旨下之后，更送户部。若违限及隐漏不申，录事参军及本判官，并牒吏部使阙。"敕旨："宜从。"

据比部奏文，诸州府"每年据留州定额钱物数、破使去处、及支使外余剩见在钱物，各具色目，分明造账"的"账"，就是"诸道年终勾账"，可知"勾账"中至少包括所有钱物数、已使用数、使用外剩余数等内容。

现存敦煌吐鲁番文书中,唐官府类似“勾账”的账簿多不完全,“唐开元十六年北庭都护府秋冬勾账草稿”[1],残缺严重,第一部分只余三行,即:“从开元十六年七月一日已后至十二月已前,军府……料并执衣白直课及诸色贷便及马价纸价施练及六月卅日已前破用回残钱等,总计当钱肆伯柒拾叁……”这份草稿只剩下了开元十六年(公元728年)秋冬两季所有钱物数的总账部分,其他细目账及已使用数、使用外剩余数等均已残缺。但据文书看,所有钱物数包括新收入数及前账“回残”即剩余两部分,这是值得注意的。

《吐鲁番出土文书》第十册载“唐天宝十三载交河郡长行坊具一至九月,料破用账请处分牒”,记录了春、夏、秋三季勾账的破除、见在部分,从这长达99行的文书中,不难看到唐代造账中,先总目、再按种类分细目、后按事类分细目,详细区分,逐一列举,各与总账相合的严格有序的特色。称这类账为“勾账”的原因,是上面的朱书红笔字,在这件文书上,朱书审计的结果有:“会在槽实食历、都收斛斗数同”“同”“会食历同”“[会]减料数同”“会案同,所由款帖同”“已上会给用案还天十一载帖马食”“会给用外见在数同”等。这些朱书字写在总账或细目账具体数字的右侧,表示每一笔账都经过了勾官的仔细审核,从这些朱书字可以看到审计官员从事账目审核工作的具体方法及特点,故此件文书十分宝贵。

唐代“勾账”具有以下特色:(1)完整的勾账内容含所有、破除、见在三部分,而所有钱物又分前账剩余(应在、见在)、新账收入两类,勾账实际上含四项内容。而局部的收入、支出、见在,也可以用勾账的形式。(2)勾账的格式固定,先总账,再种类细目账,后事类细目账,总账、细目账数额相应,可逐一计算,完全符合,以这种格式处理多数量、多内容的账目,却有条不紊、层次分明,而更为具体的内容用小字写在注文中,注文内容丰富,种类不限。这样既全面,又不影响层次结构,显示了唐代记账制度的复杂与完备。(3)勾账造写要求严格、精确,数

---

〔1〕《贞松堂藏西陲秘籍丛残》。

字必须大写，石、升、斗等要用字形复杂的“硕”“胜”“蚪”代替。（4）勾账必须经过勾检官的审核、勾检，勾官要在每一笔账目的右侧用朱笔写下审计结果，数额是否符合，与文案、其他账历是否一致，都成为审核、检查的重点。勾官的审计是勾账的内容、数量准确的保证，正因为经过了勾官的朱笔勾检，这种账所以被称为“勾账”。[1]

除《比部式》《勾账式》外，《水部式》也值得一提。唐玄宗开元二十五年（公元737年）修订的《水部式》，是现存的最早一部关于水资源管理的行政法规，对水利设施的兴修和管理、农田灌溉、节约用水等多方面都有提及。而其中对水部的审计，则说明比部审计内容相当广泛。其记载：

其尚食……度支每年支钱二百贯送都水监，量以时价给直，仍随季具破除见在，申比部勾覆。年终具录，申所司会计。如有回残，入来年支数。

相较于《律》《格》《式》对于比部和审计法律制度的规定而言，《令》中也有关于审计的相关规定，零散分布于诸篇，且大都比较简单化、原则化，这里也仅简要提及。如《官品令》规定了比部郎中、员外郎的品级；《司监职员令》和《卫府职员令》对勾检官主簿、录事、录事参军事的品级和职掌做了规定；《考课令》规定了官吏考核标准，其中“明于勘覆，稽失无隐”是对审计官员考核的最高标准；而《仓库令》规定比部作为审计机构，须参加季终的勾会，以保证出纳制度的严格执行，其记载：

库藏出纳，皆行文榜，季终而会之。若承命出给，则于中书省覆而行之，百司应请月俸，则符牒到所由，皆递覆而行之。

在各种形式法律制度的支撑下，唐朝前期以“勾检之官”为主体，形成了在比部领导下，横向遍及中央各司、纵向直达地方州县的审计

---

〔1〕 蒋大鸣主编：《中国审计史话新编（自先秦至民国）》，中国财政经济出版社2019年版，第67-70页。

体系。这些官员以“明于勘覆,稽失无隐”[1]为考核标准,通过“勾检之官”的设置,财物勾检、审计的网络遍布全国。但除了专职审计的官员,御史监察在整个唐朝的审计活动中也发挥了不可替代的重要作用。唐朝监察官员的职责是“掌纠举百僚”,即察百官,自然包括监察各级官员的经济财政问题,而纠弹百官在经济上的违法乱纪行为自然离不开审计活动。

《监察六法》产生于唐玄宗时期,乃“道察”(一种唐朝地方政府的监察制度)之产物,其性质可归为地方性监察法规。汉的《刺史六条》主要考察强宗豪右和世家大族子弟。汉、唐两朝政治、经济、文化等各背景存在差异,故《监察六法》虽以汉的《刺史六条》为宗,但监察内容仍各有侧重。根据《新唐书》相关记载,六察指:

其一,察官人善恶;其二,察户口流散,籍账隐没,赋役不均;其三,察农桑不勤,仓库减耗;其四,察妖猾盗贼,不事生业,为私蠹害;其五,察德行孝悌,茂才异等,藏器晦迹,应时用者;其六,察黠吏豪宗兼并纵暴,贫弱冤苦不能自申者。

其中,第二、三条涉及对官员财政问题的监察,是监察官员进行审计监察的法律依据。

如唐朝的司农寺、太府寺是国家重要的经济部门,亦由监察御史“知太府、司农出纳”[2]。其中司农寺的太仓是国家粮库,太府寺的左藏是国家的金库,二者分担着封建政府金谷贮藏的具体事务。这与户部掌财经政务但举大纲是大不相同的,更需要加强监督,以防止仓官库吏的出纳不如制。监仓库的工作由监察御史和殿中侍御史交替负责。从《唐会要》记载的太和元年(公元 827 年)御史大夫李固言的奏文,可较具体地知道御史定期监察仓库的一些情况:

监太仓殿中侍御史一人,监左藏库殿中侍御史一人,台中旧例,取殿中侍御史从上第一人充监太仓使,第二人充监左藏库使,又各领制

[1]《新唐书·百官志》。
[2]《唐六典·御史台》。

狱。伏缘推事,皆有程限,所监遂不专精,往往空行文牒,不到仓库,动经累月,莫审盈虚。遂使钱谷之司,狡吏得计,至于出入,多有隐欺。臣今商量,监仓御史,若当出纳之时,所推制狱稍大者,许五日一入仓,如非大狱,许三日入仓。如不是出纳之时,则许一月两入仓检校。其左藏库公事,寻常繁闹,监库御史所推制狱,大者亦许五日入库。如无大狱,常许一旬内计会,取三日入库勾当。庶使当司公事,稍振纲条,钱谷所由,亦知警惧。[1]

这里指出以前由于监仓库御史空行文牒,没有亲自到仓库监督,以致莫审盈虚,狡吏得计,多有隐欺。现在李固言建议监仓御史在各种不同情况下,都得定期入仓库检校,监其出入,这的确是十分必要的。这体现了御史台的日常监察活动对于审计活动的顺利进行产生了积极作用。

安史之乱爆发后,唐朝的国家经济、政治陷入混乱、瘫痪境地,为应对突如其来的战争,唐朝不得不设置了一系列新的使职,比部的审计职能因此不断被削弱。唐后期,比部不再拥有全国财政审计职掌原因是多方面的。

首先,与比部审计相配合的财务部门户部四曹无法正常运作,金、仓部名存实亡。比部审计的基础已不存在,自然受其波动影响,职权衰落。其次,唐前期比部审计是以中央集权制下的一元财政为背景的,即均在户部四曹一体化领导下,无独立于其外的财政。唐后期作为国计中心的度支对盐铁转运使、户部使下的收支无统辖权;地方的道、州收支也不受其控制;由宦官司掌的内库,更是外朝的禁区,国家财政一分为六,三司、地方、内库各自收支独立,中央尚无权干涉,更何况隶属于刑部下的比部。比部权限的缩小是唐后期中央集权削弱、财政多元化的直接结果。最后,唐后期比部的变化不是孤立的,它与整个官制演变紧密相连。在官制变动的大潮流中,尚书省首当其冲,二十四曹职权普遍被剥夺、分割与转移,比部也不例外。但尚书省的重

---

〔1〕《唐六典·御史台》。

要职务,如选举、南曹、财政等,或上升为使职,或以差遣的方式保存下来。比部的审计没有形成差遣或者使职,是因为在比部之外,存在大量的审计官员,新的审计机构正处于萌芽以及形成阶段,国家审计逐渐脱离了比部发展的轨道。

在此背景下,唐后期,为与财政状况相配合,财务审计、勾检制度也更加多元化,三司审计被推到了历史的前台。唐后期财政机构发生了显著变化,原有户部四曹被户部、度支、盐铁转运使三司代替。度支司由户部四曹的度支曹扩大发展而来,统辖全国的征收、支出。盐铁转运使掌海盐地区盐铁收入,并兼掌江淮转输,与度支分掌东西财政,为东部海盐区财政的最高领导机构。户部使司掌赋税收入之外的增收节支,作为国家后备财政领导机构,并掌京官俸料钱及天下义仓。

随着三司使的发展完善,使职内部逐渐形成了审计体系。三司使及副使为司内审计的总领导;判官、巡官兼掌勾检,职务各有侧重;使下留后、巡院、监官负责各地财务收支审核、勾检;三司使下、留后、巡院普设多种胥吏,以审查、勘会为职务,执行财务出纳、收支账历等各种审计。

度支、盐运、户部三使及副使各辖本司财政,掌管司内一切财物收支,因而对本司财政具有会计、审计职能。大历六年(公元771年)以后,长期任度支使的韩滉以精于审核著名。《旧唐书》载:“自至德、乾元已后,所在军兴,赋税无度,帑藏给纳,多务因循。滉既掌司计,清勤检辖,不容奸妄,下吏及四方行纲过犯者,必痛绳之。又属大历五年已后,蕃戎罕侵,连岁丰稔,故滉能储积谷帛,帑藏稍实。然苛克颇甚,覆治案牍,勾剥深文,人多咨怨。”[1]韩滉严格审核,对贪赃枉法之事严厉惩处,使粮帛储积甚多,国库殷实。此后,勾稽财务簿书、审核收支出纳,成为度支使分内常职。盐铁转运使自刘晏充任时起,即以勾稽为己任,此后的李巽、程异更以精于“勾检簿籍”著称。李巽对属下,

---

〔1〕《旧唐书·韩滉传》。

“人吏有过,丝毫无所贷,虽在千里外,其恐栗如在巽前”。[1] 正因为三司使职审核职能明确,所以唐制、敕中多次提及。大中时任命裴休为诸道盐铁转运使制文说:“用其公方,委以管榷,事为之制,曲为之防,钩校奸赃,末减赋取,公财不耗,疲人乐生。望为准绳,立作据仗。”[2]“钩校奸赃”成为三司使的常职。

度支、盐运、户部三司使下,各设判案郎官(判官)数人。诸判官在分判司内钱谷文案同时,兼簿籍勾检。长庆元年(公元821年)任命崔善的制文说:“况[地]官之属,有堆案盈几之文,有月计岁会之课,故员外郎不可逾时缺,不待满岁迁。事剧才难,断可知矣。”[3]不仅度支,三司中的各判案郎官都要处理堆列盈几的文案,负责“月计岁会之课”。“月计岁会”,是三司判官的主要职责,要对财务簿书定期审核、检查。

三司使下还置有巡官,主要任务是出使巡覆。大中十年(公元856年)后,卢知宗被任命为度支巡官,他“素仰洁廉,奉公立事,历边鄙,覆军储,果以精专无私为边人所伏”。[4] 卢知宗并未在京师审理文案,而是外出审核勾覆。唐末,王棨“摄盐铁出使巡官,勾勘当司钱物”,[5]实际是“知两使(盐铁使、转运使)勾务”,[6]专掌盐铁转运使下钱物收支的审计。

直接具体从事审计活动的是三司系统的各类胥吏。孔目官、勾检官、勾覆官、勾押官及巡覆官等掌“勾检簿书”。裴延龄任度支使时,与“度支老吏”商量设严格勾稽之法,[7]就是指这些负责勾检的胥吏。从名称上看,“孔目”偏重于对财经文案收发程序的审查,是秘书类的勾检官;“勾检”偏重于对财经文案处理结果是否合理合法的检查,注

[1] 《旧唐书·李巽传》。
[2] 《樊川文集·裴休除礼部尚书、裴念除兵部侍郎等制》。
[3] 《白居易集·奉天县令崔鄯可仓部员外郎、判度支案制》。
[4] 《隋唐五代墓志汇编》(第14册),上海古籍出版社1991年版,第165页。
[5] 《桂苑笔耕集·右司马王棨端公摄盐铁出使巡官》。
[6] 《太平广记·诙谐》“吴尧卿”条。
[7] 《旧唐书·裴延龄传》。

重发现错误,纠正失误;“勾覆”审核财物收支账簿;“勾押”偏重于对财物的监管,侧重于收支行为的监督。“巡覆官”则更具有出使勾检的特色。元和时度支巡覆官骆浚,“月余,九门内勾出数十万贯”,[1]这是勾稽财务账簿的结果。这种“勾检簿书”的胥吏不下数千人,他们身应吏职,但本身有官品,享有较高的俸禄待遇。

但无可否认,唐后期对地方的道、州、县(尤其是道对州、道及州对县)的勾检审计严苛。诸道设置了数量众多、种类复杂的勾稽审核官吏。审核内容广泛,处理勾检结果具有相当多的独立性。楚州节帅李旬,掌“带甲四千人,征赋二万计,屯田五千顷”,“得善用筹者勾稽公物之出入,抉负财且二百万;俾军吏之敏察者觇公田之稼,得将隐谩之谷,不翅万解”。[2] 州刺史派精干官吏审核会计账目,勾覆检查屯田收入,成效显著。

道对州、县的年终审计,以勾剥钱物为目的,严苛惨虐,成为弊民之政。权德舆概括说:“大凡都府岁杪,使刻深吏周行支郡,钩摭泉货,二千石不相聊生。”[3]说明诸道对领州的年终勾检造成的后果。元和时李吉甫“建言州刺史不得擅见本道使,罢诸道岁终巡勾,以绝苛敛”。[4] 宪宗采纳了李吉甫的提议,于元和二年(公元807年)南郊敕文中指出:“诸道年终勾当宜停。”[5]但地方年终勾检并未停止,故长庆元年(公元821年)敕文中又有“停诸道年终勾,并不许刺史上使,并录事参军不得擅离本州,委御史台切加纠举”[6]的条文,并委御史台监督检查。至懿宗咸通元年(公元860年)十二月,制文中仍强调:“旧以天下赋租,年终勾并,或刺史入府,或县令上州,所科群胥,尽出百姓。且官有理所,安可擅离;物犯赃条,何须枉法。从今委知弹御史、

[1]《唐语林校证·识鉴》。
[2]《文苑英华·楚州修城南门记》。
[3]《权载之文集·李公(巽)墓志铭》。
[4]《新唐书·李吉甫传》。
[5]《唐大诏令集·元和二年南郊敕》。
[6]《唐大诏令集·长庆元年册尊号敕》。

出使郎官，凡系抵违，明具论奏，仍委预为条目，各遣闻知。”[1]说明道对州、县及州对县的年终勾并屡禁不止，名义上由胥吏交纳勾征钱物，实际上“尽出百姓”，使百姓负担沉重。

纵观前后，在隋唐三百多年的历史中，审计制度呈现出复杂曲折的演变历程。这一时期，出现了专职审计机构——比部。这是魏晋南北朝以来审计、勾检职掌发展演变的结果，同时也反映了审计独立于国家财政的思想在这一时期的发展成熟。该时期审计机构、官员的独立性在世界审计史上居于先进水平。大放异彩的思想、原则，体现在隋唐审计机构的独立和有关审计官员的法律地位上。审计独立，含有两方面的内容：一是审计独立于财政，二是审计独立于一般的国家行政。隋唐时期的比部隶属掌天下刑法的刑部尚书、侍郎之下，为尚书省刑部的四曹之一，与中央财务行政机构户部四曹相分离。在立法层面，唐代《比部格》《比部式》是我国历史上最早的审计专门法规，众多法律法规为审计活动的有法可依提供了制度保障。御史监察制度日趋完备，御史台在国家财政经济领域强化了对官吏的监督，其审计职能愈加突出。唐后期，随着比部职权的弱化，户部、度支、盐铁三司作为财政管理机构，结合财政管理加强审计职能，成为五代、宋在财政部门设立专门审计机构的开端。安史之乱后的唐后期，行政管理和财政混乱，审计监督也相对式微，一些地方甚至各行其是。

四、有关案例

1. 和干子案。隋文帝时，治书侍御史刘彧上疏弹劾赵州刺史和干子“暗于职务，政由小群，贿赂公行”，和干子被免职。[2]

2. 陆让案。隋文帝仁寿中，番州刺史陆让数有聚敛，赃货狼藉，为司马所奏。上遣使按之皆验，御史囚诣长安，亲临问。让称冤，上复令治书侍御史安抚之，状不易前。乃命公卿百僚议之，咸曰：“让罪当

[1]《册府元龟·邦计部赋税门》。
[2]《隋书·柳彧传》。

死。”诏可其奏。临刑时,陆让的母亲冯氏“流涕呜呼”,“上表求哀”,“词情甚切”,得以“特免死辜”。[1]

3. 鱼俱罗案。隋炀帝时,赵郡太守鱼俱罗至东郡,与将军梁伯隐数相往来,并将从郡中带来的杂物赠送权贵,被御史所劾,“与伯隐俱坐除名”[2]。

4. 武攸宁案。武则天圣历初,宰相武攸宁“置勾使,苛去民訾产,毁族者凡十七八,呼天自冤。筑大库百余舍聚所得钱财”[3]。

5. 韦巨源案。武则天圣历初,夏官侍郎韦巨源“勾覆省内文案,下符剥征,虽为下所怨苦,然亦颇收其利”[4]。

6. 赵宗儒案。唐元和中,监察御史韦楚材揭露河中观察使赵宗儒“擅用贮备凶荒羡余米贯石数至八万”。[5]

7. 韦正牧案。元和十五年(公元820年)八月,“御史台奏,推勘景陵土石工作专知官、京兆府户曹参军韦正牧,减刻工匠价钱、厨料充私用,计赃八千七百余贯。又于陵所私造石器等。诏付京兆府决痛杖一顿处死。景陵皇堂石作专知官、奉先县令于輂,虚竖物价及破米面,共计赃钱一万三千六百四十六贯石,数内八千余贯石入己,余充赂遗,并官典破用。诏付京兆府,决重杖处死”。[6]

第二节　五代宋辽金夏的审计法律制度

五代起自907年朱温废唐建立后梁,终于960年北宋建立,共经

---

[1] 《隋书·陆让母传》。

[2] 《隋书·鱼俱罗传》。

[3] 《新唐书·外戚传》。

[4] 《新唐书·韦巨源传》。

[5] 《册府元龟·帝王部·明罚》。

[6] 《册府元龟·帝王部·明罚》。

历了50多年。五代系指先后在黄河流域建立的梁、唐、晋、汉、周5个朝代。宋朝自960年赵匡胤发动陈桥兵变,取代后周,建立宋朝,至1279年元灭南宋,共经历了319年。其中,又以1127年钦、徽二宗被金朝俘虏北去和高宗即位为分界线,分为北宋和南宋。辽是契丹族在我国北方建立的政权,从916年耶律阿保机建国,到1125年天祚帝被金朝俘虏而亡,共经历了210年。金是女真族在我国北方建立的一个国家,从1115年完颜阿骨打建国,到1234年蒙古灭金,共经历了120年。西夏是党项族在我国西北地区建立的一个国家,从1038年李元昊称帝,到1277年为蒙古所灭,共经历了239年。这一时期,虽各个政权割据混战,但审计制度在隋唐高度法制化的基础上,又有了一定程度的发展和变迁。

一、五代宋辽金夏时期的社会背景

五代各国大体沿用唐朝政治制度,但是各朝亦有变化,官职废置不常,制度比较混乱。朝廷设有主管行政的三省六部、主管财政的三司与主管军事的枢密院。由于五代十国战乱不断,枢密院的权力往往比三省大,所以时常以宰相兼领枢密使。五代以“使”为名的官职颇多,据《五代会要》记载有包括崇政院使、宣徽院使、飞龙使、翰林使、五坊使等30种之多。经济上,五代政权交迭频繁,为了有足够的财力应付战争的需要,统治者加紧搜刮民脂民膏,增加赋税,使经济发展停滞落后。因北方战火始终未能平息,导致北方经济比较落后,人口持续大减。直至后周后期才逐渐恢复,但经济发展状况始终不如南方十国。

宋朝建立后,为了防止唐末以来藩镇割据的再现,维护赵宋王朝的长治久安,大大加强了专制中央集权,采取了“稍夺其权,制其钱谷,收其精兵”等措施,将地方上的兵、财、刑、政大权统一收归中央。宋代前期,中央由中书、枢密院、三司分掌行政、军事和财政大权。元丰改制后,三司归户部,宰相开始兼管财政。宋代统治者一味“以防弊之政,作立国之法”,这些措施有的矫枉过正,带来了一定的消极后果。

宋朝经济空前发达，人口在北宋末年突破1亿大关，为汉、唐两倍。耕地面积扩大，出现了大量的圩田和梯田；茶叶、甘蔗等经济作物也有很大发展。手工业方面，造船业已达到较高水平，当时外国人使用航船多为宋人所造，而丝织品和瓷器更是畅销海外。商业贸易活动突破了传统的坊和市、白昼与黑夜的界限，并出现了最早的纸质货币——交子。

辽是契丹族在我国北方建立的政权，从916年耶律阿保机建国，到1125年天祚帝被金朝俘虏而亡，共历210年，其存续的年代，大致与五代、北宋相始终。辽原是以游牧为主的民族，建国后，东灭渤海国，南取燕云十六州之地，开始出现了农牧并存的经济。为了有效地统治不同社会经济状况的地区和不同的民族，辽代实行了北面官、南面官制度。设北面官，以契丹制度管理契丹、奚族人，事简职专，官制朴实。设南面官，以汉制管理汉人和旧渤海国人，其官制多仿唐宋，但往往名实不一，复杂多变，制度疏略。

西夏是党项族在我国西北地区建立的政权，从1038年李元称帝，到1227年为成吉思汗所灭，共历190年。西夏建国后，在官僚行政制度上多仿唐宋，设置中书省、枢密院、三司使司和御史台，分掌行政、军事、财政和监察，地方则设立州郡。经济上党项人主要从事畜牧业，汉人主要从事种植业。

金是女真族在我国北方建立的政权，从1115年完颜阿骨打建国，到1234年蒙古灭金，共历120年。金从海陵王到金世宗期间，在政治、经济制度上有了很大的变化。中央官制，从勃极烈制度变为尚书省、枢密院制；地方则实行州县制和猛安谋克制。金在经济上是农牧并存，财政上对土地收二税，对人民按财产征物力钱。金后期纸币不再规定兑换界分，银币由银锭改为铸币，这是中国货币史上的重要变化。

二、立法概况和立法原则

（一）五代的立法概况

在法律形式上，五代时期基本上沿用隋唐已经成型的律、令、格、式四种最基本的法律形式。除此之外，由于五代时期战乱频繁，没有大规模地制定法典的活动，所以采取了一些灵活多变的方法，使立法活动简便易行，法律形式更加多样化，对以后宋代的法律形式有直接的影响。这些灵活多变的方法主要是“编敕”和“刑统”。

“敕”作为法律形式之一由来已久，它是皇帝发布诏令的一种形式，具有至高无上的法律效力，唐后期即以发布敕的办法来解决现实需要，这使敕在法律中的地位逐渐上升。由于敕原来只是单行法规，日积月累，不断增多，难免有互相冲突矛盾之处，为此出现了将敕汇总整编的立法形式，称之为“编敕”，具有法典性质。[1] 五代时期，皇帝随时因时因事发布新敕解决新问题，既可以改律，也可以废律，甚至可以对特定案件作出与律规定不同的裁决，非常方便。编敕就是对单行诏敕进行整理汇编，将敕上升为一般法律形式的立法程序。由皇帝下诏，命人加以删削整理，将适宜普遍和长期使用的诏敕编订成法规实施。凡不入法规的单行诏敕，自然失去效力不得引用。编敕是五代时期主要的、经常性的立法活动。

刑统也称为“刑法统类”或“刑律统类”，是中国古代法典编纂体例上的一项重大变化，它改变了自秦汉以来单纯的以律文为主的律典的编纂模式。五代的刑统是对唐后期刑律统类的继承，它将律文按性质分门，将令、格、式以及敕附于相关的律文之后，形成以律文为主，附以相应的解释性、补充性及修正性的条款，使律典更具有实用性与应变性，因而这种律典编纂方式直接被以后的历代皇朝所沿用。[2] 据有关记载，五代时期的立法成果主要包括：《大梁新定格式律令》《同光刑律统类》《开成格》《清泰编敕》《大周刑统》等。

（二）宋的立法原则

1. 在沿袭唐朝法制的基础上，因时变通，多有创新。宋朝建国之

---

〔1〕 叶孝信主编：《中国法制史》，复旦大学出版社 2002 年版，第 194 页。

〔2〕 中华文化通志编委会编：《中华文化通志 · 法律志》，上海人民出版社 1998 年版，第 61 页。

初,律、令、格、式多承袭旧制。特别是作为基本法的《宋刑统》,其律文全面沿袭唐律。但宋朝在政治、经济、社会、文化方面已有巨大变化,统治集团为适应新形势,将编敕、编例作为重要的法律形式,通过特别法变通旧制度,创设新制度。宋朝的中央决策机关仍称作中书门下,但其组织、职权与唐朝已有很大不同。《宋刑统》沿袭唐朝五刑制度与罪名体系,五刑之外又有折杖法、刺配、凌迟,律外又有贼盗加重之法。在民事、经济方面的创制更为繁多,多以单行法形式发布施行,又经整理汇编,形成较为系统的制度体系。

2. 以法律推行中央集权。自唐朝中后期以来,掌握地方军政大权的节度使逐渐形成割据势力,不仅不能拱卫中央,反而造成臣强君弱的局面。五代十国时期,绵延不绝的战祸多起自拥兵自重的军阀,赵匡胤的陈桥兵变也因拥兵自重而起。宋太祖立国以后,以法律推行中央集权,将军事权、财政权、人事权、司法权统一于中央,通过繁多细密的法令,规范中央和地方的隶属关系。在皇帝之下设置叠床架屋式的政府机构,使各机构相互牵制,进而强化皇帝对国家机构的操纵权和对国家事务的最终决定权。为应对高发的刑事犯罪,宋朝以特别法的形式,划定了重法地区,规定了重法人加重刑罚镇压,并使用刺配、凌迟等刑。

3. 法出于道,立法以尽事。宋朝统治者既尊崇儒家思想,以儒家之道为立法指导思想,又注重经世致用。宋太祖、宋太宗在五代十国丧乱局势下建国,其立法较之乱世已是宽仁之制。随着社会经济的发展,社会关系的复杂化,统治者坚持以儒家思想为指导,但能够义利并重,以法律实现有效治理。宋神宗曾谓:"法出于道,人能体道,则立法足以尽事。"[1]反映了宋朝君臣明察世事,体道立法,以法律竞事功的治理思想。两宋时期,是中国古代社会商品经济繁盛的时代,其民事、经济法律空前完备,达到了中国法制史上的高峰。两宋在科举考试、官吏选任、考核监察等方面规定愈加科学详备,超越了前朝。无论是

---

〔1〕《宋史·刑法志》。

民事经济法律，还是行政管理方面的法律，大多是统治者顺应社会发展趋势，依照客观规律颁行单行法，在实践中不断积累经验逐步形成较为完备的制度体系。

（三）辽金夏的立法概况

契丹人立国前，以游牧为生，“刻木为契，穴地为牢”，[1]无文字亦无成文法。立国后，为了适应政治、经济、文化以及社会生活变化之需要，开始了立法活动。神册六年（公元921年），太祖耶律阿保机以“国家庶务，钜细各殊，若宪度不明，则何以为治？群下亦何由知禁？”为由，命朝臣“定治契丹及诸夷之法”。[2] 大臣耶律突昌不主持制定了辽国最早的法典——《狱法》，汉人则仍然适用唐律。契丹由此进入成文法时代。辽重熙五年（公元1036年），兴宗那律宗真再命大臣萧德、耶律成等“纂修太祖以来法令，参以古制”，[3]编成《重熙新定条制》，简称《重熙条制》。这次立法参酌唐律，着重解决辽立国以来法律“轻重不伦”之问题。《重熙条制》共五百四十七条，系辽代历史上最为重要的法典。咸雍六年（公元1070年），道宗耶律洪基又以“契丹汉人风俗不同，国法不可异施”[4]为由，下令对《重熙条制》进行大规模修改。此次修改幅度较大，具体包括：将原五百四十七条删二改一，将唐律律文稍加改制新增一百七十三条，新创七十一条，共七百八十九条，称为《咸雍重修条制》。《咸雍重修条制》的制定标志着辽国立法进程汉化的完成。但实施后则发现，《咸雍重修条制》过于理想，“条约既繁，典者不能遍习，愚民莫知所避，犯法者众，吏得因缘为奸”。[5] 因此，道宗大安五年（公元1089年）又下令“复行旧法”，[6]即恢复使用《重熙

[1] 《辽史·太祖纪》。
[2] 《辽史·刑法志》。
[3] 《辽史·刑法志》。
[4] 《辽史·刑法志》。
[5] 《辽史·刑法志》。
[6] 《辽史·道宗纪》。

条制》。

女真族立国前,尚无成文法,其习惯法“法制简易,无轻重贵贱之别”,[1]法律规范方面较为自然和原始。金臣服于辽时曾一度被迫使用辽法。金太祖、太宗忙于征战,无暇关注法制,女真内部仍以习惯法为主,而攻占的辽宋大片地区,基本上按照当地原有的辽国法律和宋朝律令治理,因此形成了多种法律制度并存的局面。熙宗在位期间开始了以汉制逐渐统一国家法律制度的进程。皇统三年(公元1143年)“诏诸臣,以本朝旧制,兼采隋、唐之制,参辽宋之法,类以成书,名曰《皇统制》,颁行中外”,[2]为金国第一部成文法。《皇统制》格局宏大,试图融诸种法律制度于一体。其后又陆续制定了《续降制书》和《军前权宜条理》等法规。尽管立法上有了明显进步,但仍未能完全消除法制混乱的现象。“或同罪异罚,或轻重不伦,或共条重出,或虚文赘意,吏不知适从,夤缘舞法。”[3]为此,世宗大定十七年(公元1177年)再设专局负责修订律令。本次修订的基本原则是:凡《皇统制》《降制书》中没有规定的,参照唐宋律的律文加以补充;而《皇统制》《续降制书》及唐宋律的律文中都没有规定的,取旨定夺;《军前权宜条理》中可以作为常法的,予以保留。修订成果于大定二十二年(1182年)颁布,史称《大定重修制条》。章宗在位期间正值金国鼎盛时期。为矫正“礼乐刑政因辽宋旧制,杂乱无贯”[4]及制、律混淆之弊,明昌元年(公元1190年)设“详定所”为专门的修律机构再行修律,经明昌至泰和元年(公元1201年)修律工作最终完成。成果包括:《泰和律义》十二篇五百六十三条,篇目与唐律宋刑统基本相同;《泰和令》二十卷;《新定敕条》三卷及《六部格式》三十卷,形成了律、令、格、式、敕条并行的法律体系。其中,《泰和律义》为金国基本法典。至此,金国法律的汉化过程基本完成。仅就法律体系的完备程度而言,金国远超辽国,以

---

〔1〕《金史·刑法志上》。
〔2〕《金史·刑法志上》。
〔3〕《金史·移剌传》。
〔4〕《金史·完颜守贞传》。

至于元人元好问认为："以金源氏有天下，典章法度几及汉唐。"[1]

党项族初无成文法律，"俗尚武力，无法律，各为业生，有战阵则相屯聚，无徭赋，不相往来"。[2] 立国前，开始仿效唐宋法律制定成文法，"明号令，以兵法勒诸部"。[3] 崇宗贞观年间（公元1101—公元1113年）制定了综合性法典——《律令》。仁宗天盛年间（公元1149—公元1169年），在贞观律令基础上制定并颁布了《天盛改旧新定律令》，系目前可知的第一部用少数民族文字印行的法典。《天盛改旧新定律令》共二十卷，一百五十门，一千四百六十一条，仅律令条文就达二十余万言，详细程度为现存中古法令之最，为研究了解西夏法律制度提供了最为翔实的资料。编纂体例上，该法典借鉴唐宋律典的体例，如仿效《宋刑统》，卷下分门，门下列条文，做到了条文多而不乱；内容方面，沿袭了唐宋法典中的"十恶""八议""官当"等基本制度，同时又保留了一些本民族的习惯，形成了自己的特色。神宗光定年间（公元1211—公元1223年），又制定了《亥年新法》（又称《光定猪年新法》）等。

三、主要内容

（一）五代的审计法制

五代时期，兵荒马乱，王朝更迭，典章不立，法律废弛。搜寻主要史籍，有关审计的法律法规几乎没有，审计活动的相关记载也极为稀少。故而，对于此部分的叙述，着重从与审计活动密切关联的审计机构、审计官员和可能作为审计对象的官员展开。

五代时，政府机构设有尚书比部员外郎和郎中之职，但是不见其有勾检财政、财务收支的记载。随着中央财政体制的改革，对财政、财务的审计监督当由三司之下的判官负责。如《旧五代史》载："初，唐末

[1] 《金史·元好问传》。
[2] 《隋书·党项传》。
[3] 《宋史·夏国传》。

帝自凤翔至,切于军用,时王玫判三司,诏问钱谷,玫具奏其数,乃命赏军,甚愆于素。(按《通鉴》云:帝问王玫以府库之实,对有数百万在。既而阅实,金帛不过三万两匹。)末帝怒,用晌代玫。晌乃搜索簿书,命判官高延赏计穷诘勾,及积年残租或场务贩负,皆虚系帐籍,条奏其事,请可征者急督之,无以偿官者蠲除之。"[1]此外,后唐同光元年(公元923年)设置的内勾使,"令天下钱谷簿书,悉委裁遣"。[2] 据此推测,内勾使是负责财政审计的职官。五代地方州县负责审计的官员与唐朝一样,州由录事参军兼职负责,县由州负责审核稽查,州再呈报中央三司使。如《五代会要》卷十九载后唐天成三年(公元928年)二月二十三日中书奏:"每一州之中,止限毕日委录事参军磨勘,取最后逋欠县分,具本佐名衔,申三司使举奏,明行责罚。其所欠税额,如是本道长吏及判官衙内节级并形势庄田,不伏县司征督者,县令即须自经本州论列。如依前不纳,便可直申三司,责罚之时,以定轻重。"

随着唐末五代国家财政体制出现三司、租庸使、三使的变化和藩镇割据,在户部、度支、盐铁内部出现了新的审计监督体系,从中央至地方出现了许多不同名目的职官负责勾检工作。由于这种新体制刚刚出现,很不完善统一,因此,具有审计职能的职官名称繁多,不一而足,如三司都勾官、三司勾官、内勾使、三司判官、度支判官、户部巡官、度支巡官、孔目官、勾检官、勾覆官、勾押官等。而且,五代职官置废频繁,很不稳定,许多机构存在的时间都十分短暂。但是,这种体制开启了宋初至元丰改制前三司属下三部勾院、都磨勘司审计之先河。唐后期开始,比部的审计职能日益萎缩消亡,至唐末五代,政府机构中虽仍有尚书比部员外郎和郎中之职,但是史籍中已见不到其有勾检财政财务收支的记载,其勾检之职基本上名存实亡。不难看出,在唐末五代期间,比部的审计职能已逐渐消亡。随着三司之下勾覆系统的出现,审计体制从司法独立系统转变为财政财务内部系统,这削弱了审计的

---

〔1〕《旧五代史·刘昫传》。
〔2〕《旧五代史·马绍宏伟》。

独立性、公正性和权威性，无疑是一种倒退。

五代的御史台，在对百官的监察之中，享有一定的审计职权。五代御史监察制基本上承袭唐朝。中央置御史台，长官为御史大夫或御史中丞，下设侍御史、殿中侍御史、监察御史等。据《五代会要》卷十七载，御史台“事总朝纲，职司天宪，所管人吏色役最多，上至朝堂，次及班列，或在京勾检公事，或外地催勘稽违”。其中侍御史“掌纠举百僚，推鞫狱讼”。后唐设六察，以监察御史稽查六部事务，其中“户察，应户部司诸州户账贡物，出给蠲符，具事件合报察使……工察，应工部司工役，合报察使。右御史台六员监察，谓之分察使。”后晋监察御史负责监库，祭祀时负责检点礼料。

五代各朝政府为了应付庞大的财政支出，都竭力聚敛征收赋税，对于地方官和分管赋税征收的部门都提出了极高的要求。御史台对于地方官政绩考核中的经济方面的审计尤为重视，从时间上可以分为两种。一种是年终考课。“逐县每年考课，如增添得户税最多者，具名申奏，与加章服酬奖。如稍酷虐，辄恣诛求，减落税额者，并具奏闻，当行朝典。”〔1〕另一种是任满考课，即我们现在的离任审计。“其县令到官之处，须准近敕，交割户口账籍。至受替之时，比较多少，如或增多，即量加酬奖，致逋窜，则别示科刑。”〔2〕此外，后唐还规定：“诸官人因加户口，及劝课田农，并缘余功进考者，于后事若不实，纵经恩赦，皆从追改。”〔3〕

五代刑法至今都不存，但从史籍零星记载推测，若经过审计，官吏出现贪赃等经济问题，有关机构其对官吏的处罚与唐朝基本一致。如《五代会要》卷九载，后唐长兴四年（公元933年）六月准敕“枉法赃十五匹绞，准格加至二十匹”。五代贪赃之风甚炽，有些王朝对官吏赃罪的处罚相当严厉，经常动辄处死。如《旧五代史·少帝纪第四》载：后

---

〔1〕《五代会要》卷一九。
〔2〕《五代会要》卷一九。
〔3〕《五代会要》卷一五。

晋开运年间,"刑部员外王涓赐私家自尽,坐私用官钱经营求利故也"。后周显德五年(公元958年)十二月,"楚州防御使张顺赐死,坐在任隐落搉税钱五十万、官丝绵二千两也"。[1]

后晋时为了使官吏赃罪能被充分揭露,杜绝其侥幸之心,后晋天福五年(公元940年)六月二十日,详定院奏,"准《刑法统类》大中二年正月三日敕:'天下州府官吏犯赃,皆递相蒙比,不肯发明,纵有申闻,百无一二。'自今后,管内县令有犯赃事发,州府不举者连坐。录事参军有赃犯,刺史不举者,连坐刺史。刺史有赃犯事发,观察使不举者,连坐廉使。"[2]强调连坐,其目的在于使官吏赃罪能被充分揭露,防止上下勾结,营私舞弊。

所征夏秋两税,依省限了绝者,本判官典申奏改转官资,录事参军、县令申奏与量留一年,或界分已满去即转兼官。如一任之内,税赋不牵,即奏加章服。若是摄官,亦委本处长吏,更令摄任一年,如更立劳能,具状申省,以凭申奏,必降真命;本曹判司簿尉,即申奏请减两选。或一任之内,税租总了绝,或是摄官,委逐处申省点勘闻奏,别行奖酬。州府都孔目官、勾押官,本孔目、勾押官典等,以军职转选。其都孔目官、勾押官,如已至押衙职名,或旧有官资,亦议申奏奖酬。州司并逐县征科典押,每处与赏钱三十贯,均匀分俵。[3]

由此可见,后唐规定的条例与唐有所不同:唐赏罚的对象主要是州刺史和县令,而后唐则大为扩大,涉及州县的主要属官,如判官、录事参军、本曹官、孔目、勾押官典等。其处罚的类型也比唐多,有经济惩罚,如罚若干值;有免官、贬官,如勒停、移摄闲官;有判刑,如徒若干,或杖、笞若干。五代为了督促官吏搜刮聚敛,其对征收赋税欠分者的处罚重于唐代。五代由于战争环境和税租定额高,因此对官吏奖赏的条件只要求能省限了绝者,就可得到升迁或赏钱等。

---

〔1〕《旧五代史·世宗纪第五》。
〔2〕《五代会要》卷二〇。
〔3〕《五代会要》卷一九。

(二)宋朝的审计法制

宋代的法律,整体承袭唐律,细节略有变化,所谓“宋法制因唐律、令、格、式,而随时损益则有编敕”。[1] 宋太祖建隆三年(公元962年),诏工部尚书判大理寺窦仪主持编定《刑统》。次年刊版印刷,颁行全国,作为统一的法律。这是中国历史上第一次刊印颁行的封建法典。《宋刑统》其实就是唐律的翻版,少数地方以“准”字表示经过中央核准,增加某些敕、令、格、式的内容,或以“臣等参详”表示更定《宋刑统》时,对原有律文或附律的敕、令、格、式内容有所变动的具体建议。

南宋宁宗嘉泰二年(公元1202年),右丞相谢深甫监修编成《庆元条法事类》。全书共分职制、选举、文书、榷禁、财用、库务、赋役、农桑、刑狱等十六门,每一门又分若干类,每类载敕、令、格、式、申明等。《庆元条法事类》涉及的宋代法律内容相当广泛而又具体,其中保存了不少珍贵的与审计相关的法规,可以说是宋代流传至今最丰富、全面、具体的行政法规文献。《庆元条法事类》今存清人传抄本、1948年木刻本,皆缺四十二卷。

《庆元条法事类》对审计的程序、时限做出了具体规定。卷三十《上供》中规定:“诸州县镇场务所收经总制钱物,每季具账限次季孟月五日以前供申通判厅,本厅限孟月终审覆申提点刑狱司,本司限十日点磨保明申尚书户部。”《经总制》规定的报送审计方式与这一规定相同。卷七《监司巡历》中《职制令》则规定:“诸监司每岁分定下半年巡按州县,具平反冤讼、搜访利害及荐举循吏、按劾奸赃以闻。”《职制令》还规定,监司必须在一年或两年内遍巡所辖州县,不得遗漏,事完之后必须申报,否则要受到处罚,“诸监司岁以所部州县量地里远近更互分定,岁终巡遍”,“诸监司巡历所部不遍者,杖一百;遍而不申,减二等”。此外,《庆元条法事类》还规定了监司审计后向上申报的形式和内容。监司审计钱物收支后,要报告所审查的钱物收支是否存在隐瞒

---

[1] 《宋史·刑法一》。

遗漏、增减不实等。《庆元条法事类》卷三十《经总制》规定："诸经总钱物,提点刑狱司每月抽摘诸州分隶历点勘,有无隐漏增减不实,保明申尚书户部。"卷七《监司巡历》中《职制式》"监司岁具巡按奏状"规定,必须申报"按劾奸赃共若干人",并说明被按劾者为"某官任某州某县某差遣,某人缘犯是何奸赃事,本司于某年月日,具事因何如按劾了当"。

除《宋刑统》和《庆元条法事类》之外,宋代还编定了许多敕、令、格、式,为特定机构和特别事项制定专法,这在历史上是空前的。仅据《宋史·艺文三》载,有关财经审计方面的敕、令、格、式主要有陈绎编的《熙宁编三司式》四百卷,庆历时纂集的《三司条约》一卷,《元丰户部敕令格式》,王珪编的《在京司库务条式》一百三十卷,《转运司编敕》三十卷。除此之外,据史籍零星记载,刘式"久居计司,创端拱中三年磨勘之法"。[1] 周湛"为盐铁判官,三司账籍浩烦,吏胥离析为弊欺。湛为立勘同法,岁减天下计账七千"。[2] 元丰三年(公元1080年)五月,"诏中书别议措置三司账法"。[3] 诸如此类,皆为与审计有关的专项法。此外,宋代在仓库管理方面也制定了《须知》《在京诸司库务条式》《嘉祐常平仓法》《左藏东西库专法》等。这些有关审计和财经监督立法的详细内容虽然目前都不得而知,但从立法卷帙之多及有关文献中的一些记载仍可知宋代有关这方面的立法是详尽细密的。如王珪在《华阳集》卷八《进提举司条式札子》中云:

法伤于烦密,弊起于因循,不可不以时而裁定之。本司与三司所部凡一百二处,其额例自嘉祐七年秋敕差尚书都官郎中许遵重行编修,迨今三年始获成书,即送三司诸按看详,别无抵牾。若夫官吏之数,金布之籍,监临赏罚之格,工器良窳之程,舟车受纳之限,筦榷亏赢之比,至于转补之资叙,招收之等式,皆迹旧以便今……新编提举司并

---

〔1〕《宋史·陈恕附刘式传》。
〔2〕《宋史·周湛传》。
〔3〕《续资治通鉴长编》卷三〇四。

三司额例,计一百五册及都册二十五册,共一百三十册,谨具进呈。

就审计方面的立法而言,宋朝与唐律大致相同,但又有两方面的改进和增加。首先,“令”“格”“式”中有关对审计程序、细则的规定。在吸取前朝成果的基础上又有所更新。古代“令”“格”“式”等其他的法律形式,在审计法律、法规中的地位相当于审计组织部门法律、法规。其基本内容是对审计组织制度、审计程序、审计细则等的规定。在宋代,这一方面的内容汲取了隋唐时期的成果又有所更新改进。对于审计方式,以前朝代没有明确地进行规定,而宋代的《庆元条法事类》就明确规定了审计方式为报送审计和就地审计两种。为了防止监司借巡视之名讲排场骚扰地方,宋代对监司在出巡中的待遇作了严格的规定。随行人员不得超过限制,而以前朝代没有这样的规定。在有关报审时间的规定上,宋代与唐律一致,不同的是宋代在《庆元条法事类》中规定,对于报送账籍簿书超过规定期限的要受到处罚,而唐律中却没有这样的规定。宋代还采用奖惩的办法督促负责审计的官员要忠于职守,认真勾考。宋代有关审计法律、法规规定,如果负责审计的官员失职,账目有错误查不出来,那就要受到处罚,对于认真审计发现问题的审计官给予奖励,这一规定也是以前朝代没有的。

其次,宋代对官员犯赃枉法的处罚规定,在沿用唐律的基础上又增加了不少新内容。例如,宋代为了有效地制止行贿受贿的发生,禁止官吏私下嘱请曲法。对于替别人请托的人也要受到处罚,接受别人财物而替别人求情的要受到重罚,对于请托枉法严重的官员,要受到与受贿官员一样的处罚。为了杜绝请托的发生,宋代还对此专门规定,官吏非公事不得私下接见闲杂人员。同时,宋代为了防止官员的家人犯受贿等经济方面的罪行,规定若官员家人有受贿等经济违法犯罪行为,不管官员知情与否,均要承担一定的法律责任。由于宋代官吏经常巧立名目,以公使钱进行馈送,为了防止这种假公济私、贿赂公行的现象发生,朝廷屡次申明予以禁止。宋代在继续沿用后晋的连坐法的基础上又并用举报法,对于举报违法犯罪的人员给予重赏。同时又将连坐法的适用范围进一步扩大,延伸到了某些分管场务的官吏,对于课利亏损严重的,也实行连坐法。

宋朝与审计相关的法规,与历代封建王朝一样,有很大的随意性,在具体执行中伸缩性不小。宋代立法细密,但又过分烦琐庞杂,使人难以依从,奸吏更是各取所需,营私舞弊。而宋朝的审计机构及其职权,由于变化无常,职权各异,这里将分为三个阶段展开叙述,分别为元丰改制前、元丰改制后以及南宋时期。

宋初至元丰改制前,宋朝名义上保留了唐朝的三省六部九寺五监制,但实际上改为二府三司制,即东、西二府(政事堂和枢密院)和五代遗留的户部、度支、盐铁三司。皇权大为增强,财政大权由三司共同掌控,独立于尚书省之外,三省制名存实亡,成为闲散机构。新设机构审刑院替代刑部之职,然而并没有履行唐朝的比部审计职责。三司也互相牵制,内部出现了一系列审计机构,用来替换唐朝比部的审计职能,主要有三部勾院、三部都磨勘司、勾凿司、马步军专勾司。由此,财审大权均落于三司,并实行财审合一。

宋初设置三司时,就设有三部勾院,由本部判官领导。三部勾院几次分合,但"掌勾稽天下所申三部金谷百物出纳账籍,以察其差殊而关防之"[1]的审计职能始终不变。三部勾院主要负责勾稽中央各部门和地方各级部门上报的账籍。《宋会要》职官五之六六载:

(天圣)八年七月,三司言:近准天禧元年三月二十一日诏,在京并府界外县仓场库务账内开破官物,并是仓场库务具状,开坐文旁并支过钱物数目连申,勘给务、粮料院覆行验认。如委是元批勘真旁,别无伪滥,即具结罪文状,缴连实封赴省。逐案判官厅置历抄上,付司点数收领,便将点对应账使用,兼勘给务、粮料院别具合同单状,开说旁数官物数目,实封申三司(勾)院,将元关报照证拘辖。其省司正勾破帖,即候出勾,逐旋缴连直赴逐案投下点检,著字收领应账使用。

说明仓场库务支出官物,必须经勾院审核其账簿和凭证真实无误,最后才能准予报销。官吏军兵所有钱物,都先由粮料院审批,然后

[1] 《宋史·职官二》。

由三部勾院审查,这样仓库才能发放。三部勾院作为专职审计机构,其职责是“掌勾稽天下所申三部金谷百物出纳账籍,以察其差殊而关防之”。[1]

都磨勘司是三司的另一个专职审计机构。宋初,设有点检三司勘合司。太宗端拱二年(公元 989 年),置三司都磨勘司。[2] 都磨勘司设“判司官一人,一朝官充掌覆勾三部账籍,以验出入之数”。[3] 三部勾院勾销过的账籍,有的还要经过都磨勘司的重新勾覆。三司内部具有审计职能的机构还有度凭由司和理欠司。太宗雍熙四年(公元 987 年),盐铁、度支、户部分设三凭由司,后合为一。宋朝初期虽然在三司设立了专门审计机构,但审计的实际效果和作用有限,甚至有名无实,账籍大量积压。“三司官吏积习依违,天下文牒,有经五七岁不为裁决者。”[4]北宋承五代制,在刑部下设比部,设判事一员,以无职事朝官充任,无职掌。淳化二年(公元 991 年)九月,御史中丞王化基提出改革建议,要求“废勾院、开折、磨勘、凭由、理欠等司,归比部及左右司”,[5]但未能付诸实践,直到元丰改制。

元丰改制后,比部和户部重掌审计职权。元丰改制废三司,三司下的审计工作大部分归刑部下的比部。比部设郎中、员外郎,“掌勾覆中外账籍。凡场务、仓库出纳在官之物,皆月计、季考、岁会,从所隶监司检察以上比部,至则审覆其多寡登耗之数,有陷失,则理纳。钩考百司经费,有隐昧,则会问同否而理其侵负”。[6] 比部负责审计中央及地方账籍,所有官有财物的出纳都在勾考范围内。比部的恢复,使宋代的审计体制发生了重大变化。比部隶属于司法部门,独立于财政之外,审计的独立性得以提高。元祐元年(公元 1086 年),门下侍郎司马

[1] 《宋史·职官二》。
[2] 《宋史·职官二》。
[3] 《宋史·职官二》。
[4] 《续资治通鉴长编》卷四八。
[5] 《续资治通鉴长编》卷三二。
[6] 《宋史·职官三》。

光认为:“天下钱谷之数,五曹各得支用,户部不知出纳见在,无以量入为出。”因而他提出:“尚书兼领左、右曹,钱谷财用事有散在五曹、寺监者,并归户部,使尚书周知其数,则利权归一。”司马光的建议被采纳,元祐元年(公元1086年)七月,比部的计职掌统一归户部,同时比部减少一名比部郎官。元祐三年(公元1088年),“勾覆、理欠、凭由案及印发钞引事归比部”。政和六年(公元1116年),比部“分案五,置吏百有一”。[1] 比部下分五案,分别是“勾覆案、磨勘案、理欠案、凭由案、知杂案”。[2] 元丰改制后,户部作为最高财政机构,内部也设有审计机构。元祐元年(公元1086年),户部置都拘辖司,直属户部尚书,“总领内外财赋之数,凡钱谷账籍,长贰选吏钩考”。[3] 后废,政和二年(公元1112年)复置。“宣和元年,以左藏库亏没一百七十九万有奇,乃别造都籍,催辖司、太府寺、左藏库互相钩考,以绝奸弊。”[4]“绍兴七年,臣僚有请仿本朝三司之制,专置提举账司,总天下账状,以户部左曹郎官兼之,……俾天下财赋有所稽考,不敢失陷。从之。”[5]

南宋蜗居东南,能够征税的国土面积大为缩减,同时军事压力巨大,朝廷开始合并精简机构,兼职渐多。比部就属于被精简的对象之一,要么是比部主官兼任他职,要么其他官员到比部兼任,导致比部审计的成效急剧降低。与多数部门不同,户部的实力却得到了加强,真正的审计工作又逐渐归于户部麾下的磨勘司和太府寺下属的审计司等内部审计机构负责。户部内的其他一些专门审计机构增减变动比较频繁,户部还曾一度兼领太府寺。太府寺带有宫廷内府的性质,除了作为行政机构之外还掌管宫廷用度,所以也需要对钱粮事宜进行审计。南宋的审计司(院)衍生自北宋的马步军专勾司。

北宋时,三司设置“马步军专勾司”,其职责是审计军队俸禄、出纳

[1] 《宋史·职官三》。
[2] 《古今合璧事类备要》后集卷三一。
[3] 《宋史·职官三》。
[4] 《宋史·食货下一》。
[5] 《续资治通鉴长编》卷一四四。

账计、审计范围较小。元丰改制后,该司审计职能扩大,元丰三年(公元1080年)六月,"合马、步军两院置专勾司,分勾百官、诸军请受"。[1] 因为职权一致,后更名为诸军诸司专勾司。元丰改制后,诸军诸司专勾司隶属太府寺,仍为单独设立的审计机关。其既不隶属于户部,也不隶属于比部,而为太府寺的一个机构,一直延续至南宋。《宋会要》载,"高宗建炎五月十一日诏:诸军专司、诸司专司、专字下犯御名同音者,改作诸军诸司审计司"("勾"同赵高宗名"构"同音)。到此,"审计"一词正式出现。皇帝诏令将专勾司从事的以审查账簿为基本特征的行为,概括为"审计",用以代替"专勾"一词,更名诸军诸司专勾司为诸军诸司审计司,这在中国历史上是第一次。《咸淳临安志》第八卷《诸军诸司审计司》对审计司(院)的审计职责作了高度概括:

自宫禁、朝廷,下至斗食佐史,凡赋禄者,以式法审其名数,而稽其辟名者。唯郊赐给已乃审,禄有疑予,则诏以法。凡四方之计籍,上于大农(主管税赋收支的官署)则逆其会。凡有司议调度、会赋,出则诹焉。

有学者研究宋代审计史认为,诸军诸司专勾司在南宋为避高宗名讳,改专勾司为审计司(院)。审计司(院)定名后,其职权已在全国行使,并有法律保障,审计司(院)的组织已较健全,以监督财政为专职,审计的名、实条件均已具备。这正说明该机构的性质和职责是名副其实的审计机构,是中国正式产生审计和审计制度的重要标志。

除了上述的专责审计机构的职务活动,宋朝也相当重视御史台以及其他机构的审计监督,保证审计活动的顺利开展。

宋置御史台,以御史中丞为长官。御史台"掌纠察官邪肃正纲纪。大事则廷辨,小事则奏弹"。[2] 御史台设台院、殿院和察院,台院有侍御史,殿院有殿中侍御史,察院有监察御史。元丰二年(公元1079年)置六察于御史台,其中,吏察分管吏部、审官东、西院、三班院等;户察分管户部、三司及司农寺等;刑察分管刑部、大理寺、审刑院等;兵察分

---

〔1〕《续资治通鉴长编》卷二九八。
〔2〕《宋史·职官四》。

管兵部、武学等；礼察分管礼、祠部、太常寺等；工察分管少府、将作等。[1] 不久，又采纳权御史中丞李定建议，“以户案察转运、提举官，以刑案察提点刑狱”。[2] 由于钱谷之事最为繁杂，故户察配备七名人员，在各察中是最多的。六察对京师六部诸司的监察是采取定期巡视按察的方法，“御史上下半年分诣三省、枢密院点检诸房文字，轮诣尚书六曹按察；奉行稽违，付受差失，咸得弹纠”，“大事则奏劾，小事则举正”。[3] 御史在监察百官中对官吏在经济上的违法乱纪行为进行检举纠弹。宋代“台官职在绳愆纠缪，自宰臣至百官，三省至百司，不循法守，有罪当劾，皆得纠正”。[4] 宋代台谏合一，谏官也有纠弹官吏之权。“凡朝政阙失，大臣至百官任非其人，三省至百司事有违失，皆得谏正。”[5]谏官也对官吏在经济上的违法乱纪行为进行奏劾。“（元祐元年）六月十二日，金部员外郎吕和卿权知台州，以右司谏苏言其愚騃贪残，不宜置在省闼，故黜之。”[6]御史还接受皇帝的临时派遣，对一些重大经济案件进行专案审计。此外，官吏任满交替时，御史台予以稽考。庆元三年（公元 1197 年）十月二日，度支郎中岳震言：“淳熙以来臣僚奏请，守臣交替将见在钱物具数申部，报御史台置籍稽考。”[7] 宋徽宗时合并裁减机构，御史台也负责点检其钱物账册。崇宁五年（公元 1106 年）二月九日，诏：“今来省并减罢官局合交割诸色钱物等，令户部侍郎许几专切提举所属官司。勒令省并减罢官吏，合干人等限一月交割，数足，其账状点检别无绾系漏落，即行放罢。仍将交割过钱物等总计编类成册中，尚书省及仰御史台逐察取索点检，在外令所辖监司今月七日指挥施行。”[8]

---

[1] 《续资治通鉴长编》卷三三〇。
[2] 《宋会要》职官一七之九。
[3] 《宋史·职官四》。
[4] 《宋史·职官四》。
[5] 《宋史·职官一》。
[6] 《宋会要》职官六六之三四。
[7] 《宋会要》食货六二之七〇至七一。
[8] 《宋会要》食货五六之三三。

除了中央设置御史台，宋朝在地方也有一套相对完整的审计监督系统。宋朝统一五代十国分裂割据的局面后，大大加强中央集权，在收夺地方军、政、财等权力的同时，也将监察权收归中央。宋朝在州县上设路一级建制，并在此上设立监司。宋朝监司一般指转运司、提点刑狱司和提举常平司。监司作为皇帝耳目，监察各州官吏。宋神宗时期，把某些审计权下放给转运使，明确规定了州勾覆县、转运司勾覆州的地方逐级勾覆系统。提点刑狱司本职是本路司法刑狱、巡察盗贼，举刺官吏，后来也享有了一定的审计权。提点刑狱司分夺了转运司督察一路财政的大权，对无额上供钱物、经总制钱、增税、杂税进行拘收稽查；同时在监司互察中对转运司和提举常平司经手的钱粮账目进行驱磨点检。提举常平司掌管一路的常平、义仓、免役、市场、坊场、水利等。其分夺了转运司督察一路财赋大权中的分领免役钱和常平仓。再往下，到府州的通判、县的县丞，在辅助行政长官的同时，也负有一定的审计监督职责。“诸县收支钱物历，令、丞通签；其县丞所管财赋，知县检察。”〔1〕

宋代是我国古代又一商品经济发展高峰时期，但受战乱影响，该阶段的财政收入与支出波动极大。面对此种形势，宋朝的审计监督一直处在探索与改革阶段，并呈现出“多重监督、层层设防”的特点。当政者试图加大审计力度，以求将财政收支维持在正常水平。虽然受历史条件的限制，审计体制并没有发挥其最大限度的作用，但在军费开支巨大、官制机构繁杂的历史背景下，宋朝的审计监察制度仍为财政的开源节流作出了重要贡献。

(三)辽金夏的审计法制

辽将其统治区域分为五道，汉人州县以道领。五道设有五京，各京设置掌财政出纳的“司”，为各汉人的最高财政机构。见于记载最早的各京专门经济职官是南京三司使，南京三司使的官职有某京某使、

〔1〕《庆元条法事类》卷四。

知某京某使事、某京某副使、同知某京某使事、某京某判官等。除此之外,考察文献和石刻上的一些记载,南京三司使司中还有这样的职官:三司使、三司副使、三司户部判官、三司度支判官、三部勾院判官等。这些职官是名实相符,分管财经工作的。

据《辽史·百官志四》记载,辽各京经济官署除南京三司使司外,尚有上京盐铁使司、东京户部使司、中京度支使司和西京计司。这些机构虽然名称各异,其实与南京三司使司的职掌相同,均为所在地区的财政机构。“契丹司会之官……置使虽殊,其实各分方域董其出纳也。”[1]五京计司之外,辽还仿效唐宋设转运使,辽都转运使的职权还是以理财为主的。总之,辽的五京“计司”、转运使司分别掌管一道一路的汉人财经,其中南京三司使中有勾院判官,其职掌可能与宋三部勾院判官一样掌勾稽账籍。辽全国没有专门的财政机构,其京州的财权统一归入南枢密院直接掌握和控制。

辽在监察制度上亦仿唐制,太宗会同元年(公元938年)于南面官设置御史台,台内人员有御史大夫、御史中丞、侍御史。至于其职掌,《辽史·百官志》载,监察百官和复查刑狱是御史台的主要职责,也包括一定的审计监督职能。

金朝在户部之下设勾当官,“专提控支纳、管勾勘覆、经历交钞及香、茶、盐引、照磨文账等事”[2]。可见,勾当官为户部内部审计官。此外,金朝还设有覆实司,“管勾一员,从七品,隶户、工部,掌覆实营造材物、工匠价直等事”[3]。金章宗泰和八年(公元1208年),省并户部置三司,兼管劝农、盐铁与度支三科,以三司使为长。从设规措审计官看来,三司内部可能也设有专职审计机构,负责三司财政的审计。

金也设御史台作为监察机构,以御史大夫为长,下设御史中丞、侍御史、治书侍御史、殿中御史、监察御史等官。御史掌纠弹百官非违,

---

〔1〕《武溪集·杂文·契丹官仪》。
〔2〕《金史》卷五十五。
〔3〕《金史》卷五十五。

其中一项重要内容是纠劾官吏的贪赃枉法，并定期监察六部。金代经常派遣御史巡察地方，起初是一年一次，兴定元年（公元1217年）后改为一年两次。除此之外，金章宗承安四年（公元1199年），改提刑司为按察司，委以“监察采访”，“掌审察刑狱、照刷案牍、纠察滥官污吏豪猾之人、私盐酒曲并应禁之事，兼劝农桑，与副使、签事更出巡案”〔1〕。金朝在兴定四年（公元1220年）设京东、西、南三路检察司，“掌检察支散军粮，验军户实给，均军户差役，劝农种，毋犯私杀马牛、私盐酒曲”〔2〕。并在都转运司下设都勾判官，掌“纪纲众务，分判勾案”。由此可见，检察司和都勾判官均具有一定的审计职能。

历史上，辽、金作为地方少数民族政权，在政治、经济、文化上深受中原王朝影响。其在审计上也不例外，如在审计机构设置上，仿唐宋之制，建立三司、审计官、御史台等，但与中央汉族王朝相比，显得较为简略粗疏。辽、金少数民族政权由于政治、经济、文化相对落后，加上战争的环境以及史籍记载简略，有关其审计活动的记载很少。尽管如此，少数民族政权在审计上亦有自己的特色。如金对监察勾检人员的要求，在唐“明于勘覆，稽失无隐”的基础上进一步提出“案簿分明，评拟均当”，即不仅需要准确勘覆，而且还要进一步给予恰如其分的评议。

西夏的三司、磨勘司也有一定的审计职能。据《宋史·夏国传》记载，公元1038年，元昊统治西夏时，仿宋建立了一整套官制。据《西夏书事》所注，西夏官制中与审计有关的是，三司“总国计，应贡赋之入，属有正使、副使、盐铁使、度支使等”；受纳司“司仓庾、贮积及给受等事”；磨勘司“司选叙磨勘、资任考课”。地方设有转运司和磨勘司，转运司掌管地方财政，兼有审计职能；磨勘司具体负责磨勘钱粮簿册、凭证等。金代的户部勾当官、复实司、规措审计官也行使部分审计职能。金章宗泰和八年（公元1208年），省户部置三司，掌劝农、盐铁、度支，三司使下设归措审计官。

---

〔1〕《金史》卷五十七。

〔2〕《金史》卷五十六。

西夏的《天盛改旧新定律令》记载了都磨勘司、地方转运司和磨勘司审计收纳租的程序："都磨勘司当引送，所属郡县管事、司吏等当往磨勘。自腊月一日始至月末，一个月期间当磨勘完毕，所遗尾数当明之。正月一日转运司当引送，令催促所属郡县人，令至正月末毕其尾数。若其中有遗尾数者，二月一日当告中书，遣中书内能胜任之人，视地程远近，所催促多少，以为期限。……所属郡县人于期事未毕，转运司、磨勘司引送磨勘迟而住滞等时，无受贿，罪依所定判断。"〔1〕整体而言西夏经济农牧并行，党项族人以畜牧业为主，故国家重视对畜牧业的审计监督，与收租审计基本相同。《天盛改旧新定律令·畜利限门》载有专门条文对牧场牲畜作"磨勘计审"。《天盛改旧新定律令》还对不按期限完成磨勘做出处罚，"转运司人将簿册、凭据种种于十一月一日至月末一个月期间引送磨勘司不毕，逾期延误时，大人、承旨、都案、案头、司吏等一律与前述郡县局分大小误期罪状相同"。"磨司人腊月一日持来簿册、凭据时，至腊月末一个月期间磨勘不毕而逾期时，大人、承旨、都案、案头、司吏等一律与前述郡县局分大小误期罪状相同。"朝廷磨勘钱物，如有拖欠、失陷，要进行催促交纳或追索赔偿，如不能及时进行弥补，则要依据其数额进行处罚。

四、有关案例

1. 吕和卿案。"（元祐元年）六月十二日，金部员外郎吕和卿权知台州，以右司谏苏辙言其愚騃贪残，不宜置在省闼，故黜之。"〔2〕

2. 慕容彦超案。"棣州刺史慕容彦超削夺在身官爵，房州安置，坐前任濮州擅出省仓麦及私卖官曲，准法处死，太原节度使刘知远上表救之，故贷其死。"〔3〕

3. 张顺案。"楚州防御使张顺赐死，坐在任隐落榷税钱五十万、官

---

〔1〕《天盛改旧新定律令·催缴租门》。

〔2〕《宋会要》职官六六之三四。

〔3〕《旧五代史·少帝纪第四》。

丝绵二千两也。”[1]

4. 李庚案。“乾道三年七月，尚书省言：‘信州常平义仓米元申账状管九万三千余硕，今次提举常平司申有六万八千余硕，及至盘量止得一万二千九百余硕，其余皆是虚数。提举官李庚到任已及二年，并不检察，是致阙米，有误赈济。知州赵师严、通判李桐系乾道三年在任之人，所申账状隐庇虚妄。’诏李庚特降两官放罢，赵师严、李桐各降两官，今后更不得与堂除差遣。”[2]

5. 朱熹弹劾唐仲友案。“据台州公使库手分马澄供，唐仲友任内据客将陈庚、周式、夏公明并书表司杨楠每月写单历供送官员等，特送折酒折茶等钱，系杨楠径就库子叶志边请取，前去收买海味等，支送亲戚，有付书簿可照。及南果、京果、海味等物入宅，有支送钱物具出账状。”[3]

6. 边肃案。“（边肃）知镇州，以公费钱质易规利，又遣吏部强市民羊及买女口、通判东方庆等列状于州。”[4]

在整个中国审计法制史上，隋唐是中国审计立法趋于成熟的阶段，而至五代宋辽金夏时期中国审计立法完全成熟。唐朝在总结吸取秦汉以来历朝代审计立法的得失的基础上，进一步发展创新，制定了简明扼要、系统周密的审计法律、法规。五代宋辽金西夏时期又在唐律的基础上进一步发展创新，增加了不少的新内容。五代宋辽金西夏时期，各朝代大部分的审计法律、法规都是沿用了唐朝的，但在内容上各政权又都有增减以适应时势，这一时期是审计法律制度的进一步发展阶段。

---

〔1〕《旧五代史·世宗纪第五》。

〔2〕《宋会要》食货六二。

〔3〕《朱文公文集·按唐仲友第六状》。

〔4〕《宋会要》职官六四之二二。

第四章　元明清时期的审计法律制度

第一节　元朝审计法律制度

一、元朝时期社会背景

元朝,是中国历史上首次由少数民族建立的统一王朝,分为蒙古国和元朝两个时期。朝代存续时间从1206年成吉思汗建立蒙古政权始为162年,从忽必烈定国号元开始历时98年。元朝退出中原后的北元政权一直持续到1402年。1206年,成吉思汗统一蒙古各部,建立蒙古国,先后攻灭西辽、西夏、花剌子模、金朝等政权。蒙哥汗去世后,引发了阿里不哥与忽必烈的汗位之争,促使大蒙古国分裂。1260年忽必烈即位称帝,建元"中统",定都开平府(上都)。1271年,忽必烈取《易经》"大哉乾元"之意改国号为"大元",次年定都大都。1279年,彻底灭亡南宋王朝残存势力,结束了自唐末以来长期的版图割据局面。之后元朝持续对外扩张,进攻日本、缅甸、越南等,但均遭失败。元朝中期皇位继承紊乱、政变频繁,政治始终未上正轨,而且汉化迟滞,发展不前。后期政治腐败,权臣干政,民族矛盾与阶级矛盾日益加剧,导致元末农民起义。1368年,朱元璋建立明朝,随后北伐驱逐元廷攻占大都。此后元廷退居漠北,史称北元。1402年,元臣鬼力赤篡夺政权建立鞑靼,北元灭亡。

元朝是以蒙古贵族为主体包括汉族地主阶级和其他各族上层权贵共同建立的封建政权,其统治的是文化高度成熟的汉族地区和人民。元的制度在沿袭唐宋旧制的基础上,积极进行政权和法制建设,具有自己的特色。元朝废除尚书省和门下省,保留中书省与枢密院、御史台分掌政、军、监察三权,中书省管辖吏户礼兵刑工六部、掌握全国行政实务,枢密院掌管军事,御史台掌管监察。地方实行行省制度,开中国行省制度之先河。

元朝统治时期,草原游牧经济冲击着中原地区的封建经济,使两宋高度发展的商品经济受到一定程度的破坏甚至出现衰退。元朝的经济是有所进步的,畜牧业、棉花的种植和纺织业、印刷业都有较大的发展。元朝的交通运输较发达,元统一后疏通了大运河,开辟了南北海运的航线,设立了遍布全国的驿站。元朝的海外贸易继南宋之后仍兴盛不衰,与各国外交往来频繁,各地派遣的使节、传教士、商旅等络绎不绝。

元朝在民族文化上则采用相对宽松的多元化政策,即尊重中国各个民族的文化和宗教,并鼓励中国国内各个民族进行文化交流和融合。元朝还包容和接纳欧洲文化,甚至准许欧洲人在元朝做官、通婚等。元朝在思想上也是兼收并用的,即"三教九流,莫不崇奉",他们对各种思想几乎一视同仁,都加以承认与提倡。

二、立法指导思想

为确保统治地位的稳固,元朝统治者在法律方面实行了一系列具有强烈民族压迫与阶级压迫倾向的政策,与其他朝代相比,元朝立法指导思想缺乏系统性。

(一)"祖述变通""附会汉法"

元世祖建立元朝后,面对空前广阔的疆域和众多复杂的人口,在法制上转变方式,接受汉儒建议,明确提出了"祖述变通""附会汉法"的法制指导思想。这是为满足统一后的元朝地广人众,事务繁多,粗陋的习惯和法规无法满足现实的需要。在此思想的指导下,元朝统治者参照唐宋法律,进行了一系列的立法工作,形成了独具特色的元朝法制。但元朝统治者对待汉法的态度并非全盘接受,而是根据元朝的特点进行改变。同时,对许多涉及蒙古贵族统治利益的旧制度、旧风俗做了很大的保留,如推行分封采邑制,设置达鲁花赤、蒙古人为正官原则、蓄奴制等就是“祖述变通”的体现。

(二)因俗而治、蒙汉异制

元朝仿照辽、金“因俗而治”的方法,在婚姻立法等方面明确规定蒙古人不适用汉法规范,在政治法律上贯彻“分而治之”的国策。

三、主要内容

(一)有关审计的法规

元朝在建立以前,蒙古各部族处于习惯法时期,并没有成文法典。为了满足统治全国的需要,元初根据“附会汉法”的立法指导思想,陆续制定了《至元新格》《风宪宏纲》《大元通制》《元典章》《至正条格》等法规,这些法规中或多或少包含审计相关的规定。元朝还制定专门性监察法规,如《宪台格例》《行台体察等例》《禁治察司等例》《察司合察事理》《廉访司合行条例》等,其中《宪台格例》是元朝制定的中国历史上第一部完整的监察法规。

《至元新格》,根据《元史》记载:“元兴,其初未有法守,百司断理狱讼,循用金律,颇伤严刻。及世祖平宋,疆理混一,由是简除繁苛,始定新律,颁之有司,号曰《至元新格》。”[1]世祖至元二十七年(公元1290年),命中书参知政事何荣祖以公规、选格、治民、理财、赋役、课程、仓库、造作、防盗、察狱等十事辑为一书,名曰《至元新格》,次年刻板颁行。这是元代最早的一部法典。《新元史·刑法志》说,它“大致取一时所行事例,编为条格而已,不比附旧律也”,即以当时陆续颁行的各种条格、成例为依据,内容兼有行政法和刑事法律。十事中有一

[1] 《元史》卷一〇二《刑法志一》。

些与审计关系密切，如“公规”是规定官府相关制度，“理财”是有关检校钱粮的规定。

《风宪宏纲》，根据《元史》记载：“仁宗之时，又以格例条画有关于风纪者，类集成书，号曰《风宪宏纲》。”〔1〕仁宗时，取格例条画有关风纪者，分类编集成书，名曰《风宪宏纲》，这是一部关于纲纪、吏治的法典。

《大元通制》，根据《元史》记载：“英宗时，复命宰执儒臣取前书而加损益焉，书成，号曰《大元通制》。其书之大纲有三：一曰诏制，二曰条格，三曰断例。”〔2〕又仿唐、宋旧律篇目，分为名例、卫禁、职制、祭令、学规、军律、户婚、食货、大恶、非、盗贼、诈伪、诉讼、斗殴、杀伤、禁令、杂犯、捕亡、恤刑、平反，共 20 篇，凡 2539 条。其中断例 717 条，条格 1151 条，诏制 94 条，令类 577 条。

《元典章》在元英宗年间颁布，由当时江西地方官府汇编而成的法规大全，收集了从元初到元英宗年间关于政治、经济、军事和法律各方面的律令典章和判例，共 60 卷。该书由中书省核准后，下发全国各地施行。《元典章》中规定了元朝检校和照磨官的审计、御史台的审计、对管理经济政绩的审计等内容。

《宪台格例》《行台体察等例》《禁治察司等例》《察司合察事理》《廉访司合行条例》等，元朝为了实现对全国的统治，不得不任用汉族官员。为防止汉官拥权自重，便通过监察机构严密地监视其活动，制定众多监察法规。元的监察法规，主要完成于世祖时期。世祖至元五年（公元 1268 年），在侍御史高鸣主持下，“定台纲三十六条”即《宪台格例》。至元六年（公元 1269 年）又制定了《察司体察等例》，以明确各道宪司的职责。至元十四年（公元 1277 年），为了明确行御史台的职责，又制定了《行台体察等例》。至元二十一年（公元 1284 年）又制定了《禁治察司等例》，此后又分别于至元二十五年（公元 1288 年）和

〔1〕《元史》卷一〇二《刑法志一》。
〔2〕《元史》卷一〇二《刑法志一》。

二十九年(公元1292年)颁行了《察司合察事例》和《廉访司合行条例》。这些监察法规十分详尽地规定了各级监察机关的设置、职责范围、监察官员的选任、考纠等。经过这些修纂工作,元代的监察法规已初具规模并日臻完善。

《宪台格例》规定:

随路总管府、统军司、转运司、漕运司、监司及太府监并应管财物造作司,分随色文账,委监察每季照刷。

官为和买诸物,如不依时价,冒支官钱,或其中克减给散不实者,委监察纠察。

诸官吏将官物侵使,或移易借贷者,委监察纠察。

诸官吏乞受钱物,委监察纠察。

诸院务监当官办到课程,除正额外,若有(办到)增余,不尽实到官者,委监察纠察。

应营造役工匠之处,委监察随事弹纠。[1]

(二)有关审计的机构、官员和审计事项

1. 检校和照磨官审计。元代中书省掾属包括履行审计职责的检校官和照磨官,《元史·百官志》载:"检校官四员,正七品,掌检校左右司、六部公事程期、文牍稽失之事,书吏六人,大德元年置。照磨一员,正八品,掌磨勘左右司钱谷出纳、营缮料例,凡数计、文牍、簿籍之事。中统元年,置二员。至元八年,省为一员,典吏八人。"元代行中书省以属官的形式设置了履行审计职责的检校所和照磨所,《元史·百官志》载:"检校所,检校一员,从七品;书吏二人。照磨所,照磨一员,正八品。"检校官检查、核对官府案牍是否迟滞和错失,还对钱粮、营缮支出等进行稽查审核。照磨官查核的对象主要为钱谷、营缮出纳,其体现出审计专职程度较高。照磨官的设置较为普遍,中书省除了有属于掾属的照磨官,下属不同层级的左三部、右三部、户部、兵部、工部等也有

[1] 《元典章》卷五《台纲一》。

照磨官，枢密院、御史台、肃政廉访司、大司农司、宣政院、将作院、中政院、太府监、行中书省、诸路总管府、储政院、资正院、宣慰使司等机构也都有照磨官。照磨官的职级相对较低，多为正八品或正九品，但其作用仍不应低估，一是中书省掾属之照磨官虽只是正八品，但由于隶属中书省，有权查核正五品领衔之左司、右司；二是基层机构照磨官的查核有利于促进处于基础地位的基层财政、财务管理的健全。元代照磨官设置的普遍性是其明显的特点，多数政府机构普遍开展了照磨审计。此外，在中书省设检校官、照磨官，在行中书省设检校所、照磨所，体现了行政型审计体制的特点。

2. 御史台审计。元世祖忽必烈设御史台，御史大夫为从一品。元世祖"敕中书省、枢密院，凡有事与御史台官同奏"。御史台与中书省、枢密院鼎足而立。御史台下设殿中司和察院，在地方设两个行御史台，在包括中书省在内的十一个省设立二十二道肃政廉访司，形成以御史台为中心，行御史台为重点，各道廉访司为经纬的三级监察审计网络，御史通过照刷文卷进行审计。

元代御史台弹劾中书省以下内外百官奸邪非违，肃清风俗，刷磨诸司案牍。在内御史台弹劾中书省、枢密院等官司，在外行御史台、廉访司弹劾行中书省、宣慰司及以下诸司官吏。凡察出诸衙门公事，除行省官、首领官、茶盐运司官申台，其余合追问者，所司即便发遣。

元代御史台在监察中一个重要的工作是照刷文卷，这是财政财务的终审，其对象是上自中书省以下诸司，下及地方行省、随路总管府。御史台中具体负责刷卷的主要是监察御史和廉访司。刷卷的内容主要是钱粮、刑狱等方面。对此，《元典章》卷六《台纲二·照刷》有详细记载，兹叙述与钱粮有关的事项如审查文卷是否有"改抹日月""文义差错""涂注字样""补勘文字并倒题月日""虚调行移"；"照承受指挥月日有无稽迟"；"磨算钱粮"；"杂泛差役，验是何分数科差。和籴、和买已未支价，照时估合算体覆"，"应系远近年分，和乘、和买、造作诸物未足价钱，保结开申"；"辨验印押"等。

元朝御史在财经法纪上的审计主要表现在两个方面。其一，弹劾官吏私取工俸、失隐官粮、侵支钞钱、克落盐折粟价钱、损坏官粮等经济上的违法乱纪或失职行为。其二,对经济上一些不合理易作弊的做法提出改正意见。通过监察机关在财经审计监督上发挥的作用,一是许多贪官污吏受到纠弹处罚,吏治得到整饬;二是在据刷检括、追理财赋方面取得一定成绩。

王恽在元至元五年(公元1268年)被起用为御史台首位监察御史,其所著《秋涧集》记载了当时御史参与财经法纪审计的不少史实,如卷八八《弹固安州官吏克落盐折粟价钱事状》载:

今察到固安州官吏,将至元三年盐变粟数作至元四年盐粟见在报过。大兴府依已报四年粟价每石四钱五分追钞,其固安州却分出三年粟数依当年粟价每石六钱追钞。为此就责司吏张安仁状供当原系司吏于仲渊等,将三年支不尽粟六千四百四十四石二升作四年见在报过,在后总府依四年粟价每石四钱五分追要钞数。此时照出三年粟数并价值,于前州官刘州判处商量,蒙拟定三年粟数止依当年粟价,每石钞六钱追收,见收到钞二千七百两五钱四分,得此文状叩算,得三年比四年粟价每石多钞一钱五分,计多余钞一十九锭十六两六钱,据此合行纠弹。

卷八九《论宣课折纳米粟实常平仓状》云:

窃见随路起盖常平仓廒二千余间,已是功毕。今秋丰收见得官为和籴以实廪庾,然有未便者。如近年上都、中兴、西京等处和籴粮斛,所委官吏往往作弊。官钱既为欺隐,粮斛又不数足,随复差辍省部官打算追征,经隔数年不能结绝。不惟官司紊烦,公家急无所济。体访得去岁尚书省为山东道军缺乏粮储,将附近州郡课程折纳米粟接济,甚是便益。合无照依已行事理,趁夏麦收成及向前秋收,将农民六色课程约量折纳粟豆等物,公私实为两便,免致有欺隐紊烦之弊,据此合行举呈。

3. 吏部对官吏经济政绩的审计。元代对官吏的考课由吏部负责。据《元史·百官志》记载:"吏部,尚书三员,正三品;侍郎二员,正四品;郎中二员,从五品;员外郎二员,从六品。掌天下官吏选授之政令。凡职官铨综之典，吏员调补之格，勋封爵邑之制，考课殿最之法，悉以任之。”元政府对地方官以五事考课为升降，据《元史·百官志》记载：“凡选举守令。至元八年，诏以户口增、田野辟、词讼简、盗贼息、赋役均五事备者，为上选。九年，以五事备者为上选，升一等。四事备者，减一资。三事有成者为中选，依常例迁转。四事不备者，添一资。五事俱不举者，黜降一等。”至元八年（公元 1271 年）还规定“凡管民官所领钱谷公事，并俟年终考校”。元代对于掌管钱粮官吏的考核，采用增羡者迁赏，亏兑者赔偿黜降的原则，并把经济政绩考核作为理财用之道，以此来杜绝唯以货赂求升，无复以实获进的弊端。据《元典章》卷二二《户部八·课程·办课合行事理》规定，核由“户部、吏部一同照勘，各路见办诸色课程正额增余数目，分为等级，添取前代院务监当验筹数官之遗制，准以今日所宜，定立考较增亏法度与夫升降赏罚格例，随议颁降”。

对分管钱谷场务等经济部门的官吏，元政府则继承唐宋以来以十分为率的考核方法，按钱物收入增减的比率进行奖惩。元朝对于新旧官吏交接要求钱粮必须交接清楚，为督促新官认真查对接收，明确规定一旦交接清楚，以后若有问题，概由新官负责。

四、大案要案

（一）关于监察官吏侵贪

至元五年（公元 1268 年）制定的《宪台条例》规定：凡“官为和买诸物”，如有不依时价、冒支官钱、从中克减者；凡“诸院务监当官办到课程”，在正额之外，若有增余而不尽实到官者，皆委御史监察并行纠察。元代王恽的《秋涧集》保留了不少弹劾文书，即是以上规定实际运行的最好例证。

1.“论河南行省屯田子粒不实收分与民事状”，叙述的是河南行省屯田一百万石，只给百姓分发四十万石，其余公饱私囊，使民不聊生，诉讼无门。

2.“弹甲局首领官张经影占工役事状”，弹劾甲局官员张经影从工匠刘仲礼处依仗职权勒取价钞，还将刘仲礼应造甲数分给其他工匠的非违行为。

3.“弹顺天路总管祖世杰不合支俸事状”，弹劾的是顺天路总管祖世杰，其因犯罪而离职，依元朝法律离职期间官员俸禄不予给付，但祖世杰照领无误。

4.“益津县尹张英非违等事状”，弹劾的是益津县尹张英，张英甫逾两月，逐节非违，列其四个罪状。一是县盗贼猖獗，不令官兵捕捉缉拿，而是从受害百姓处勒取钱财。二是张英明知前任县尹私吞官钱，却不追回，还令其还家。三是县道桥失坏，不令工匠维修，致使百姓被淹死河中。四是张英自身修行不检点，酗酒闹事，贪酒享乐不办公事。

5.“弹马全擅科钞事状”，弹劾马全擅自多收课税两锭十九两九钱。

6.“弹市令冯时升不公事状”，在都前市令冯时升，于行铺人户处取钱六锭十一两三钱五分，还勒要米、酒等物不计，等被告到官府时而行追赔，冯时升已迁保定县尉。因此事，又弹劾大兴府不对迁转官员仔细审核，蒙混保举，是属违错、不称职之行为。

（二）监察百官现状

据《元史·百官志》所载，至元五年（公元1268年）所定御史台合行条划规定：凡官吏任满应迁转而不迁转，或迁转不依条例者；凡“非奉朝命”而擅自“补注官品者”；凡职官有老病不胜任职者；凡官吏有污滥者；凡求仕之人于应管公事官员私第“谒托”者，御史台皆得予以纠举。以上规定的施行，在王恽的《秋涧集》中也可找到不少例证。

1.“弹聊城县官污滥事状”，弹劾的是博州聊城周县尹、秦主簿两个牧民官与部民通奸，二人行为是犯罪行为，有伤大国风化。此种官员应予以罢黜，并治其罪。

2.“弹博州总管杨庭训不之任状”“弹忽都鲁阿散不赴任事状”，弹劾的是博州总管杨庭训、淄莱路长山县达鲁花赤忽都鲁阿散延期不赴任，有碍官民利益。

3.“弹周咬儿罗魏子事状”，叙述的是：周咬儿打死马大滑州官不详加审判，只以国财论杀。孙佛宝与其妻罗魏子将王二杀死，依法应将两谋犯处决，而滑州官府只将罗魏子杖打 47 下，分赴本家收管。实属官员不称职，以宽大之恩，失轻重之义，乱行非违。

4.“弹西夏中兴路按察使高智耀不当状”，弹劾高智耀，此人当官无所作为，事佛敬僧，不问民间疾苦，使百姓告状无门，恐生事端，应将其罢职，不再叙用。

5.“论陈提刑改除不宜取解由事状”“弹四州滥给解由事状”两事状说的是，官员迁升、迁转不合体例。涿州等处州县犯内侵罪而转职，现任官员不调查清楚而给付解由，要求将此处官员申台呈省。

6.“弹刘汝翼状”，弹劾中路教授刘汝翼，在崇孝寺与提学杨荣因谈论事务时言语冲突，对杨荣进行谩骂，抓其头发，而后两人却私下和解。作为教官应为人师表，以教训、训导为己任，刘汝翼此行为有伤儒风，应选其他大儒以代其职。

（三）纠察并协助平反冤、错案

理冤鞫勘是御史的基本职责，王恽的《秋涧集》也记载不少御史台纠正冤假错案等事例。

1.“论高明奔母丧事状”，户部员外郎高明因为母奔丧而离职，中书省以高明违错治罪。王恽认为，高明不应加罪，御史台以肃清风俗为首任，而且古代名王以礼治天下，应免去高明的刑罚，放其回家守孝，以励百官。

2.“论司狱官合行条理事状”，随路司狱官随意出入人罪，每年冤案百余起，被冤入狱者五六百人，更由于狱官不尽职，使好多囚犯死在狱中。对隋路各司狱官进行弹劾，并督促总管府立即平反冤、错案，制定考课官员的程序，交由按察司体察。

3.“弹左巡院官修和赵仲谦事”，赵仲谦于至元五年（公元 1268 年）十二月，诉讼到中都左巡院，告王四打死妻妹赵喜莲，而郝、马、张等官吏不去缉拿被告，也不传唤当时在场证人，只是放被告回家。赵忠谦见左巡官故意推延，所以又告到总府右三部，但还是不被理会，庭审时不依程序，强制双方和解了事，弹劾上述府之官员，并提请御史台重审此案。

4. “弹县尉杨政事状”，在都住人催提领将博州人丁五十的妻子支丑女作逃妇捉拿，刘吏员将该女的钱物抢为己有。在大兴县由县尉杨政审问，杨政与崔提领是旧故，并不开堂审理，只私下进行问话，才知道该女不是逃妇，是来看患病的丈夫，却被崔提领捉拿又遭其强奸，杨政徇私情强行将该女收押，之后又向其勒要赔钞六贯，才将其放出。弹劾杨政，将其绳之以法。将上述案件依法重审。

5. “弹大兴县官吏乞受事状”，该事状称：大兴县官吏经常从上告百姓处取要钱物。阿肖之妻鱼王嫂告其丈夫通奸，因为没有证据，本不会被受理，而大兴县官吏却滥行捕捉，依此纠弹。

第二节　明朝审计法律制度

一、明朝时期社会背景

元末民不聊生，爆发红巾起义，加入郭子兴队伍的朱元璋逐渐成为义军首领，元至正二十四年（公元 1364 年）正月，朱元璋称吴王（史称西吴王，西吴政权）。接着朱元璋攻灭了张士诚，不久方国珍也不战而降，这就奠定了朱元璋完成帝业的基础。此后，他依靠江南雄厚的财力，倚仗训练有素、纪律严明的强大军队，南征北伐，取得了节节胜利。元至正二十八年（公元 1368 年）正月四日，朱元璋在应天（今南京）即皇帝位，定国号为“大明”，建元“洪武”。明成祖时期又迁都北京。崇祯十七年（公元 1644 年）三月，崇祯帝在煤山自缢殉国，明朝正朔灭亡。随后吴三桂倒戈相向，清军顺利入关。崇祯帝死后，继南明与明郑政权延续数十年，直至 1683 年清朝统占台湾方止。明朝传十二世，历十六帝，共享国祚 276 年。

作为中国历史上最后一个由汉族建立的封建君主制王朝，明朝是中国古代封建主义专制的中央集权向君主专制个人集权政治转化的关键时期，明朝通过扩大君主的权力范围，不断削弱相权直至取缔，使君主专制统治空前强化，其各种政治制度在中国整个封建主义社会发展的进程中几乎达到了顶峰。明朝在中央和南京各设置吏、户、礼、工、刑、兵六部，与前代相比，明朝最初在每部增加尚书侍郎各一。朱元璋为吴王时，始置御史台，设左、右御史大夫各一名。1380 年，罢御史台。1382 年更置都察院，设监察都御史八人。明朝设立五寺，包括大理寺、太常寺、光禄寺、太仆寺和鸿胪寺。大理寺、刑部、都察院合为三法司，其职权与今日之最高司法审判机关相似。地方行政机构分为省、府（直隶州）、县（散州）三级，省设承宣布正使司，每个承宣布正使司又设布政使司、按察使司、都指挥使司三司，三司分设布政使掌管民政、财政，提刑按察使掌管刑法、监察，都指挥使掌兵。三司在地方分权鼎立，同时分别隶属于中央。

明朝社会经济发展情况，可分为两个阶段。从明太祖洪武元年（公元 1368 年）开国，到明宣宗宣德元年（公元 1426 年），明宣宗执政的这段六七十年时间里，随着政局的稳定，被战乱破坏的地方重新建立起社会秩序，农业逐渐恢复，户口与垦田逐渐增多，粮食产量增加，政府税收增多，官营、民营手工业陆续发展，商业城市增多，东西南北商业流通畅快，海外贸易往来活跃。在 16、17 世纪，明代是世界上手工业与经济最繁荣的国家之一。明代初期推行的海禁政策，使得商业受到一定的压制，但明穆宗隆庆元年（公元 1567 年）废除海禁后，海外贸易重新活跃起来，全盛时远洋船舶吨位高达 1.8 万吨，占当时世界总量的 18%。

明朝时期，中国古代的文学、艺术出现平民化与世俗化趋势，文学、艺术空前繁荣，宋明理学也在明朝达到完善。文学方面的特色表现在诗文、小说、戏曲三方面。明朝调动了大量的人力和物力，从多方面对中国古典文化进行了大规模的整理，包括类书、政书、丛书、文集、总集、字典、词典、书目等等。其中尤以类书和丛书为最，其规模宏大、编制精密，不仅在中国属于空前，即使是在世界文化史上也是屈指可数的。明朝中叶，东南沿海地区出现了资本主义生产关系的萌芽，西方的科学文化开始传入，反封建的启蒙思想越来越活跃。

二、立法指导思想

明朝的法律制度上承唐宋，下启清朝。明朝的立法可以分为明政权初期建立时期和中后期两个发展阶段。明政权初建时期，朱元璋为了迅速建立新秩序，巩固统一的专制主义中央集权，高度重视立法建制，制定完成《大明律》《大明令》《大诰》等，构建了明朝法律的基本框架。初期立法过程中重视总结唐宋以来的经验，大量继承了传统法律，继续保持礼法结合的法律精神。同时，不拘泥前人的成就，在法律内容和形式上针对现有需要做出突破。明朝中后期，社会发生很大的变化，明初立法与社会现实已初步脱节。为解决祖制与现实的矛盾，在明神宗万历年间修订完成了《问刑条例》，实现了律例合编；自明孝宗弘治年间开始，不断整合朱元璋时期所制定的各种祖宗典章制度，先后汇编成正德《大明会典》和万历《大明会典》。

（一）重典治国

明初的统治者总结历代统治的经验教训，其中“重典治国”的立法思想对明初法制建立影响最大。明朝建立初期，由于连年战乱的破坏，社会经济凋敝，农民反抗封建统治活动此起彼伏，统治阶级内也存在激烈的斗争。朱元璋视其为“乱世”，称：“吾治乱世，刑不得不重”，认为只有用重典才能“惩创奸顽”，使“事权归于朝廷”，巩固中央集权的统治。基于此，明初法律扩大了反叛、大逆等罪的范围，加重了“贼盗”“帑项钱粮等事”的量刑，着重强调“重典治吏”以达到“治民”的目的。

（二）重视预防犯罪和法制宣传

朱元璋在洪武元年（公元1368年）时，将律令中与民间生活密切相关的部分单独辑出并加以解释，编纂《律令直解》一书下发至各地，使百姓知法而不再犯法。明朝建立以后，朱元璋一直重视《大明律》的修订和宣传普及工作，在《大明律》专门设立“讲读律令”的条文。此外，朱元璋还颁行了《大诰》和《教民榜文》等，规定《大诰》为科举考试必考内容，为了普及《大诰》，还下诏规定户户皆应收藏，“若犯笞杖徒流罪名”，家藏《大诰》者则减罪一等，无者则罪加一等。

(三)明刑弼教

“明刑弼教”最早出自《尚书·大禹谟》中的“明于五刑，以弼五教”。宋代以降，朱熹首先对“明刑弼教”作了新的阐释，有意提高了礼、刑关系中刑的地位，这意味着法制指导原则沿着“德主刑辅——礼法合一——明刑弼教”的发展轨道，进入了一个新的阶段。明初统治者正是如此认识“刑”与“教”及其相互关系的。朱元璋明确提出“明礼以导民，定律以绳顽”，将伦理道德的预防犯罪职能与法律的镇压犯罪职能相结合，以实现明王朝的长治久安。

三、主要内容

(一)有关审计的法规

明朝的立法可以分为明政权初建时期和中后期两个发展阶段。明政权初建时期，朱元璋为了迅速建立新秩序，巩固统一的专制主义中央集权，高度重视立法建制，制定完成了《大明律》《大明令》《大诰》等，构筑了明朝法律的基本框架。其中，洪武年间的《宪纲事类》《宪纲总例》《纠劾官邪规定》《出巡事宜》《巡抚六察》《巡按六察》，英宗时期的《宪纲条例》以及《大明会典》都有监察制度相关的内容。这些法规规范了监察活动，使监察制度更加完备和系统。明朝中后期，社会发生了很大的变化，明初的立法显然与社会生活日益脱节，从明孝宗弘治年间开始，为了适应这种变化，明统治者通过编订《问刑条例》，来弥补不变的《大明律》与可变的社会生活之间的矛盾。仿照《唐会典》

制定的《大明会典》,集明朝典章制度于一书,成为清朝立法的榜样。

1.《大明律》及《大诰》四编(大诰、续编、三编、武臣)是重惩官吏贪污受贿的法律,也是审计法律的基础。明王朝建立后,朱元璋更加重视立法修律工作。洪武元年(公元1368年),他命人同刑官司讲解唐律,日进二十条。朱元璋不厌其烦地与之逐条讨论唐律的得失,从中精选明朝可用之条文,修改轻重失宜的内容,以立定一部新的明律。洪武六年(公元1373年)冬天,朱元璋诏刑部尚书刘谦详定大明律,次年二月书成。这部《大明律》在体例上一准于唐,共分十二篇,六百零六条。洪武二十二年(公元1389年),朱元璋在大规模惩治贪赃和诛戮反逆的政治风暴之后,重新修定《大明律》。其时,宰相与中书省机构均已被废置,六部分掌中书省职权,所以这次修律改变了唐以来沿袭800年的封建法典编纂体例,以名例律冠于篇首,下按六部官制,分吏、户、礼、兵、刑、工六律,共三十卷,四百六十条。至此,《大明律》在体例、内容、刑制等各方面已基本定型。

《大明律》规定受财枉法至八十贯者绞。监守自盗仓库钱粮等物,一贯以下杖八十,至四十贯斩。特别是在《大诰》三篇中汇集了大量惩治官吏贪赃受贿、转嫁赋役、侵吞税粮的案例。《大明律》把官吏犯赃罪的处理列在"刑律受赃条",计有"官员受财""坐赃致罪""事后受财""官吏听许财物""家人求索""风宪官吏犯赃""因公擅科敛""私受公侯财物""克留盗赃"等十一条,惩处十分严厉。官吏受财又枉法者,一贯以下杖责七十,每五贯加一等,达到八十贯者处以绞刑;受财但不枉法者,一贯以下杖六十,每五贯加一等,达到一百二十贯者杖一百,流放三千里。并规定:"凡御史犯罪加三等,有赃从重论。"

《大明律》中有《受赃》一篇,下有官吏受财、坐赃致罪、事后受财、有事以财请求、在官求索借贷人财物、家人求索、风宪官吏犯赃、因公擅科敛、私受公侯财物、克留盗赃、官吏听许财物等条。

《大明律·户律》设有"脱漏户口""欺隐田粮""纳粮违时""多收税粮斛面""隐蔽差役""赋役不均"等罪名,都是重要的审计法律依据。

2.《宪纲事类》是明朝的监察法,它是我国封建时代一部较为完备的行政监察法，此后陆续有所增补。孝宗弘治时将各行政机构的职掌、事例汇总编纂成书为《大明会典》，有关监察机关的职掌、事例也纳入其中。其中对监察官的地位、选用、职权范围、权威保障、行使权力的方式都有非常具体的规定。它一方面是监察官行使职权、纠劾百官的法律依据，另一方面是监察机关长官考察监察人员是否有违法失职行为的准则。

《宪纲》明确规定了监察审计机构的地位和职权。科道监察系统中，都察院及其十三道监察御史、提刑按察使司和六科给事中，都被赋予审计监督权。审查中央政府各部门和地方各级政府的财政收支，是审计监督的重要内容。《宪纲》中说："凡在京及各布政司并巡历地方仓库、局务等衙门，但系钱粮出纳去处，从监察御史、按察司并分司官不时巡视，若有作弊就便究治。"

《宪纲》还规定审计监督机构有对官员经济犯罪进行审查弹劾的权力。"凡百官有司才不胜任，猥琐阘茸，善政无闻，肆贪坏法者，随即纠劾。"

《宪纲》对审计监督官员的选拔任用、考核审查及纪律约束予以规定："凡都察院各道监察御史并首领官，按察司官并首领官，自今务得公明廉重、老成历练之人奏请除授，不许以新进、初仕及知印承差吏典出身人员充用。"选用监察官员既要公正廉洁、老成历练，又要在资历上有所要求。

为防止审计监察官员玩忽职守，营私舞弊，《宪纲》还规定监察御史、六科给事中及按察司等审计监察官员要接受与其身份相符的特殊考核，即所谓"回道考察"。其办法是御史赴各地审核财务期满后，不许枉道回家，要回京依期交代，接受都察院堂上官的考核，如发现有违法或不称职者，即清除出监察队伍。

《风宪总例》《出巡事宜》《宪纲事类》对御史等监察官审计的纪律约束规定，要求御史明确自身职责，以身作则，廉洁谨慎，弹劾要公正。如规定：

凡都察院官及监察御史、按察司官吏人等，不许于各衙门嘱托公事。违者,比常人加三等;有赃者,从重论。

凡监察御史,行过文卷,从都察院磨勘;按察分司行过文卷,听总司磨勘。如有迟错,即便举正,中间果有枉问事理,应请旨者,具实奏闻。

凡告有司官吏人等取受,或出首赃私等事,直隶赴巡按监察御史,在外赴按察司并分司,及巡按监察御史处陈告,追问明白,依律施行。其应请旨者,奏闻拿问。

凡监察御史、按察司官巡历去处,所闻有司等官守法奉公廉能昭著,随即举闻。若奸贪废事、蠹政害民者,即使拿问。其应请旨者,具实奏闻。若知善不举,见恶不拿,杖一百,发烟瘴地面安置。有赃,从重论。[1]

凡监察御史、按察司官,分巡去处,如有陈告官吏取受不公等事,须要亲行追问,不许转委,违者杖一百。

凡在京及各布政司并巡历地面、仓库局务等衙门,但系钱粮出纳去处,从监察御史、按察司并分司官不时巡视,若有作弊,就便究治。

凡监察御史、按察司官巡历去处,各衙门官吏,不许出郭迎送,违者举问如律。若容令迎送,不行举问者,罪同。如有规避者从重论。都司、布政司、府州官,所至亦同。

风宪存心须要明白正大,不可任一己之私,昧众人之公。凡考察官吏廉贪贤否,必于民间广询密访,务循公议,以协众情。毋得偏听及辄凭里老吏胥人等之言,颠倒是非。亦毋得搜求细事,罗织人过,使奸人得志,善人遭屈。

风宪须持身端肃,公勤谨慎,毋得亵慢怠惰。凡饮食供账,只宜从俭,不得逾分。

所至之处须用防闲,未行事之先,不得接见闲杂人。凡官吏禀事,除公务外,不得问此地出产何物,以防下人窥伺作弊。

分巡所至,不许令有司和买物货,及盛张筵宴,邀请亲识,并私役夫匠,多用导从,以张声势,自招罪愆。

---

[1] 万历《大明会典》卷二〇九《都察院·风宪总例》。

巡按之处，不得令亲戚人等，于各所属衙门嘱托公事，及营充勾当。[1]

凡监察御史，巡按，许带书吏一名，照刷文卷，许带人吏二名。若应用监生，临期奏请。按察司官分巡，许带吏典二名、承差一名。皆须官吏监生承差同行，不许相离。御史，及按察司官，陆路给驿马，水路，应付站船。监生、吏典、承差，陆路并骑驿驴，水路，应付递运船。俱支廪给。经过去处，量拨弓兵防送，不许别带吏典皂隶人等。

凡分巡地面，果系原籍，并先曾历仕寓居处所，并须回避。

凡监察御史、按察司官，追问公事，中间如有仇嫌之人，并听移文陈说回避。若怀私按问，敢有违枉者，于反坐上，加二等科罪。所问虽实，亦以不应科断。[2]

明朝监察法规条令门类繁多。综合起来，主要具有两个方面的特点。其一，条文的规定非常细致，凡是行政监察所涉及的事项无所不包。《宪纲》规定：监察官所到之处，未行事之前不得接见闲杂人，并且除办理公务外，不得向地方官问及此地有何特产，不得盛张筵宴，邀请亲朋好友。还规定，监察人员同事之间要“如兄弟相亲相爱，竭诚相与”。在遇有意见不统一时，不得当着他人的面争辩，以免折损了对方的面子；要等到没有第三人在场时，才能向对方提出，讲明利害得失，“不可推恶避劳，不可妨彼利己，不可扬己抑人”。其二，监察官的权力相当宽泛，有侵夺行政权之嫌。明神宗嘉靖年间颁行的《巡按满目造报册式》中，规定必须统计造册、注明缘由上报的 28 项内，如存恤过孤老若干名、督修过濠圩塘坝若干所、禁约过土豪凶徒害人若干起等皆应属于地方行政官吏所负责的方面，而一概归入巡按事项，不但使监察官的权力过于宽泛，可能妨碍地方行政；而且所察及于乡村里社、打架斗殴，势必使整饬官吏缺乏开展针对性的中心工作，导致使监察工作不能落到要害之处，难以发挥应有的效能。

---

〔1〕 万历《大明会典》卷二一〇《都察院·出巡事宜》。

〔2〕 万历《大明会典》卷二一〇《都察院·宪纲事类》；卷二一一《都察院·追问公事》。

(二)有关审计的机构、官员和审计事项

1. 都察院和监察御史

明初,在中央设中书省、都督府、御史台,分掌全国行政、军事和监察审计。洪武十三年(公元1380年),朱元璋因胡惟庸案,废中书省和丞相,对掌握监察大权的御史台也产生疑虑,罢设御史大夫,设左、右中丞和左、右侍御史,不久后撤御史台。后又认识到御史监察审计的重要性,洪武十五年(公元1382年),设都察院,洪武十六年(公元1383年)都察院设左右都御史各一人,为正三品,次年升都御史,与六部尚书品级相同。

都察院负责查处百官违法行为,其中与钱粮和经济有关的主要包括巡视光禄寺、仓场、内库、盐务、茶马、漕运、屯田、查算钱粮等。在都察院中具体行使督察职责的是十三道监察御史,十三道监察御史对地方的监察分专差和按差两类,专差是就某一专门事项而进行的检查,专差御史包括巡盐御史、巡茶御史、巡漕御史、巡关御史、巡屯御史、巡仓御史等;按差则代天子巡狩,对多个方面的内容进行较为全面的检查。

监察御史对中央各衙门实施全面、有效的审计监督。首先,和都御史一样,"主察纠内外百司之官邪",即监督、察举文武百官的经济违法行为。如发现不法行为,御史既可在朝廷上"露章面奏",也可"退上封事,以详析其可否"。其次,进行两京刷卷,即清查核实两京(北京、南京)直隶衙门的公务文书。一般是每两年或一年举行一次。具体做法为"逐宗照刷",即对该衙门的文书一件件地审查。为防止贪官污吏改易、盗窃、销毁这些档案,明朝制定严格的法律来惩治这类行为。最后,巡视光禄寺、仓房、内库、验收光禄寺的牲口、果品、厨料等,并监收白银。审查国有仓库(包括外廷和内府)钱粮出纳账籍,检查有无侵吞、挪用、盗窃、亏空和霉变残次等问题。除此之外还参与官吏经济政绩的审查。在考满中由都察院及福建道御史考核,"各出考语、牒送吏部该司候考"。

明朝还建立了御史出使巡按地方的制度，凡御史代表皇帝出使地方，称作巡按御史。《宪纲事类》记载正统年间规定："凡差御史分巡，并追问审理等事，都察院具事目请旨点差。回京之日，不须经由本院，径赴御前覆奏。"巡按御史一年一换，以防日久人熟地稳生弊。巡按御史专门负责监察，一般不理其他事务，权力极大，无所不察。明朝在外诸布政司、都司、直省府州县卫所皆有司库，以贮金银、钱钞、丝帛、赃罚诸物。因此，御史巡按地方仓库时，主要是查算钱粮，以禁绝奸弊，如弘治十二年（公元1499年）规定："令各处巡按御史，三年一次，查盘在外诸司库藏收贮金银钱钞等物，及一应赃罚。"〔1〕

2. 六科给事中审计

为了加强对六部的监督，设吏户礼兵刑工六科。六科设都给事中六人，正七品；左右给事中十二人，给事中四十人，皆从七品，六科中吏科、户科、工科兼职审计最为明显。明六科不隶属于都察院，为一独立机关，在中央"表里六部"，直接向皇帝负责。"掌侍从、规谏、补阙、拾遗、稽查六部百司之事。凡制敕宣行，大事覆奏，小事署而颁之；有失，封还执奏。凡内外所上章疏下，分类抄出，参署付部，驳正其违误。"明代的监察网络十分严密，中央有都御史总负责；监察御史既分管十三道，又带管中央各部门；六科给事中则作为一个独立机构，与监察御史配合，对六部等进行科道双重监察；各省按察使则常驻地方监察；在重要地区或部门还设有总督或巡抚进行督察，有事则随时派御史巡按。根据万历《大明会典》卷二百十三所载，明朝六科有以下职掌：

吏科：

凡天下诸司文职官员考满到京，各具给由奏本、文册送科稽考。其有违限差错等项，俱参出施行。

凡天下诸司官吏，三年朝觐到京，奏缴须知文册到科，查出钱粮等项数目差错者，经该官吏，参奏究治。

凡外官三年考察，京官六年考察，自陈之后，本科官同各科具奏

〔1〕《万历会典》卷三〇。

拾遗。

凡各衙门，于北安门进出一应钱粮，先该本科编成字号勘合，具底簿，户部用印，发各门吏收掌，将勘合比对，朱墨相同，仍以略节填写底簿，送本科稽考。

户科：

凡有司征收秋粮，南京户部，照例刊印勘合，给付粮长，将本区合征税粮，依期送纳。各该仓库填写实收数目奏缴。其勘合，仍送本科注销。

凡漕运钱粮，年终，户部各司，具手本，赴科注销。

凡各盐运司、提举司，合办盐课，年终具办完实数，造册奏缴，就差该吏，赴科注销。

凡户部差官监收各处粮米，及钞关船料钱钞，本科赴司礼监，领精微勘合批文一道，定限给付，岁满更替回还，仍将原批，赴监查明，送本科销缴。

凡各府州县管粮官员，及各仓场大使等官，考满给由，各亲赍本册，赴科交查。

凡甲字等库官，遇考满等项，本科官一员引奏，将收过钱粮等物，委官查盘。

凡甲字等十库，该收钱钞等物，每季，本科与各科轮差官一员监收。

凡光禄寺该收钱粮，每季，本科差官一员监收。

凡户部关给京官折俸绢布等物文册到科，及各卫开具关给数目，送科挂号，磨算差者，参奏。

凡户部关给军官折俸银两，每季，本科差官一员，会同给散。

凡每年户部将五府、六部、都察院、国子监并京通武成中等卫、长安等四门仓，一应见在粮斛数目，磨算明白，分豁廒座，各另造册，奏闻送科，收候各衙门放过粮斛，照数注销。

工科：

凡营建监工，本科与各科官轮差。

凡各衙门于午门、西安门进出一应钱粮，该本科编成字号勘合底簿，户部用印，发各门吏收掌，将勘合比对，朱墨相同，仍以略节填写底簿，候完，俱送本科销缴。

凡内府派出各项钱粮，嘉靖七年题准，本科与各科，轮差官一员，会同工部该司掌印官估计，开行原派衙门，公同收受。

凡工部各项料价，每年上下半年，本科差官一员，同巡视科道、四司掌印官，会估时价一次，造册奏报。[1]

3. 按察司和督抚审计

明于地方各省设提刑按察使司，设按察使一人，正三品，副使、佥事无定员。其职掌中与审计有关的大致有三个方面：一是举劾奸贪，二是刷磨文卷，三是监督所属府州县卫所的钱粮。按察使还负责把在所辖地区巡历的巡按御史以及布、按二司官巡历情况上报。

明代还有尚书、侍郎、少卿等官，加都御史或副、佥都御史衔，兼职执行监察任务。其称号有总督、提督、巡抚、总理、巡视、抚治等，其中最为常见的是总督和巡抚，称为督抚制度。明代督抚的职权范围与审计有关的主要有两个方面：其一总督有总理漕运、兼理粮饷、带管盐法等职责，其二通过考察属吏来罢黜奸贪不职者。

明代的监察网络十分严密，中央由都御史总负责；监察御史既分管十三道，又带管中央各部门；六科给事中则作为一个独立机构，与监察御史配合，对六部等进行科道双重监察；各省按察使则常驻地方监察；在重要地区或部门还设有总督或巡抚进行督察，有事则随时派御史巡按。

四、大案要案

郭桓案，是明初四大案之一，发生在明朝洪武十八年（公元1385年），属于官吏贪污案件。户部侍郎郭桓等人，通同各直省的官吏作弊，盗卖官粮。后被揭发，以其涉案金额巨大，对经济领域影响深远而为世人瞩目。对此，明太祖将六部左右侍郎以下皆处死。

---

[1] 万历《大明会典》卷二一三《六科》。

据《明史·刑法志》记载："其推原中外贪墨所起，以六曹为罪魁，郭桓为诛首。郭桓者，户部侍郎也。帝疑北平二司官吏李彧、赵全德等与桓为奸利，自六部左右侍郎下皆死，赃七百万，词连直省诸官吏，系死者数万人。核赃所寄借偏天下，民中人之家大抵皆破。"郭桓案发，当时牵连甚广，有礼部尚书赵瑁、刑部尚书王惠迪、工部侍郎麦至德皆坐郭桓案而死者，麦至德亦以代尚书，而见七卿表，其余六部侍郎以下，据志言多死者，其名不可考矣。朱元璋曾手诏郭桓等人罪状称："朕诏有司除奸，顾反生奸扰吾民，今后有如此者，遇赦不宥。"此亦明初惩贪之一大狱。郭桓案与之前的空印案是明太祖重典肃贪的表现，让明朝官员警戒恐惧，时人谓："郡县之官虽居穷山绝塞之地，去京师万余里外，皆悚心震胆，如神明临其庭，不敢少肆。"

第三节　清朝审计法律制度

一、清朝时期社会背景

清朝，是中国历史上最后一个封建王朝，共传十二帝，统治者为爱新觉罗氏。1616 年，建州女真首领努尔哈赤建立后金。1636 年，汉、满、蒙三族共呈劝进表，皇太极称帝，改国号为大清。1644 年，驻守山海关的明将吴三桂降清，多尔衮率领清兵入关。入关后 20 年时间里，平定大顺、大西、南明等政权。后又平定三藩之乱、统一台湾，完成全国统一。康雍乾三朝走向鼎盛，在此期间，中国的传统社会取得了前所未有的发展成就。土地增垦，物产丰盈，小农经济的社会生活繁荣稳定，综合国力远胜于汉唐。清朝在鸦片战争后多遭列强入侵，进行了洋务运动和戊戌变法等近代化的探索和改革。1912 年 2 月 12 日，北洋大臣袁世凯诱使清帝溥仪逊位，颁布了清帝退位诏书，清朝从此结束。

清朝时期，统一的多民族国家得到巩固和发展，清朝统治者统一蒙古诸部，将新疆和西藏纳入版图，积极维护国家领土主权的完整。

乾隆年间，中国作为统一的多民族的世界大国的格局最终确定。极盛时期的清朝，西抵葱岭和巴尔喀什湖，西北包括唐努乌梁海，北至漠北和西伯利亚，东到太平洋（包括库页岛），南达南沙群岛。同时，清朝内部包括50多个民族，国家空前统一。

清朝在中央设议政王大臣会议、内阁、南书房、军机处等机构。地方行政机构分为省、道、府、县四级，各省均设立承宣布政使司和提刑按察使司。清朝全国最高监察机关名为都察院。都察院负责纠劾各级衙门、官吏之奸贪劣迹，条陈政治民生之得失利弊，参加九卿议奏事宜，会同刑部、大理寺审办钦交大案及朝审、秋审，检查注销文书案卷和封驳事宜，以及稽查京师地方治安等事。

入关之初，清朝经济较弱，人口稀少，乾隆时期恢复到2亿人，相对使粮食作物的产量需要更加提升。清朝采取开垦荒地、移民边区及推广新作物以提高生产量。由于国内与国外的贸易提升，经济农业得以发展，所以相对发达。手工业方面改工匠的徭役制为代税役制，产业以纺织和瓷器业为重，棉织业超越丝织业，瓷器以珐琅画在瓷胎上，江西景德镇为瓷器中心。清朝商业发达，分成十大商帮，其中晋商、徽商支配中国的金融业，闽商、潮商掌握海外贸易。清朝曾实施海禁政策，直到收复台湾后，沿海贸易才稍为活络，货币方面采银铜双本位制。康熙晚期为防止民变，推行禁矿政策，在一定程度上阻碍了工商业的发展。

满族文化经过与汉族文化冲突、融合之后所产生俱备两族特色的清朝文化，大部分情况下亦指清朝文化之实体，其延续影响至中华民国建立之后。明末以来，满族（女真）文化就开始了由原始的萨满文化体系向广泛吸收蒙、汉等周遭民族文化。自满族征服中原以后，更加专注吸收汉族文化，并以原始萨满文化为基础进行自身的整合与创造特殊文化。

二、立法指导思想

（一）入关前"参汉酌金"

清政府在入关前，从万历四十四年（公元1616年）清太祖努尔哈赤建立后金政权，至崇祯十七年（公元1644年）顺治帝入关，在不足30年时间里，完成了满族社会由奴隶制到封建制的飞跃，创建了各种典章制度，形成了具有民族特色的"参汉酌金"立法思想。即参考以明朝法制为代表的汉族封建法制，根据时代的进步斟酌吸收满族固有的习惯法。

（二）入关后"详译明律，参以国制"

入关后清朝统治者采取"以汉治汉"的策略，在原有的"参汉酌金"基础上，提出了"详译明律，参以国制"的立法指导思想。为了适应统治全国的需要，顺治元年（公元1644年），先行进驻北京的摄政王多尔衮下令，"自后问刑，准依明律"。同年八月，刑科给事中孙襄提出在遵行"故明律令"的基础上，"当稽往宪，合时宜，斟酌损益"，进行立法，以便"布告中外，俾知画一遵守"。对此，多尔衮表示同意，下令："法司官会同廷臣详译明律，参酌时宜，集议允当，以便裁定成书，颁行天下。"[1]

（三）1840年鸦片战争以后的法观点更新

明清时期西方大批传教士到中国传教，进行以强权为后盾的一系列文化渗透活动，使西方的资产阶级法律文化通过各种渠道输入进了中国。中国传统的法律文化面临强大的冲击与挑战。在先进的士大夫与开明官僚中，正在经历着一场法观念的更新。林则徐提倡"睁眼看世界"，初步认识到了解和吸收西方资产阶级国家的科技与人文知识的必要性。

第二次鸦片战争失败以后，一批早期的改良主义者逐渐认识到制度革新的重要性，因而积极提倡和引进当时的西方资产阶级的政治法律文化。综括这一时期法观念更新的主要表现包括：由盲目排外到中体西用，由维护三纲到批判三纲，由专制主义到君主立宪、共和，由以人治

---

〔1〕《清史稿·刑法志》。

国到以法治国，由司法行政不分到司法独立，由以刑为主到诸法并重。

三、主要内容

（一）有关审计的法规

清朝法规继承了封建法律发展的源流，有些是沿用明律而重加修订，有些是在满洲旧律基础上的补充发展。至20世纪初期变法修律，又以资本主义国家的法律为蓝本。因此，清朝的法规不仅兼有阶级压迫与民族压迫的性质，而且1840年鸦片战争以后随着社会性质的变化，也反映了外国侵略者的利益和要求。

1.《大清律例》

清在入关前，法律制度十分简单，所谓"俗淳刑简，所著为令，鞭扑斩决而已"。入关初，即令问刑衙门，准依明律治罪。顺治二年（公元1645年），始创制法律，次年编成清代第一部成文法典《大清律集解附例》。它几乎全部沿袭了《大明律》的内容和形式，仅参酌了一部分满洲制度。后来在《大清律集解附例》的基础上，屡次增订，渐趋完备，于乾隆五年（公元1740年）颁行了《大清律例》。

清政府为了防止官员巧借各种名目贪污受贿，曾制定了许多禁令。顺治时禁止官吏贺生辰、贺到任等。乾隆时也颁布一些禁贪措施，如严禁直省大吏设立管家门人，收受门包；严禁各部需索；严禁上司留请属员用膳时勒索"押席银两"等。为了有效地揭发不法官员的受贿勒索行为，清政府规定上下官员互相监督举报："其上司与所属官，私相交结，往来馈送者，亦照此例（在京交往馈送例）处分。州县各官，令道府稽查；道府各官，令督抚两司稽查。如州县官有私相交往馈送情弊，而道府不行揭报者，将道府照徇庇例，将三级调用；道府等官有私相交往馈送情弊，而督抚两司不行揭报题参者，将督抚两司照徇庇例，将三级调用。"〔1〕

---

〔1〕《光绪会典事例》卷九六。转引自方宝璋：《中国审计史稿》，福建人民出版社2006年版。

清朝在每年奏销或新旧官员交代时要进行钱粮盘查,为了防止各级官吏在盘查时马虎了事或者徇私舞弊,清政府制定了分配条例,严格督促官员在盘查时必须认真负责。如《大清律例》即规定了官员事关仓库钱粮款项的相关责任:

凡州县仓库钱粮,责成知府严行盘查,于每年奏销时,出具所管州县仓库实贮无亏印结,造册申详保题。仍令不时盘查,一有亏空,无论几时察出,立即列揭请参,免其治罪分赔。如知府通同徇隐,别经发觉,将知府革职离任,先于本犯名下著追,勒限三年。如果家产全无,无力完帑,将未完银米等项,无论侵那,俱着落知府独赔。如止盘查不实,不行揭报,审系州县侵欺,将知府照失察侵盗本例议处,免其分赔。审系州县那移,亦先于本犯名下著追,勒限三年。如果家产全无,无力完帑,将未完银米等项,责令知府分赔一半。如知府查出亏空,揭报司道,司道不即转揭,及司道已经转揭,督抚不即题参,许知府竟揭部院,将不转不参之督抚、司道议处,著令分赔。如督抚、司道明知州县亏空,不即报参,反为设法弥补,于本犯勒追限满之日,著落督抚、司道分赔,仍交部照例议处。[1]

2.《钦定台规》

清代以前,各代已颁行了许多开展审计监督的法规,但是比较全面系统的审计法规产生在清代,这就是《钦定台规》。"台规"即"御史台的规则",御史台作为自唐宋以来即存在的监察机构,明清时期改称都察院;"钦定"就是皇帝亲自审定。《钦定台规》的"钦定"二字,赋予了它超越以往任何朝代监察法规的地位,使其成为中国监察法制史上第一部以皇帝名义颁布的、级别最高的监察法典。《钦定台规》一共有四个版本,乾隆本《钦定台规》为其草创,以后嘉庆、道光、光绪各朝均有续修本问世,其中光绪本《钦定台规》,刊载了自太宗天聪至德宗光绪历朝有关审计的"圣训、上谕,及议准各条,分类编辑,厘为四十一卷",为清代最完备的《钦定台规》。它的问世标志着由秦汉开始确立

---

〔1〕《大清律例》卷一一《户律·仓库》。

并经此后各代完善、细密的中国古代监察法律规范化进程的最终完成，堪称中国古代历史上最完备的一部监察法典，具有重要的政治和法律意义。

《钦定台规》确立了监察机构和监察人员的特殊地位。《钦定台规》把监察机构（都察院）作为一支特殊的政治力量，即“天子之耳目，朝廷之腹心”，监察官是皇帝的耳目，代表皇帝行使监察权，因而只对皇帝负责，具有相当高的地位。

《钦定台规》使监察活动和监察官的选任考核有法可依。《钦定台规》的制定和执行，一方面，保证了清代最高统治者将全国的官吏、军队、司法、行政、文教、财政等机构全部置于自己的监督之下；另一方面，也使得监察机构的监督活动有法可依。

《钦定台规》中对审计官员任职要求必须回避本籍和亲族；审计官员不准兼职；审计官员知无不言、言无不实；杜绝人情请托。

《钦定台规》中规定了对各项工程的审计。清代的工部主管全国的土木、水利工程和机器制造工程。工部的长贰之官是尚书、侍郎。下属有营缮清吏司、虞衡清吏司、都水清吏司、屯田清吏司，分别管理各项工程的建设。都察院陕西道的审计职责是：“稽查工部、宝源局，核勘在京工程事务。”工科的审计职责是：“分稽工程，注销工部文卷。”陕西道监察御史和工科给事中共同对工程建造实施审计监督。

对于中央工程的审计包括工程预算审计，对工程造价的复合审查，由陕西道和工科各自开展独立审计。“（康熙）六十年题准，将一应修理工程，工价五十两以上、物料二百两以上者，著该处料估启奏到日，御史会同工科复加核估。”〔1〕工程建造事中审计。这是陕西道监察御史对在建工程实施的审计监督，审计的内容涉及工程进度是否符合时间要求，有无虚支工价、料价款，有无贪污工程费用等问题。“（康熙）十八年议定，修建工程等处，多有迟延、浮冒、侵蚀情弊。除内务府

〔1〕　光绪本《钦定台规》卷一八《各道二》。

监造工程外，其余修造之处，俱令都察院逐一稽查。”[1]工程竣工审计，由陕西道和工科对工程完工后的审计，侧重审计工程建造质量是否符合规范和有无冒支、贪污工程经费。“康熙十年题准，紫禁城外修造工程，一百两以上者，令御史稽察。查工完日，将用过物料、钱粮数目开列，咨送该道御史查勘。若修造不如式，责令原修官另造；如有浮冒、不符等弊，会同工科题参。”[2]

《钦定台规》规定了开展就地审计、巡回审计是清代审计制度的重要内容。清代除对在京部院及各地形成系统的审计监督网络外，对重要的经管钱粮、物资的部门，如京通十六仓、户部三库、内务府等，均派科道官员进行专项就地审计。对地方上的特殊经济系统——漕粮和盐政，则派监察御史进行巡回审计。

作为封建专制制度的产物，清代监察法有其固有的局限性，尤其是在乾纲独断的专制主义极端发展的清朝，监察法的实施、监察机构职能的发挥、监察成效的大小，无不与君主之意志、党争之消长，以及监察官的个人能力品行有着直接的关系。特别是清代后期，官场腐败不堪，法律规定与法律实践严重脱节，监察法几成具文，号称“典章美备”的《钦定台规》也无法挽救清政府腐朽没落的命运。其中缘由，令人深思。

3.《大清会典》

为了规范国家机关的组织活动，加强行政管理，提高统治效能，清政府仿效明朝先后编制了《康熙会典》《雍正会典》《乾隆会典》《嘉庆会典》《光绪会典》，合称“五朝会典”，统称《大清会典》。《大清会典》详细记载清朝各级国家机关的职掌、事例、活动规则与有关的制度，在编纂上遵循“以典为纲，以则例为目”的原则。典、例分别编辑遂成固定体例。“会典”所载一般为国家基本制度，少有变动，具体的变更则在增修则例和事例中完成。如《光绪会典事例》卷一七五《户部》载有

---

[1] 光绪本《钦定台规》卷一八《各道二》。

[2] 光绪本《钦定台规》卷一八《各道二》。

雍正年间上谕、卷八五四《刑部》规定有关禁止官员贪污受贿的措施、核查工程等审计内容。

凡州县钱粮之亏空，总不出侵盗挪移二项。当其侵挪之时，官固主之，而经手之经承，自无不知也。乃不及禀阻，且从而怂恿，以便作奸分肥。迨至本官监追，而经承且优游于事外；本官问重罪，而经承仅得不行禀阻之处分。故凡亏空累累，多由于官吏之相成也。朕意以为经承库吏、经管仓库之人，亦宜重其处分之例，更定以劝惩之法。凡州县官到任，则先拣选殷实老成吏胥二人，以充钱粮总吏，通详报部。凡征收钱粮，即令随征报解，不得存留内署。承办五年，该县无亏空者，即将总吏咨部，以九品杂职即用。本官少有亏空，总吏力行禀阻，如不听从，径赴院司呈明，免罪。若该吏不行禀阻，致本官以亏空纠参，即将经承一同监追，减本官一等治罪。如此则经承有所责成，迫于劝惩，不敢顺从本官擅动国帑，亦杜绝亏空之一法。

凡各省修建一应工程，如物料价银五百两以上、工价银二百两以上者，该督抚将动支银两及工料细数，预行确估题报，工部查明定议，会同户部指定款项，题复，准其动用兴修。俟工竣之日，督抚亲自查核，造册题报，工部核明准销，仍知照户部查核。其物料价银五百两以下、工价银二百两以下者，该督抚咨明工部定议，知照户部，令其动项兴修。工竣，逐一造册题销。倘有需用物料工价甚多，而分为几处，陆续咨报并未题明，辄行修建者，查出题参。其有应动用存公银两者，该督抚将确估工料细数，咨报工部查明，知照户部，准其动用。工完造报，工部将准销银数，造入该年存公册内，咨送户部查核。

4.《审计院官制草案》

清末进行政治、法律制度等各方面改革，在1908年光绪曾批准设立审计院，1910年宣统要求提前三年筹建审计院，并拟定了该《草案》。该《草案》作为我国第一部审计专业法规，是清末预备立宪在财政审计领域制度改革的产物，但由于清朝的灭亡，最终未及实施。《草案》详细制订了审计院的组织机构及内部人员设置，此外还规定了审计机构及人员的职责范围、审计权限、工作程序、审计处理办法、对内部人员的组织管理等,审计院的组织机构设置为清末改良审计工作拟定了重要的依据。

该草案的主要内容包括:

其一,审计院官员。设正使一人、副使一人、掌佥事六人、佥事三十六人,另设一、二、三等书记官及录事各若干人。审计官员的规模,估计在百人左右。审计院正使为"从一品",与六部尚书平级。正使、副使为常任官员,掌佥事、佥事任期为十年一届。佥事以上审计官员不得兼任其他官职。

其二,审计院职责。审计院负责审计中央及地方各级官署的一切收支款项,核定其真伪。审计院下设六司,按司确定审计范围。

其三,审计处置权。审计院在审查各项报销账目时,若发现遗漏、谬误和其他可疑情节者,通知各衙门转交收支官更正。其情节较重者,应该奏明朝廷委派审计院佥事彻底清查。审计院对于已由各衙门收支官更正的账目,仍发现不真实、不详尽之处,或于佥事检查落实后,又有欺诈舞弊的情节,应将该衙门收支官按情节轻重,或奏请朝廷或移送有关衙门惩处。

其四,审计议决与报告。审计院以会议形式议定对所审计各项报销账目的结论,重大事项由院会议议决;一般事项由各司会议议决。会议议决采取少数服从多数的原则确定。年终,审计院应将审计成果向皇帝奏明。

(二)有关审计的机构、官员和审计事项

为了严密地对从中央到地方的各级官府的财经活动进行审计监督,清王朝建立了遍及全国的审计监督体制。据《钦定台规》所载,审计监督体制呈现两个特点。

第一个特点是中央与地方并举,清代审计机构的总汇为都察院,都察院的官员分为两部分。左都御史、左副都御史主持都察院的审计公务,六科给事中、各道监察御史行使对中央各部院及各地方的审计监督权,是中央审计机构的实体。此外,都察院右都御史为总督兼衔,

右副都御史为巡抚、河道总督、漕运总督兼衔。也就是说,地方督抚大吏均是中央审计系统的一部分,承担着对辖区内各级地方官府的审计监督职责。这样,从审计体制上,形成上下相维,中央与地方交互为用的网状结构,使各级官府均置于中央审计监督之下。

另一个特点是科、道双重审计。清初,六科自为一署,雍正帝将科、道合并,加强了审计队伍,把分属于两个机构的审计职责统一划归于都察院执掌。更为重要的是,清代最高统治者遇有审计事项,往往科、道并用,如京城各官署领取户部三库的钱物,既要报都察院的江南道审计,又要报都察院的户科审计,实行双重审计。审计后,分由科、道各自向皇帝提出审计意见,使之互为补充,同时也互相监督、防止审计公务中的营私舞弊。

1. 都察院

清代因袭明制,设立都察院为全国最高的审计、监察机关。都察院官署设在皇城西长安门外,都察院的最高长官是左都御史,官阶从一品,其地位与六部尚书相当,还有左副都御史协助办理院事。都察院下属的六科、十五道、稽查内务府御史处等执行审计公务。

清初,"沿明制,六科自为一署",设给事中,分科办事。六科的职责是传达皇帝的诏书、制令,稽考庶政。六科把皇帝批过的臣工题本,从内阁领出,誊抄清楚,发给有关部门执行。不仅转发文件,同时具有封驳权,已经皇帝批准的奏章,六科认为有不妥的地方,可以封还执奏。此外还审计、监察六部,即吏、户、礼、兵、刑、工六科,分别对吏、户、礼、兵、刑、工六部实行审计。雍正元年(公元 1723 年),为了提高都察院的审计职能,雍正帝把六科合并于都察院。自此,六科给事中奔忙于审计事务,六科的封驳权因此被削弱了,而审计职责却被大大地加强了,两者此消彼长,是雍正帝强化皇权专制的两个侧面。都察院的监察御史,向例有巡仓、巡盐、巡漕等巡回审计公务,六科归都察院管辖后,六科各员,奔走内外,朝夕不遑,或递相署理,至有本科只留一人者,至此六科给事中与监察御史在审计职责上没有什么区别了。据《光绪会典事例》所载,六科所掌审计事项有如下规定:

户科：

（支领财物）：凡在京部院各衙门，支领户部银物，各衙门每月造册送户科察核。如有浮冒舛错者，指参。

（直省钱粮奏销）：直省钱粮，每岁终。该抚造具奏销册，开载田赋款项数目，并造具考成册，开列已未完数目，送户科察核。

（直省钱粮交盘）：凡藩司交代，必将其任内收放钱粮交盘出结，造册呈送该抚具题，送户科察核。

（易知由单）：州县由单申府，用府印钤盖，呈报部科复核。如有私派分洒等弊，户科题参。

（秋成分数）：各督抚题报秋成分数，俱照户部年终汇奏之例，开明几分或开写几分有余，将厘毫零尾删除，以归核实。

（漕粮奏销）：凡漕粮兑定，该管粮道。将开帮日期呈报，随造具各帮兑交粮米数目清册，呈送漕运总督。该总督具题，以册送户科，由科同全单磨对。

（漕粮全单）：凡起运漕粮白粮数目，由漕运总督办给全单，付于运官。该运官抵通，按单交卸，坐粮厅出具收完呈文。该运官将全单呈文，并送户科呈验，由科核对数目相符，钤印给发。

（奏缴粮斛册）：凡京通各仓监督，每岁收放米豆数目，造具旧管、新收、开除、实在四柱清册，呈送总督仓场侍郎具题，以册送户科磨对。

（奏缴漕白粮册）：凡坐粮厅监督，每岁抵通漕粮白粮数目，造具清册，呈送总督仓场侍郎具题，以册送户科磨对。

（盐课考核）：凡运司、提举司等官，一年核办盐课，于岁终将已未销盐引若干、已未完盐课若干，造册呈送盐政。盐政具题，以册送户科注销。俟盐差任满具题，听都察院考察外，仍造具总册，送科稽核。

（户关考核）：凡户部关差监督，赴科亲领四季印簿。令本商自填纳税数目，按季送科。差满造具总册，户科移取户部红单核对，如有舛错违限者，题参。

（稽核解送户部批文）：解部钱粮批文册籍，各官当堂定限签发。如假手吏胥，空悬时日，任意违限，挖补年月，扶同作弊，经部科查出，将解役送刑部究拟。

工科：

（建造宫殿）：建造宫殿一应工程，该衙门先期上请，敕下工部会同工科估计，以防浮冒。

（直省修造）：凡直省修造城垣、官署、兵房，及开浚池塘，并修理堤坝石闸桥梁等项工料，均造细册，送工科察核。

（河工钱粮）：凡河工钱粮，每年限八月内奏销，届期备造清册，送工科察核，并送河道图式备考。

（建造坟茔）：凡奉旨建造亲王以下及大臣坟茔，所有木石等料价值，监造官备造细册，送工科察核。

（修理工程）：凡一应修理工程，工价五十两以上、物价二百两以上者，由该处料估，启奏到日，工科会同陕西道御史核实，工完察销。

（制造船只）：凡各省粮艘兵船及一切应差船，或奉旨新造，或经朽烂拆修，钉板各工料备造细册，送工科察核。

兵科：

（官兵俸饷）：直省官兵俸饷领结，不必按季赍送，应于奏销前一月，造册送兵科察核。

（朋桩奏销）：凡直省每年奏销兵马朋桩册籍，限五月内造送兵科察核，如有浮冒舛错者，题参。

（驿递奏销）：凡直省驿递钱粮支销数目，令该抚年终造册，送兵科察核，如有浮冒舛错者，题参。

刑科：

（刷卷）：每年京畿道（后河南道）刷卷，缮造黄册进呈后，赴刑科注销。

（赃赎）：凡直省赃罚赎锾银谷细数，督抚于年终备造文册，送刑科察核。

（私盐）：凡直省私盐变价银，盐政与差满之后，备造文册，送刑科察核。〔1〕

---

〔1〕《光绪会典事例》卷一〇一五《都察院·六科》；卷一〇一六《都察院·六科》。

清代六科对国家财政财务的审计远比明六科周密系统，上自中央六部，下至地方直省的一切财经活动，均在六科审计监督之内。

清在地方按省区划分设十五道，各道都有掌印监察御史满、汉各一人，一般的监察御史，各道人数不同，在二至六人之间。十五道监察御史的职掌是"察纠内外百司之官邪，在内刷卷、巡视京营、监文武乡会试、稽查部院诸司在外巡盐、巡漕、巡仓等，及提督学政，各以其事专纠察。朝会纠仪，祭祀监礼，有大事集阙廷预议焉"。〔1〕 清与明一样，十五道并令稽查在京各衙门事务。如河南道照刷部院诸司卷宗，稽查吏部、詹事府、步军统领、五城；江南道稽查户部、宝泉局、左右翼监督、京仓、总权漕运，磨勘三库奏销；山西道稽查兵部、翰林院、六科、中书科、总督仓场、坐粮厅、大通桥监督、通州二仓；陕西道稽查工部宝源局，覆勘在京工程；江西道稽查光禄寺。十五道稽查各衙门事务，主要是注销其文卷，与六科同。直到光绪三十二年（公元 1906 年），改革官制，稽查注销之制始废。

都察院内还设宗室御史处，以十五道的宗室御史二人兼管，稽查宗人府事务。宗人府的银库钱粮册籍，由宗室御史稽查，每月两次注销。稽查时，行文八旗，将每月宗室等婚丧事优恤银、借给八旗官员银拖欠、还过细数，造册移送核对。如有不符，由宗室御史核参，年终将稽核过数目，详细核算奏报。此外又设稽查内务府御史处，办理稽查内府事务。内务府所属各司、院每年用过钱粮数目，将旧管、新收、开除、实在，按款开造黄册进呈，并送稽查内务府御史处察核注销。

清朝的总督和巡抚制度沿袭明制，督抚为地方最高行政长官。各省总督和巡抚因兼有都察院右副都御史职务，所以兼有监察地方之权，考察地方官员。督抚要负责每年奏销时和新旧官员交代时的钱粮盘查，监督建筑工程经费以及追查经济大案。

2. 清末筹建审计院

清廷筹设审计院是朝野共同的呼声，特别是随着预备立宪进程的

---

〔1〕《清文献通考》卷八二。

加速,除了少数大臣反对速设之外,朝中大臣大多主张筹设,甚至速设审计院。

清末中央审计院职掌范围明确分为四个方面,即检查每年收支总数和预算事项、奏宣警政实况、提出政治改良意见、检查各省报销。从审计院官制清单第24条可知,审计院佥事以上各官,“均不得兼任他项官职,亦不得为资政院参议员”。同时,草案第1条规定,审计院的职责是“掌检查京外各衙门出入款项之报销,核定虚实”。正使为“从一品”,高于主管全国财政的度支部大臣的正三品,品级等同于六部尚书。“清单”第3条规定正使总理本院事务,“为全院之长官”,可直接与最高统治者保持必要的交流渠道,“遇有本院重要事件,可随时会同副使具奏,并得自请入对”。副使则为“赞助正使,整理院务”,以及监督审计院“各员”而设,当正使遇有事故之时,“以本院副使代行”。掌佥事“掌理本司检查事务”,而佥事则“分任各司检查事务”。第26条规定,佥事以上各官员,“非犯刑法及处分则例者,不得罢黜,其处分则例另定之”。

清末中央审计院在形式方面采取了欧、美、日等近代审计制。审计院以少数服从多数的会议形式议定已审各项报销账目,其重大事项由审计院会议议决,一般事项则由六司议决。每至年终之际,审计院应将审计结果奏明朝廷,若报销各项,“查无不合者,应出具核准执照,发给各该衙门收支官收执”,若有遗漏、重复、错误等情况,则视情节轻重,“应酌定期限,咨行各该衙门转饬收支官,分别查复、更正”,并将账目单据“移送备核”,其情节较重者,“得奏派本院佥事彻底检查”。

四、大案要案

(一)李毓昌赴江苏审计殉职案

清朝嘉庆年间,江苏省山阳县发生了一起因查赈而遇害的特大命案——李毓昌命案。此案因案情复杂、审理周折、涉及面广,人犯之多而轰动朝野、震撼清廷,被称为清代四大奇案之一。

嘉庆十三年(公元1808年),适逢江苏泗淮地区暴雨连绵,湖河水涨泛滥成灾,而淮安府的山阳县尤为严重:赤地千里,饿莩载道,哀鸿遍野,民不聊生。为稳定人心,挽救生灵,嘉庆皇帝特颁诏拨银九万九千两以赈济山阳黎民。赈银下拨后,江苏抚署又旋即委派候补知县李毓昌、府知事余清扬、同知林永升、州同龚国烜、谢为林、教谕章家璘、县丞张为栋、训导言廷璜、典史吕时雨及从九品温南峰、黄由贤等11人为查赈大员前往山阳县查赈。于是刚刚赴任不久的李毓昌便奉命来到了山阳。

时任山阳知县的王伸汉准备好好招待李毓昌。而李毓昌绕开山阳县官吏的拉拢,借住进了山阳县郊一处名叫"善缘庵"的寺庙中。为了中饱私囊,两江总督铁保刚把救灾款项下发,王伸汉等人就从中侵吞部分款项以肥私。王伸汉认为,可以通过贿赂李毓昌来逃脱罪责。

李毓昌清正耿直,志虑忠纯,经过兢兢业业的计算,他发现当时赈款九万两白银,有两万三千两白银落入山阳县令王伸汉之手。于是他准备检举揭发此案,但因对底下人把关不严,仆人李祥将此事告知王伸汉的仆人包祥,自然而然,王伸汉知道了此事。十一月初六日,王伸汉亲往相邀赴宴,李毓昌推脱不过,三巡过后,李毓昌被灌得酩酊大醉,王伸汉遂使人将其送归寓所。至半夜,李毓昌因酒后口渴,即唤仆索茶。李祥便趁机将毒药放于茶内呈上,李毓昌接过一饮而尽后中毒身亡。后以李毓昌悬梁自尽而草草结案。

嘉庆皇帝知晓此事后,下旨命人彻查此案,经过五个月的审理后结案,还李毓昌清白。嘉庆追赠李毓昌为知府,亲自作《悯忠诗》,立碑墓前,封其嗣子李希佐(因为李毓昌没有儿子,其侄子李希佐过继为他的儿子)为举人,地方府道捐资白银一千两,送给李毓昌的遗孀,作为其养育孩子的费用以及女儿的嫁妆。

(二)刘墉赴山东审计案

乾隆四十七年(公元1782年)四月,都察院江南道的监察御史钱沣向朝廷报告说:山东巡抚国泰大肆侵吞公款,致使山东省的国库严重亏空。乾隆皇帝亲自召见钱沣,详细地听取了钱沣有关山东省国库亏空的具体情况的汇报,当即决定派户部尚书和珅、都察院左都御史刘墉及监察御史钱沣,对山东省的财政资金真实情况实施就地审计。

三人在山东汇合后,对历城县国库进行就地审计,按照簿载的数额与库存银子的实数相互勾对。审查核对时,和珅提出抽审,无须全部核对。到日落西山,只核对完库内的部分银子,监察御史钱沣请求刘墉将该县国库暂时查封,以防不测。左都御史刘墉对钱沣的请求表示赞同。经过认真地清点,二人发现有许多杂色银子。原来,国库的银子都是统一规格的,并且有标记,与市面流通的银子不一样。刘墉与钱沣据此分析判断,这是山东巡抚国泰为了掩盖国库亏空的真相,向商人们借来大量银子充数。于是,刘墉与钱沣传讯管库的官吏,证实了他们的判断是准确的。随后刘墉与钱沣命人贴出布告,命令那些借银子给国泰的商人立即认领,否则充公不再退还。商人们见到布告纷纷认领,库内银子为之一空。刘墉与钱沣又对其他几处州县的国库进行了就地审计,均存在严重亏空的问题。

由于证据确凿,国泰等贪官们只得低头认罪。通察山东省诸州县国库,亏空银子达二百多万两,都是国泰等人所为。国泰等人贪污国家财政资金数额巨大,乾隆皇帝命令国泰等人在狱中自尽。

刘墉与钱沣在山东省国库就地审计中,表现出清廉的正气,他们面对贪官污吏,深恶痛绝,秉公办案,令后人肃然起敬。

元明清时期,在中国封建社会走向穷途末日的大趋势下,古代审计也逐渐走向衰落。元代取消了比部,以御史刷卷来代替财政财务的终审。从明代开始,封建专制主义中央集权制空前强化。皇帝为了更全面、简捷地监督臣下,干脆取消专职审计机构,让科道官兼职负责财政财务审计,会同吏部考核官吏,纠参官吏贪赃,把审计权绝大部分并入科、道监察系统。这使唐宋时期外部、内部专职审计机构的体制没有得到充分的发展而夭折,国家审计体制越来越具有浓厚的封建专制色彩,逐渐走向反面。元明清发展监察法律,强化监察审计,加强考课审计,而清末改革法制引进西方审计法律,开启了审计法从传统向近代的转型。元是少数民族建立的政权,在法律制定上,一方面学习唐宋,另一方面又保持民族特色。虽然每个朝代的政权都制定过审计法律,但元朝成果较多,并有所变化和发展。明朝实行“重典治国”,强化极端的专制集权制度,使审计法律也因此目的而发生一些变化,变得更为严厉。清朝审计法律与明朝状态和水平相近,而其中监察审计的法律更成体系,更有法典意义。然而,1840 年鸦片战争的发生打断了我国历史的进程,清朝危机加剧,日趋衰亡。20 世纪初,清廷不得不变法图存,预备立宪,修订法律。在此过程中,清臣先后提出独立于政府之外设立会计检查院、审计院,清廷也筹备成立审计院,并起草《审计院官制草案》,规定审计院负责审计中央到地方的各级官府的收支。不久,辛亥革命爆发,审计院流产。虽然审计院未能实现,但这是传统审计法律终结的信号,也是近代审计法律开始的征象。

第五章　中华民国时期的审计法律制度

第一节　中华民国时期的社会背景与审计思想

一、中华民国时期的社会背景

1911 年 10 月 10 日，以孙中山为代表的资产阶级革命派发动了辛亥革命，推翻了中国历史上最后一个封建王朝——清朝，结束了两千多年的君主专制制度。1912 年元旦，孙中山在南京就任临时大总统，宣告成立中华民国。同年 3 月 10 日，袁世凯窃据了大总统地位，并把南京临时政府参议院迁到北京，开始了北京政府的统治。1928 年奉系军阀的垮台，标志着北京政府的最后覆灭。

1925 年 7 月，广州大元帅大本营改组为国民政府。1927 年 1 月，随着北伐战争的胜利发展，国民政府由广州迁到武汉。同年 4 月 12 日，蒋介石在上海发动反革命政变，18 日，在南京另立“国民政府”。7 月 15 日，汪精卫在武汉发动反革命政变。不久，宁汉合流，全国正式进入国民政府统治时期。这个时期历时 22 年，包括土地革命时期、抗日战争时期和解放战争时期。1949 年 10 月 1 日，中华人民共和国的成立，标志着中华民国的结束和现代史的开始。

北京政府时期，除了短暂的流产帝制以外，名义上一直维持“民主共和”的体制，大部分时间设有两院制的国会。国会兼具立法机关、民意机关和制宪机关三重性质,同时享有弹劾权和同意权。国家元首为大总统,实行责任内阁制。以国务院和各部作为行政中枢,国务总理和各部总长同属国务员。国务总理居于行政首长的地位,通过国务会议处理重要国务,对国会负责。国务院下设外交、内务、财政、陆军、海军、司法、教育、农商、交通九部。其中财政部总辖国家财务,管理会计、出纳、租税、公债、货币、政府专卖、储金及银行事务,监督所辖各官署及公共团体财务。

民国初年,各省无统一制度,一般以都督为全省最高长官。1913年,北京政府规定,省设民政长一人,为行政公署长官,总理全省政务,由中央任命。省行政公署下置总务处及内务、财政、教育、实业四司。财政司负责监督地方收支,编制地方预、决算等。1914 年 5 月公布的《省官制》,把省财政司和国税厅筹备处合并,改设财政厅,直属中央财政部,管理全省财政,监督所属职员和兼管征收的各县知事。

国民政府执政之初,沿袭北京政府旧制。1928 年,中央实行五权分治,于国民政府之下,设置行政、立法、司法、考试、监察五院。国民政府财政制度实行四大联综系统和超然主计:一是行政系统。中央设财政部,隶属于行政院;地方省设财政厅,县设财政局。财政部负责掌理全国财政事务,总揽全国收支,主管关于税赋捐费的查定、征课及其他依法处理的收入命令事务及指挥监督代理公库的银行或邮政机关,签发支付命令及其他有关公库的事务。二是主计系统。1931 年,中央设主计处,直隶于国民政府,处于同五院对等地位。各省市政府设会计处,县市政府设会计室。主计主管预算、决算、会计统计事项,推行超然主计制度。三是审计系统。四是代理公库的银行系统。其主管部门为公库和中央银行,负责财物的出纳保管,凡现金、票据、证券出纳、保管及转移,以及财产契据的保管,均受其控制。以上四大组织系统,权限明确,职掌有限,各自独立,彼此关联而又相互牵制。

北京政府时期,国家的财政收入主要靠两大来源:一是国家税收,主要包括田赋、关税、盐税、烟酒税、印花税、契税、厘金等;二是内外借款。由于地方军阀各自为政,截留财政收入,中央财源枯竭。为解决财政困难，北京政府不惜以出卖国家主权去换取巨额借款，并连年发行大量内债。由于财政上的这一特点，这一时期对债款借入支出的审查监督成为审计上的一个重要内容。

这一时期，连年战争，因此，军事费用占财政支出的主要部分。巨额的借款，使国家必须支出数量不小的债务费，用以还本付息。此外，内务费、外交费、教育费等也是财政支出的重要项目。

国民政府的财政收入与北京政府相仿，主要也是两大来源：一是赋税收入。全面抗战爆发前，中央税收中关税、盐税、统税占90%。受战争的影响，关、盐、统三税锐减。为了克服财政困难，增加税收，国民政府除了将印花税率提高一倍，土酒税率提高五成外，还从整顿旧税，发展新税，实行部分消费品专卖制与税收征实，以及田赋收归中央并改为征实等几方面摆脱困境。抗战胜利后，货物税、关税、盐税、直接税成为四项主要工商税。二是内债和外债。国民政府统治时期，几乎是无年不举债，债款成为财政收入的重要补充。

国民政府的财政支出主要由军务费、债务费、政务费和建设费四个部分组成。由于二十多年来战火延绵，越烧越大，因此，军务费开支始终占据首位。其他三项支出，因各个时期情况的不同而略有变化。

1928年11月，国民政府正式公布实行国地财政收支系统。根据1931年冬颁行的《办理预算收支分类标准》的规定，省的收入包括田赋、契税、营业税等十二项。抗战开始后，各省把货物通过税作为筹款对象，并通过举办或扩充地方官营事业来增加收入。抗战胜利后，省级财源的可靠收入主要是营业税五成和土地税二成，其余大都有名无实。《办理预算收支分类标准》还规定，省财政支出分为政务费、事业费、地方杂项支出三大项。国民政府时期，财政虽分中央、省和市县三级制，但县其实附属于省，并无独立地位可言。

北京政府为补救财政方面的危机，着手引进国外的先进会计制度与方法，借以改良政府的会计工作。1914年北京政府正式颁布中国第一部《会计法》，试图从会计立法入手，改善中国财政会计工作落后的状况。同年，北京政府吸收近代流行的先进会计方法，制订了新式账簿组织、式样、登记方法以及会计凭证运用程序等,使官厅会计制度初具规模。

国民政府时期,颇重视财经上的立法,立法院分别制定了会计法、审计法、预算法、决算法、统计法等。从这些法规本身来说,其内容都比较科学严密。1932 年 7 月,国民政府主计处颁布《中央各机关及所属统一会计制度》,开始政府会计制度的改订工作。这个统一会计制度对政府会计的方法体系作出了比较全面的论述,从原始凭证的分类、格式及填制方法,到三种传票的使用方法;从凭证的传递、账簿记录,到各式会计报告的编制,都进行了详细的说明。可以说,这是中国政府会计制度建设的第一个正式文件。1935 年,为贯彻会计法的基本精神,主计处着手修订统一会计制度。1938 年颁行《中央各机关及所属普通公务单位会计制度之一致规定》。

1895 年以后,很多大的跨国公司进入中国市场。这些国际资本都是采取股份经营的,可以说是世界范围内的股份制资本。面对这种新的形式,1904 年清政府也仿效西方颁布了第一部《公司律》,共 131 条,对公司的种类、创办呈报、股份、股东权利、董事、股东会议等事项作出规定。这是我国关于资本主义近代工商企业设立、组织、活动等方面最早的立法。根据该项法律,公司分为合资公司、合资有限公司、股份公司、股份有限公司四种。后来清政府又据此制定颁行了《公司注册试办章程》。

1914 年 1 月,北京政府颁布的《公司条例》,共 5 章 251 条,对各公司的建立、股东权利、义务、公司的清算、解散等作了更详细和明确的规定。与此同时,北京政府还公布了《公司保息条例》,对某些行业的公司以贷款的形式给予扶植。这有助于民营公司企业募集资金,减轻招股负担。在上述各项政策的鼓励下,中国的公司制度初具规模。

二、中华民国时期的审计立法指导思想

据粗略统计,北京政府时期,颁布了 30 多个审计法规,主要有《审计处暂行章程》《暂行审计规则》《暂行审计国债用途规则》《检查官有

财产暂行规程》《审计处执务规程》《审计处议事细则》《实地调查规则》《审计处检查国库暂行规程》《审计分处简章》《审计法》《审计法施行细则》《审计院编制法》《审计条例》《审计院办事细则》《审计院各厅办事细则》《审计院分掌事务规程》《审计院各厅职掌纲要》《审计院审查决算委员会规则》《审计院发给核准状规则》《审计院会议规则》《陆军审计现行规则》《陆军会计审查分处现行审计细则》等。由此可见，中国近代审计伊始，制度法规粲然大备矣。

在此基础上，国民政府时期，对有关审计立法进行修订或增补，总共颁布了40余个审计法规，主要有《审计法》《审计法施行细则》《审计部组织法》《审计处组织法》《审计部办事细则》《审计部审计会议议事规则》《审计部各省市审计处审核会议规则》《修正审计机关稽查各机关营缮工程及购置变卖财物办法》《公有营业及公有事业机关审计条例》等。

总之，民国时期的审计立法详尽完备，其所体现的政府审计立法思想丰富多彩，这里仅介绍几个比较重要的、有代表性的立法思想。

（一）把审计载入国家的根本大法

北京政府时期，由于财政上入不敷出严重，国家比较重视对收支的审计监督，1913年的《天坛宪法草案》、1914年的《中华民国约法》、1923年的《中华民国宪法》和1925年的《中华民国宪法草案》均把审计载入国家的根本大法。《天坛宪法草案》和1923年《中华民国宪法》均规定：国家岁出岁入决算案，每年经审计院审定，由政府报告于国会。众议院对于决算案否认时，国务院应负其责。《中华民国约法》第57条规定："国家岁出岁入之决算，每年经审计院审定后，由大总统提出报告书，于立法院请求承诺。"为保证审计院的独立地位，宪法规定对审计官的保障。1923年《中华民国宪法》第121条规定："审计院之组织及审计员之资格，以法律定之。"1925年《中华民国宪法草案》进一步具体规定："审计院院长非以众议院总议员过半数之议决，不得免职"，"审计院职员在任期中，非依法律不得减俸、停职或转职；审计院职员之惩戒处分，以法律定之”。

1927年，南京国民政府建立后，仍然重视在国家根本大法中规定政府审计制度。1928年南京国民政府重新制定《国民政府组织法》，规定国民政府设五院，即行政院、立法院、司法院、考试院、监察院，其中监察院为国民政府最高监察机关，依法行使弹劾、审计职权。1936年5月5日，国民政府公布的《中华民国宪法》规定：监察院为监察权的最高机关，行使弹劾、惩戒、审计各项职权，对国民大会负责。1947年1月1日国民政府公布了《中华民国宪法》，第90条规定：“监察院为国家最高监察机关，行使同意、弹劾、纠举及审计权”；第104条规定：“监察院设审计长，由总统提名，经立法院同意任命之”；第105条规定：“审计长应于行政院提出决算后三个月内，依法完成其审核，并提出审核报告于立法院”。

由上可知，中华民国时期，历届政府对审计立法都十分重视，把政府审计作为国家不可或缺的基本建制，载入国家的根本大法——宪法之中。在近代民主与法治国家中，审计作为国家最高层次的财经监督，理应在国家的根本大法中有所反映。

（二）以事前审计、事后审计和稽查为框架的审计法体系

1914年10月，北京政府公布的《审计法》规定：除大总统岁费、政府机密外，所有政府机关，收支计算决算，特别会计之收支计算，官有物之收支计算，以及由政府发给补助费或特与保证之收支计算，均须经审计院审查，是其职权偏重于事后审计，唯对于借款合同、公债章程，及其分配用途，变更数目，应先期报告审计院审核。

1928年9月，国民政府审计院开始核签支付命令，是为事前监督完成之始。依当时《审计法》规定，凡主管财政机关之支付命令，须先经审计院核准，支付命令与预算案或支出法案不符时，审计院应拒绝之。其应否核准，应从速决定。除有不得已之事由外，不得逾三日，其未经审计院核准之支付命令，国库不得付款，违背此项规定者，应自负其责任。

1933年4月，国民政府公布的《修正审计部组织法》规定：审计部第一厅负责事前审计，第二厅负责事后审计，第三厅负责稽查事务。同年9月，审计部增设第三厅，并对三厅的职掌进行调整。第一厅掌理政府所属全国各机关事前审计事务，第二厅掌理政府所属全国各机关事后审计事务，第三厅掌理所属各机关稽查事务。第三厅的成立，是为稽查之权推行之始。

总之，民国时期在近二十年的审计实践中逐步形成了事前审计、事后审计和稽查的审计思想体系。这一思想最终被纳入审计立法体系的标志是1938年5月3日国民政府公布实施的新《审计法》。这次对《审计法》的修正是民国审计立法中比较重要的一次，其中一个显著标志就是以事前审计、事后审计和稽查作为立法体系的框架。

事前审计规定，各机关应于预算开始执行前，将核定的分配预算送审计机关，其与法定预算不符者，审计机关应纠正之；财政机关发放各项经费支付书，应送审计机关核签，非经核签公库不得付款或转账；各机关收支凭证应连同其他证件送驻公库或驻各机关的审计人员核签，非经核签不得收付款项，但未驻有审计人员者不在此限；审计机关或审计人员对于支付书或收支凭证核签与否，应从速决定，除有不得已事由外，自收受之日起不得逾三日。[1]

事后审计规定，驻有审计人员机关，应将各项日报逐日送该审计人员查核，该审计人员对其各项簿籍，得随时检查并与一切凭证及现金财物等核对；各机关于每月终了后，应依法分别编制各项会计报告，送该审计机关或驻该机关审计人员查核；未驻有审计人员的机关，其收支凭证因特殊情形准予免送者，审计机关除就报告查核外，得派员赴各机关审核其有关簿籍、凭证及案卷；驻在或派赴各机关审计人员，应将审核结果向该审计机关报告，经决定后分别发给核准通知或审核通知于各该机关；各机关编制的年度决算，应送审计机关审核，审计机关认为符合者，应发给核准书；各级政府编制的年度总决算，应送审计

---

〔1〕 审计部编：《审计法令汇编》，商务印书馆1948年版，第33-35页。

机关审定,审计机关审定后,应加具审计报告,由审计部汇核,呈由监察院转呈国民政府。

稽查规定,审计机关对于各机关一切收支,得随时稽查之;审计机关对于各机关现金、票据、证券,得随时检查之;审计机关对于各机关财物,得随时盘查;各机关营缮工程及购置变卖各种财物之开标、决标、验收,应通知审计机关派员监视,其不合法定手续或契约章则不符者,监视员应纠正之;经管债券机关于债券抽签偿还及销毁收回债券时,应通知审计机关派员监视。

这一审计立法体系的建立对国民政府时期的审计工作影响很大,具有指导性的意义。这就是政府机关收支款项,在事实未发生前,由国家核定预算,以为收支的标准;在收入或支付时,有事前审计以核其是否与预算或收支法案相符,并核对单据凭证。事后有事后审计以检查账簿及关于收支一切文件书表,或核对凭证单据,及检查现金。同时并有稽查,得随时独立检查各机关的一切财经活动。事前、事后、稽查三者,各有联络,又独立各负其责,由三厅分掌之,受审计部部长指挥监督,借以对国家财政财务状况实行动态的审计监督。

(三)监审合一的审计立法思想

民国时期,审计立法思想受五权分治政治体制的影响,其重要内容是在诸多方面都体现出监审合一的立法理念和原则。

1. 审计立法在机构设置上体现监审合一。1925 年 7 月 17 日,广州国民政府颁布《国民政府监察院组织法》,规定监察院职权为监察国民政府所属各级机关官吏之行动及考核税收与各种用途之状况。原大本营审计处之事务,由监察院接管,监察院以第二局掌理训练及审计事宜。1928 年 10 月通过的《监察院组织法》,规定监察院设审计部掌管审计事项。从此以后,南京国民政府在审计立法上均明确规定,审计部隶属于监察院。如直至 1946 年 11 月 25 日国民政府修正公布的《监察院组织法》规定:“监察院设审计部,行使审计职权”;“审计部设部长一人,政务次长、常务次长各一人,由院长提请国民政府分别任命之”。

2. 审计立法在分掌事务上体现监审合一。1925 年 7 月 17 日颁布的《国民政府监察院组织法》规定，监察院第二局审计科的职责主要是审查各机关所用簿记方法是否遵守规定的统一方式，审核政府一切机关的各项收支，派员审查各地机关账项等。1925 年 11 月 28 日颁布的《审计法》第 8 条规定：“监察院随时派员亲赴各机关审查账项，如遇怀疑及质问，无论任何高级官吏，应即予以完满之答复。”由此可见，此时立法规定在监察院领导下的审计机构或人员，不仅拥有审查各机关财务收支活动的审计职权，而且还兼有监察权中的质询权。1932 年 6 月经修正公布的《监察院组织法》规定：审计部掌管稽查政府所属全国各机关的冒滥及其他关系财政的不法或不忠于职务的行为。稽查的出现是监审合一思想在分掌事务上的明显体现，稽查既包含审计事务，又包含监察事务。1938 年《审计法》第四章稽查的有关规定充分说明了这一点。如第 46 条规定：“审计机关对于各机关之一切收支，得随时稽查之。”第 47 条规定：“审计机关对于各机关之现金、票据、证券得随时检查之。”第 49 条规定：“各机关营缮工程及购置变卖各种财物之开标、决标、验收，应通知审计机关派员监视，其不合法定手续，或与契约章则不符者，监视员应纠正之。”第 50 条规定：“经管债券机关，于债券抽签偿还及销毁收回之债券时，应通过审计机关派员监视。”〔1〕

3. 审计立法在权力行使的配合上体现监审合一。1926 年 10 月 4 日，国民政府再次修正《国民政府监察院组织法》，规定监察院下设 4 个科。4 个科的职责紧密相连，第一科考查各种行政事项；第二科监督财政，稽核中央及地方财政收支，并统一官方簿记表册事项等；第三科针对第一、二两科所查出的问题和涉及的官员提出弹劾和行政诉讼；第四科对违纪官员实行审判和惩戒。这里，第二科职责属于审计性质，第三、四科职责属于监察性质，第三、四科对第二科查出的问题，进行弹劾、行政诉讼或审判和惩戒，表明审计和监察在一个组织内进行

〔1〕 审计部编：《审计法令汇编》，商务印书馆 1948 年版，第 35 页。

协调，即在监察院内部协调，审计查出的问题由监察来配合执行，而不是由两个独立组织之外的外部协调。1938年颁布的《审计法》的一些条文也体现了审计与监察权力在同一内部组织里的配合行使。如第12条规定："审计人员为行使职权，向各机关查阅簿籍、凭证或其他文件或检查现金财物时，各该主管人员不得隐匿或拒绝，遇有疑问并应为详实之答复。遇有违背前项规定，审计人员应将其事实报告该管审计机关，通知各该机关长官，予以处分，或呈请监察院核办。"第15条规定："审计人员发觉各机关人员有财物上之不法或不忠于职务之行为，应报告该管审计机关通知各该机关长官处分之，并得由审计部呈请监察院依法移付惩戒。"第19条规定："对于审计机关通知处分之案件，各机关有延压或处分不当情事，审计机关应查催或质询之，各该机关应为负责之答复。审计机关对于前项答复，仍认为不当时，得由审计部呈请监察院核办。"〔1〕由此可见，在监察院内，审计主要侧重于发现、检举经济上不法或不忠于职务之行为，而监察则侧重于处置审计发现、检举的这些问题。

4. 审计立法在报告关系上体现监审合一。1938年颁布的《审计法》第28条规定："审计部应将每会计年度审计之结果编制审计报告书，并得就应行改正之事项，附具意见，呈由监察院呈报国民政府。"第45条规定："各级政府编制之年度总决算，应送审计机关审定，审计机关审定后，应加具审查报告，由审计部汇核，呈由监察院转呈国民政府。"〔2〕在这里，审计部的审计报告不是由其直接单独向国民政府报告，而是由审计部呈由监察院转呈国民政府。这表明监察院对监察和审计工作同负有责任，必须由其统一向国民政府报告，体现了审计立法在报告关系上的监审合一，审计必须隶属于监察，一般情况下不能越级向国民政府报告。

---

〔1〕 审计部编：《审计法令汇编》，商务印书馆1948年版，第33-34页。

〔2〕 审计部编：《审计法令汇编》，商务印书馆1948年版，第33-34页。

（四）以立法形式规定审计的职权

民国时期的审计立法，其中重要的内容就是规定审计的职权范围及保证行使审计职权的措施。以下简要介绍这一时期一些主要立法中有关审计职权的规定。

1912 年北京政府颁布的《暂行审计规则》共分 8 章，除第一章总则和第八章处分外，其间第二章至第七章均以审计职权内容为分类。第二章稽核支出，第三章审查决算，第四章检查国库，第五章检查簿记，第六章检查官有财产，第七章检查国债，第八章处分主要规定了行使审计职权的措施。

《暂行审计规则》实行一年多后，发现了某些不足之处。北京政府即着手进行修订，于 1914 年初公布了《审计条例》。该条例的基本框架与《暂行审计规则》大致相同，仍以审计职权内容为分类，分为总则、审查收入支出、检查国库、检查国债、检查工程及买卖贷借、检查簿记、处分、附则八章。修正部分主要有两个方面：一是在审查收入支出方面作了较重要的补充，这是有关审计职权内容方面的；二是对审计会议议决事项作了具体说明，这是有关行使审计职权方面的。

1914 年 10 月 2 日，北京政府为适应新成立的审计院工作的需要，又废除了《审计条例》，正式公布实施《审计法》。《审计法》的基本框架虽然不再像《暂行审计规则》和《审计条例》一样，以审计职权内容为分类，但有关审计职权内容及行使审计职权的有关措施仍然是其主要部分。该法共有 19 个条款，与审计职权有关的就有 10 余条条款。《审计法》在审计职权上的规定大大增加了行使审计职权的措施，以保证审计职权的切实贯彻和执行，体现了行使审计职权的审计立法思想有了较大的发展。

国民政府在审计立法上对审计职权规定的较大突破是 1938 年 5 月 3 日公布实施的《审计法》。此法不仅详细规定审计机关为行使审计职权有权采取的措施，而且还详细规定为保证审计职权的贯彻与执行，被审机关必须配合审计机关审查的具体做法。该法为保证审计职权行使的条款较多，如第9条规定："审计人员独立行使其审计职权，不受干涉。"第12条规定："审计人员为行使职权，向各机关查阅簿籍凭证或其他文件或检查现金财物时，各该主管人员不得隐匿或拒绝，遇有疑问并应为详实之答复。遇有违背前项规定，审计人员应将其事实报告该管审计机关，通知各该机关长官，予以处分，或呈请监察院核办。"第13条规定："审计机关为行使职权，得派员持审计部稽察证，向有关之公私团体或个人查询或调阅簿籍、凭证或其他文件，各该负责人不得隐匿或拒绝，遇有疑问，并应为详实之答复。行使前项职权，遇必要时，得知照司法或警察机关协助。"[1]

从以上所引1938年《审计法》条款可以看出，当时审计立法赋予审计机关或审计人员较大的并具有可操作性的权力，来保证审计职权的有效行使。审计机关或审计人员可定期或不定期随时检查、审查或查核各级政府或有关机关的收支报告书、簿籍、凭证、其他文件和现金财物等，以发现和检举存在的不法或不忠于职务的行为。当发现这些问题时，审计机关可通知各该机关长官或呈请监察院予以处分或惩戒，有的还可以通过拒绝核签、驳复或当场监视予以即时制止或纠正。另外，该法规定被审对象必须将本机关的收支报告书、簿籍、凭证、其他文件等定期或不定期地送该管审计机关或驻该机关之审计人员核签、查核或检查等。同时，被审对象对审计机关或审计人员的审查不得隐匿、拒绝或延压等，对审计机关或人员的疑问和质询应为详实之答复。总之，1938年《审计法》对行使审计职权的规定说明当时有关这方面的审计立法思想已较为成熟。

（五）以立法形式规定审计人员任职和审计会议

民国时期，为保证审计人员的专业胜任能力及独立、客观和公正地行使审计职权，审计立法中对审计人员的任职条件、保护措施、限制兼职和回避原则以及审计会议（或审核会议）的会议规则等做了具体、

---

〔1〕 审计部编：《审计法令汇编》，商务印书馆1948年版，第33-35页。

详细的规定,体现了当时审计立法中较强的民主与法治思想。

1. 北京政府重视审计人员的任职条件。1914 年施行的《审计院编制法》规定,审计官、协审官须年满 30 岁以上,具有下列资格之一者充任:(1)任荐任以上行政职,满 3 年以上卓有成绩者;(2)在专门以上学校学习政治、经济之学,3 年以上毕业,并任行政职满 1 年以上者。从此可以看出,担任审计人员的基本条件有三:一是专业领域的学历;二是从事行政工作的经验;三是工作成绩。这对于提高审计人员素质,保证审计工作质量,无疑是大有裨益的。

2. 南京国民政府时期,在建立健全审计机构的同时,还进行了审计人员队伍的建设,规定了各类审计人员的任职条件、保护措施、限制兼职及回避原则等。1928 年 3 月公布的《审计院组织法》规定了审计、协审的任职资格。1929 年 10 月公布的《审计部组织法》对审计人员的任职条件作了进一步补充。1939 年 3 月颁布的《审计部组织法》规定了对专业审计人员回避的原则。1945 年 12 月 31 日,国民政府又对《审计部组织法》进行了修正公布,这次修正对审计人员的任职条件、保护措施、限制兼职和回避原则等做了最为详尽、全面、系统的规定。充分体现了审计立法从审计人员任职条件、保护措施、限制兼职和回避原则等方面维护审计独立、客观和公正的思想。

3. 为保证审计的公正无私,发扬民主精神,北京政府采取合议之制决事,在审计院设审查决算委员会。院长为委员会会长,副院长为副会长,总理会务;另由院长、副会长指定审计官、协审官若干人作为委员兼任会务,并置佐理若干人,以核算官充任。据 1939 年《修正审计会议规则》规定,审计会议决议事项主要有 7 项:审计复核事项;审计疑难事项;审计方针划一事项;创设、变更、废止审计成例事项;审计上调查统计之设计事项;所属各处呈送复审案件事项;部长交议事项。

民国时期,有关审计会议(或审核会议)规则所体现的审计思想,有三个方面值得注意:其一,会议须有法定人员过半数出席方得开会,其决议以出席人员过半数之同意行之,体现了民主决议的一般性原则,即投票表决需以过半数或 2/3 数通过方为有效。其二,审计会议议决的重要案件,必须报告议决理由,并将其登载于《审计公报》。这体现了审计事务公开性原则,以便自觉接受广大民众的监督。其三,并非所有审计事项均交审计会议或审核会议决议,一般提交会议决议者为审计复核事项、审计疑难事项等。这体现了审计立法者既注重保证审计工作的质量,维护审计结论的客观公正,又要讲求审计效率。

第二节　北京政府时期的审计法律制度

一、北京政府时期的审计机构

民国初年,在设立审计机构的独立省份中,最早是湖南设立会计检查院,后来,广东设立核计院,湖北、江西设立审计厅,云南设立会计检查所,吉林、贵州则设立审计科和审计处。1912 年 9 月,北京政府国务院设立审计处,并在各省设立审计分处,统一了各省审计机关。据 1912 年《审计处暂行章程》记载,审计处隶属国务总理领导,掌理全国会计监督事务。审计处设总办 1 人,办理全处事务。处下分设五股:第一股掌理撰拟审计文牍、函电,厘定计算书及凭证、单据的格式,以及其他不属于各股的事务;第二股掌理审查陆军部、海军部所属收入支出计算事项;第三股掌理审查外交部、内务部及财政部所属收入支出计算事项;第四股掌理审查教育部、司法部、交通部、农林部及工商部所属收入支出计算事项;第五股掌理审查全国岁出岁入及地方行政官署收入支出,国债及国有财产的收支计算事项(见图 5.1)。各省审计分处组织,与中央审计处略同。

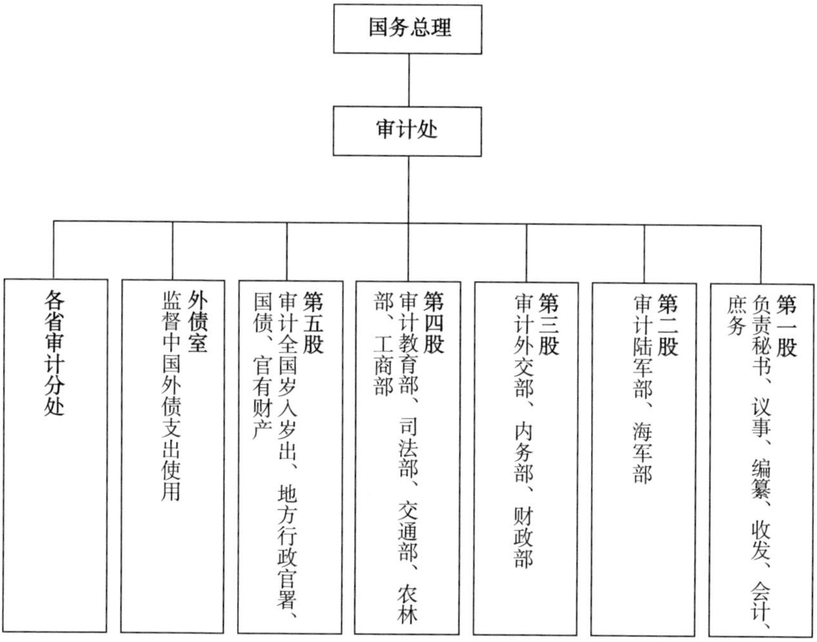

图 5.1　中华民国第一个审计机构——审计处(1912 年 9 月)

1914 年 5 月,袁世凯公布《中华民国约法》。根据该法,中央审计处改为审计院,各省的审计分处一律撤销;对地方的审计,改为派审计官或协审官进行实地审计。

审计院成立后,地位比原审计处提高,直隶于大总统。1914 年施行的《审计院编制法》规定,审计院于每会计年度之终,须以审计成绩呈报于大总统;对各官署职官于出纳事项,有违背法令或不正当的行为,须呈报于大总统;对于预算及财政事项,得依其审计经验,陈述意见于大总统。审计院置院长 1 人,由大总统特任;副院长 1 人,由大总统兼任;审计官 15 人,协审官 27 人,由院长呈请大总统任命。《审计院各厅职掌纲要》规定,第一厅分掌审查外交部、财政部、教育部主管收支计算事项;第二厅分掌审查陆军部、参谋本部、海军部、交通部及所属机关或地方各军收支计算事项;第三厅分掌审查内务部、司法部、农商部及所辖各机关,以及各省关于内务收支计算事项(见图 5.2)。

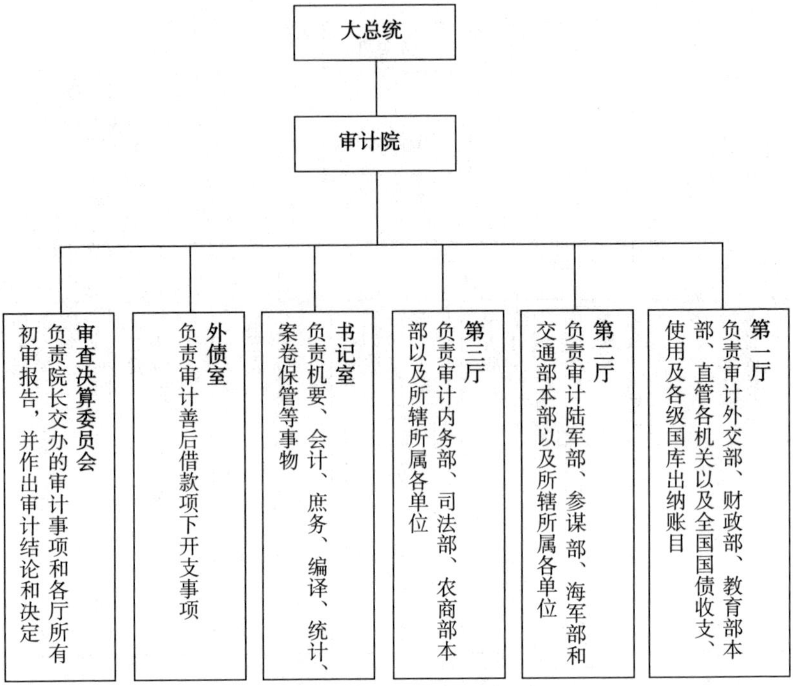

图 5.2　依中华民国约法成立审计院(1914 年 6 月)

为保证审计的公正无私,北京政府采取合议之制决事,在审计院设审查决算委员会。院长为委员会会长,副院长为副会长,总理会务;另由院长、副会长指定审计官、协审官若干人作为委员兼任会务,并置佐理若干人,以核算官充任。

北京政府重视审计人员的任职条件。《审计院编制法》从年龄、工作经验、学历等方面对审计人员的任职条件作出了比较严格的规定。为了保证审计人员能无所顾忌地行使审计职权,免遭打击报复,《审计院编制法》还制定了保护审计人员的条款:“审计官、协审官非受刑法之宣告或惩戒之处分,不得令其退职或减薪。”

二、北京政府时期的审计法规

据粗略统计,北京政府时期,颁布了 30 多个审计法规,主要有《审计处暂行章程》《暂行审计规则》《暂行审计国债用途规则》《检查官有财产暂行规程》《审计处执务规程》《审计处议事细则》《实地调查规则》《审计处检查国库暂行规程》《审计分处简章》《审计法》《审计法施行细则》《审计院编制法》《审计条例》《审计院办事细则》《审计院各厅办事细则》《审计院分掌事务规程》《审计院各厅职掌纲要》《审计院审查决算委员会规则》《审计院发给核准状规则》《审计院会议规则》《陆军审计现行规则》《陆军会计审查分处现行审计细则》等。涉及审计机构设置、审计职权、审计规则、审计事项等多个方面,形成了较为完备的审计法规体系。

1912 年 10 月公布的《审计处暂行章程》共 13 条,除规定了上述审计处的机构编制、职权范围外,还制订了审计工作中的一些具体措施。如第 8 条规定:“审计处之议事以总会议或股会议议决之,总会议以总办为议长,股会议以各股主任为议长。”第 10 条规定:“审计处审查决算之际,遇有疑义得向各主管官署质问,而要求其答复;审计处得派员赴各官署实地调查,并预先通知该管长官派员会同审定。”

稍后于《审计处暂行章程》20 多天公布的是《暂行审计规则》。该规则第一章总则,确定本规则目的为审计国家岁入岁出及一切财政。第二章稽核支出,规定各主管官署应编造每月支付概算书,咨送财政部核办,转送审计处复核后再行知照财政部办理;各主管官署每月领款时,应将领款凭单送由审计处查核;赴库领款后,必须将三联式总收据中一联,由库转送审计处备核。从此可以看出,对支出的稽核已具备了事前、事中、事后三种审计监督形式,其程序已相当完整严密。第三章审查决算,规定各主管官署应编造每月决算书,连同收入凭单、发款收据及其他一切凭单,一并送财政部核办后,送交审计处复查;财政部编造总决算后,应经审计处审查确定,再行提交国会议决。这里所确定的对决算的审查采取事后报送详审的原则,为后世所遵循。第四章检查国库,规定审计处对国库的检查采取定期和不定期两种方式,一是每月月底派员检查,二是随时派员检查,审核国库簿记内所载收支数目与现存款项及其票据是否相符。第五章检查簿记,规定审计处负责编定各官署主要簿记及一切表册、凭单等格式,并得随时派员分赴各官署检查其填写簿记等项是否符合格式。第六章检查官有财产，规定凡官有财产，应由各主管官署造册报明审计处，以备查核。如要变卖者，价值在500元以下，可由各主管官署自行发卖，将所卖价值报明审计处备查；其价值在500元以上者，应用投标方法，由审计处派员监视。凡关于建筑工程购置器械及一切需费较大之用款，应先具详细说明书及价格表图式，报明财政部转送审计处检查后，方可照办；如用投标方法，应由审计处派员监视。第七章检查国债，规定各主管官署应将新借国债之数及偿还国债之数，随时报明审计处备查；遇有收到借款或收回债券，也应分别造报，以备查核；不论商借外债、募集内债，应将条件及指定用途，报告审计处；偿还内债之时，如用抽签方法，应由审计处派员监视。第八章处分，规定各主管官署应将出纳官吏的姓名、履历报送审计处备查，遇有应予处分时，即由审计处通知所属长官执行。出纳官吏如有错误，审计处可对所属长官发出质问书或注意书，并要求予以惩戒。

《暂行审计规则》实行一年多后，发现了某些不足之处。北京政府即着手进行修订，于1914年年初公布《审计条例》。该条例分为总则、审查收入支出、检查国库、检查国债、检查工程及买卖贷借、检查簿记、处分、附则八章，其内容大部分与《暂行审计规则》相同。修正部分主要两个方面：一是在审查收入支出方面作了较重要的补充。规定审计处及审计分处审查国家岁入岁出，除政府机密费外，均依本条例办理；审计处对于各会计年度总决算，审查确定后，须提出审查报告书经由国务总理呈报大总统；经管征税或他项收入各官署，每月应编造上月收入计算书送审计处或审计分处查核，所有收入证据，应由官署保存，审计处或审计分处得随时抽查之。二是对审计会议议决事项作了具体说明。规定审查决算与审查成绩报告，出纳官吏有不当行为处分事项，各官署长官有违法情事及其他审计重要案件，均须经审计官吏会议决定；审计处或审计分处，对于审查完竣事项，自决定之日起，5年内发现其中有错误、遗漏、重复等情形，均得再审，若发现诈伪证据，虽过5年后，亦得再审。

1914年6月，北京政府公布《审计院编制法》，对审计院的隶属关系、职权范围、人员组织编制等作了规定。同年 10 月 2 日,为适应新成立的审计院工作需要,又废除《审计条例》,正式公布实施《审计法》。其实,《审计法》19 条条款内容大部分仍与《审计条例》相仿,其作具体补充的还是在审计国家收支上。除此之外,还有一些其他有关审计具体措施的补充:一是对审计后结论的处理;二是为了树立审计的权威,保证审计制度的执行,《审计法》补充了对违反审计法规者予以惩罚;三是《审计法》提出了一种新的审计方式,即委托审计。

北京政府时期,由于财政上入不敷出严重,国家比较重视对收支的审计监督,1913 年的《天坛宪法草案》、1914 年的《中华民国约法》、1923 年的《中华民国宪法》和 1925 年的《中华民国宪法草案》均把审计载入国家的根本大法。

三、大案要案

1914 年 3 月,审计处奉国务院总理训令,审查国务院印铸局前任局长俞文鼎任内发生的"垫款"纠纷案。该案主要涉案人员除俞文鼎外,还有该局铸造处技术人员李恩启和该局出纳股主任焦凤藻。俞、焦指责李侵吞公款,主要原因有:俞曾以为李垫付购料款为名,指示焦以俞所签白条支出大洋 5300 元,此项购料收据在李处;李所收陆海军部订货款大洋 2654.5 元,出纳股未见到。李对俞和焦的指责予以否认。审计处经核实账目,多方调查,最终查清:账簿记载支付购料款中,另有一笔大洋 5300 元,收据合法,手续齐全,确为李恩启经手,但李未经手过第二笔同样款额的购料事宜。俞文鼎所谓"垫款",与李恩启无关。至于 2654.5 元货款,确由李恩启收回,但于收回当日已面交俞文鼎,李恩启尚有俞文鼎签字收条。此款未交回出纳股,也与李恩启无关。至此,"垫款"纠纷案已审查清楚。为追回公款,惩戒不法官吏,审计处于 1914 年 5 月 20 日写出报告书,并明确提出移送检察机关处理的意见。因国务院已裁撤,该报告书直呈大总统。[1]

---

〔1〕《审计处呈大总统关于印铸局前局长俞文鼎任内垫款纠葛请饬交检察厅起诉案》,中国第二历史档案馆藏。

第三节 南京国民政府时期的审计法律制度

一、南京国民政府时期的审计机构

1925年7月1日,国民政府在广州成立。7月17日,《国民政府监察院组织法》公布,8月1日监察院成立。监察院设五局及政治宣传科,原大本营审计处事务,主要由监察院第二局审计科负责(见图5.3)。审计科有审核政府一切机关各项收支之权,审查后,本科即将一切经过情形,报告于监察院。如有舞弊事情,再由监察院起诉于惩吏院,依法办理。

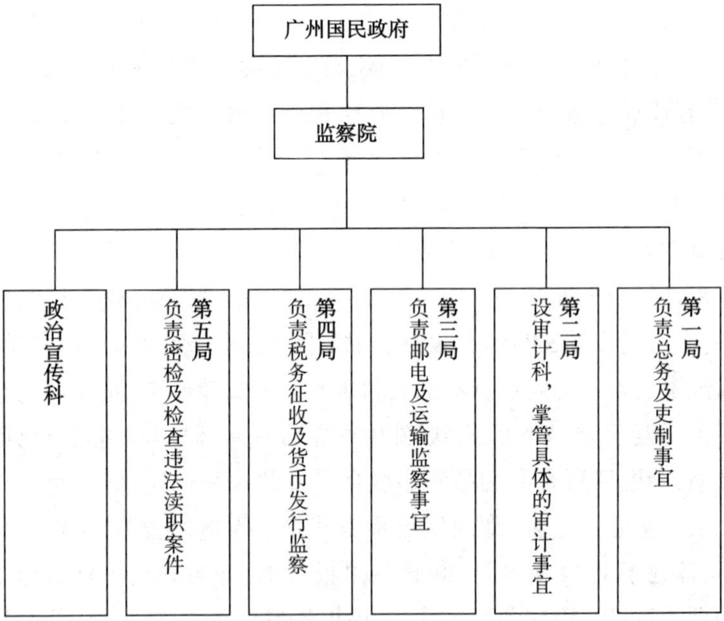

图5.3 广州国民政府监察院

(据1925年7月《国民政府监察院组织法》编制)

《组织法》公布仅两个多月,1925 年 9 月 30 日,国民政府又公布修正《国民政府监察院组织法》。监察院设三局一秘书处,仍于第二局设审计科。其职责进一步具体为:审查国库收支预算、决算;监察国库收支事务;监收公共工程及监视官业公产投标事项;编成国库收支统计(见图 5.4)。

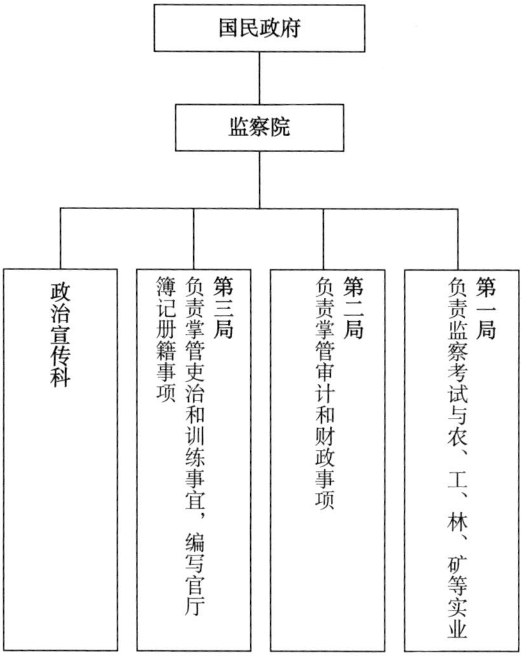

图 5.4　中华民国广州国民政府监察院

(据 1925 年 9 月修正后的《监察院组织法》编制)

1927 年 11 月 5 日,国民政府第三次修正《监察院组织法》,改科为司,以第三司掌理审计事务。但未及此法实施,旋以中央为整理财政之由,另设部门掌理审计事务,1928 年 7 月 1 日,国民政府宣布于监察院之外,另设审计院,行使审计职权。据《审计院组织法》规定,审计院职掌监督预算之执行,审核国家岁出岁入之决算。审计院隶属于国民政府领导,置院长 1 人,由国民政府特任;副院长 1 人,由国民政府简任。审计院下设秘书处,办理院长交办事务;总务处,掌理本院文书会计庶务事项;第一厅分掌监督预算执行事项;第二厅分掌审核决算事项。为了完善各项工作,审计院在常设机构之外,又建立两个专门机构,即审计院院务会议和设计委员会。

至于地方审计机构,《审计院组织法》第2条虽然规定"国民政府于必要时得酌设审计分院",但由于当时处战乱之余,财力尚未充实,无法兼顾,故未及筹设。在这种情况下,各省出于自身管理的需要,乃自设委员会代行审计职权。其经费开支,人员聘用,皆由地方政府自理。如湖北、湖南、江西等省,均有此组织。

1928年,依《国民政府组织法》规定,监察院设审计部,行使审计职权。但因监察院人选更迭,诸位财政学者对审计部组织主张不一,故久未正式成立。直至1931年2月21日,国民政府命令撤销审计院,成立审计部。

1929年9月公布的《修正国民政府监察院组织法》第13条规定,审计部掌理审核政府所属全国各机关决算及计算;监督政府所属全国各机关预算之执行;核定政府所属全国各机关收入命令及支付命令;稽查政府所属全国各机关之冒滥及其他关系财政之不法或不忠于职务的行为。《审计部组织法》规定,审计部直属国民政府监察院,部下设两个厅和一个秘书处。在京各机关之审计、稽查职务,由部内审计、协审、稽查兼理,审计部得设驻外审计、协审、稽查,分别执行职务。1933年9月,增设第三厅,并对三厅的职掌进行调整。第一厅掌理政府所属全国各机关事前审计事务;第二厅掌理政府所属全国各机关事后审计事务;第三厅掌理政府所属各机关稽查事务。第三厅的成立,是为稽查职权推行之始。

为了使审计权普遍推行,严密监督财政,设立地方审计机构之事又提上了议事日程。1929年的《审计部组织法》第15条规定:"审计部于各省设审计处,掌理各该省内中央及地方各机关之审计、稽查事务。"为了使地方审计机构的设置有章可循,经过多年的酝酿,1932年6月17日,国民政府公布了《审计处组织法》。该组织法规定审计部于各省省政府所在地或直隶于行政院之市市政府所在地设审计处,中央及各省公务机关、公有营业机关,其组织非由行政区域划分者,经国民政府核准,得由审计部设审计办事处。审计处下置四组:第一组掌理本省或本市内中央及地方各机关事前审计事务;第二组掌理本省或本市内中央及地方各机关事后审计事务;第三组掌理本省或本市内中央及地方各机关稽查事务;总务组掌理本处文书、统计、会计、庶务及其他各组交办事务。审计办事处按事务繁简分为甲种和乙种,甲种审计办事处人员编制和职掌与审计处大致相同,乙种审计办事处人员稍微少些。

1935 年 4 月,江苏、浙江、湖北、上海四省市审计处及津浦铁路审计办事处成立,这是审计部设置直属审计机构,审核地方政府财政的开始。同年 11 月,国民党第四届中央执行委员会第六次会议作出就各行政区域遍设审计机构的决议。此后,陕西、河南、广东、湖南、贵州、四川、福建、江西、广西、甘肃、安徽、云南、重庆、山东、山西、河北、青海、台湾等在 1936 年至 1947 年间相继成立地方审计机构。即使在抗日战争时期,许多省审计处屡经迁移,颠沛流离,但仍坚持工作,甚至在战火中宣告成立,积极推进审计制度。继津浦铁路审计办事处之后,国民政府还设立了盐务总局、国库总库、西南铁路、西北铁路、京沪区铁路管理局、中国纺织建设公司、国营招商局等审计办事处,并且对一些性质较为重要及收支繁复的机关进行派驻审计,其在重庆、赈济委员会、资源委员会、国库总库、交通部、经济部、税务署、盐务总局、农林部、内政部、陇海宝天铁路局、粤汉湘桂黔桂各铁路局、粮食部四川粮食储运局、复兴公司、甘肃油矿局、花纱布管制局、中国茶叶公司、经济部工矿调整处、第二十四工厂、第二十五工厂、邮政总局、中央银行、中国银行、交通银行、农民银行、中央信托局、教育部、经济部日用必需品管理处、粮食部民食供应处、资渝钢铁厂、钢铁迁建委员会、电信总局、全国合作社物品供销处、京沪区铁路管理局等设立驻审室。有些单位原是设驻审室的,后升格为审计办事处,如盐务总局、国库总库、重庆市政府等;有的则于设立后不久撤销,如赈济委员会、农林部、内政部、中国茶叶公司、工矿调整处、资渝钢铁厂。据粗略统计,这一时期各省审计处派驻省属机关就地审计者,共达380多个单位。国民政府对地方县的财政监督,主要采取抽查审计的办法,即责成各省审计处,编配小组,分期派赴各县实地抽查。

国民政府时期,在建立健全审计机构的同时,还进行了审计人员队伍的建设,规定了各类审计人员的任职条件、保护措施、限制兼职及回避原则等。

1928年3月公布的《审计院组织法》规定了审计、协审的任职资格,以在国内外大学或专门学校修习政治经济之学3年以上毕业并对财政学或会计学有深湛研究者充任。为了保护审计人员能秉公执法,免遭打击报复,组织法还规定审计院院长、副院长、审计、协审,非经法院褫夺公权或依惩戒法受惩戒之处分,不得令其退职。组织法还规定审计院副院长、审计、协审在职中不得兼任其他官职,为律师或会计师,兼任商店公司或国有企业机关之董事、经理或其他重要职务,院长不得兼任后两项职务。1929年10月公布的《审计部组织法》对审计人员的任职条件作了进一步补充,规定审计须具有下列资格之一者充任:(1)曾任国民政府简任以上官职,并具有协审、稽查资格者;(2)现任最高级协审、稽查1年以上,成绩优良者。协审须具有下列资格之一者充任:(1)曾在国内外专门以上学校习经济、法律、会计之学3年以上毕业,并有相当经验者;(2)曾任会计师或关于审计之职务3年以上,成绩优良者。稽查须具有下列资格之一者充任:(1)于其稽查事务所需学科曾在国内外专门以上学校,修习3年以上毕业,并有相当经验者;(2)于其稽查事务曾任技师或职官3年以上,成绩优良者。以上规定比较全面地从专业领域学历、从事专业工作经验、工作成绩三个方面来选拔各层次审计人员。

1939年3月颁布的《审计部组织法》规定了对专业审计人员回避的原则:审计、协审或稽查,与被审计机关之长官或主管会计出纳人员为配偶或有七亲等内之血亲或五亲等内之姻亲关系时,对该被审计机关之审计事务,应行回避,不得行使职权;因其他利害关系显有瞻徇之者,亦同;审计、协审或稽查,与被审计之案件有利害关系时,对该案件应行回避,不得行使职权。以上可以看出,这一时期对审计人员个人和被审计机关、被审计案件之间的利害关系给予了重视,因为其利害关系或多或少影响到审计的结果。因此,政府规定了一系列的原则,以限制或削弱这种影响。这对于增强审计的客观公正性是有益的,并且从审计人员这一侧面,体现了审计独立性的本质特征。

二、南京国民政府时期的审计法规

国民政府时期,制定了不少的审计法规。1925 年 11 月,国民政府公布《审计法》17 条、《审计法施行规则》18 条和《监察院单据证明规则》20 条,这些法规与北京政府颁布的审计法规内容相差无几,在此不进行赘述。

1928 年 4 月,国民政府公布《审计法》。这次《审计法》在事前审计方面有所突破,在此之前,北京政府和广东国民政府所订审计法规均侧重于事后审计监督。《审计法》规定:凡主管财政机关之支付命令,须先经审计院核准,支付命令与预算案或支出法案不符时,审计院应拒绝之;审计院对于支付命令之应否核准,应从速决定之。除有不得已之事由外,自收受之日起,不得逾 3 日;凡未经审计院核准之支付命令,国库不得付款,违背本条规定者,应自负其责任。同年 9 月,审计院正式开始核签支付命令,从此,主管国库及税收机关,自收自支之弊稍杀。国家预算制度,年有进步,与行使事前审计不无关系。除此之外,《审计法》在对决算及收支计算的审查,对经管征税或他项收入的审查,以及审计中的查询调阅计算书、证据或证明书之权,审计后的发给核准状或驳复、赔偿处理,委托审计等,均与北京政府时审计院所订法规相同。

1928 年的《审计法》取消了审核国债用途办法,但是,自 1927 年至 1931 年,正是借国债高峰,政府连年用兵,大部款项均取自借款。对于这项庞大的国债用途,理当进行审查。

1928 年 11 月,国民政府通令施行《审计法施行细则》。其中对审计工作某些具体规定值得注意:在事前审计方面,细则规定各机关应于每月15日以前,依预算案范围编造次月份支付预算书,送由财政部查核,转送审计院备查;对事后审计,细则规定采取定期报送详审的办法,各机关应于每月经过后15日以内,编成上月收入计算书、支出计算书、收支对照表、贷借对照表、财产目录连同收支凭证单据及其他表册,送审计院审查。为确保审计院对财政收支的审核,防止逃脱和遗漏审核,细则规定凡应送审计院审查之支付预算、收入计算、支出计算及其他书册报告,在未经审计院审核以前,各主管机关不得准予核销备案,以解除其责任。细则还补充规定各机关长官或经营出纳人员交代时,应将经营款项及物品详列交代清册,移交接管人员,由该机关长官呈报上级机关,转送审计院备查。

审计院自成立后,还制定了一系列本院的规章制度,如《审计院分掌事务规则》《审计院院务会议规则》《审计院办事通则》《审计院公报室暂行规则》等,使审计院在四年的工作中,基本上有章可循。

1929年10月,国民政府公布了《审计部组织法》,如前所述,对审计部的机构设置、人员编制、各厅职掌等作了规定,并且明确了审计、协审、稽查的任职资格以及不得兼任他职和随意免职、停职等。

1931年撤销审计院成立审计部后,审计法仍沿用1928年成立审计院时公布的《审计法》,一直到1938年5月3日,国民政府才公布施行新的《审计法》。这次对《审计法》的修正是民国审计立法中比较重要的一次:一是增加了许多新的内容,新修正的《审计法》共56条,比旧法增加了33条,其中最突出的是把稽查及就地审计制度纳入条文之内,审计职责范围扩大,执法力度加强;二是此法不仅注重财政支出合法性审计,也注重财政支出合理性、经济性审计,把事前审计与事后审计,送达审计与就地审计、巡回审计等结合起来,在科学性、完整性、严密性上超过以往任何一次立法;三是此法实施了较长一段时期。

在《审计法》颁布的基础上,其他一些作为补充之用的审计法规也陆续颁布,其中比较重要的是:1938年7月颁布的《审计法施行细则》,1939年3月的《审计机关稽查各机关营缮工程及购置变卖财物办法》,1941年9月的《审计部及所属各处办理各机关就地审计事务暂行规则》《审计部各省审计处抽查县市财务暂行办法》,1943 年 2 月的《巡回审计办法》,1943 年 8 月的《田赋征实及征购粮食审计规则》,1943 年 10 月《公有营业及公有事业机关审计条例》。除此之外,各省审计处、各部门审计办事处根据自己实际情况,也订有审计法规,如《浙江省审计处处理事前审计暂行办法》《审计部湖南省审计处巡回审计办法》《湖南省县地方机关会计报告送审办法》《津浦铁路审计办事处审核津浦铁路收支办法》。

三、大案要案

在国民党腐败统治的大背景下,审计人员自身素质良莠不齐,出现了审计人员贪赃枉法的情况。按有关法规,所有工程招标拍卖等案件,均须审计机关到场监标。江西省审计处主任黄凤铨竟乘此机会大发横财,无论大小标案,如不事前打点,则借词推翻,不予决标。主办机关无可奈何,只得投其所好。1946 年 4 月,江西省供应局标卖 19 粮秣库库粮一案,原已当众开标,但黄凤铨却另行串通"宝丰"米厂,要求重新比价,硬将未向其行贿的原决标案推翻,后"宝丰"米厂将其获利之一半送与黄凤铨。1946 年 5 月,江西省田粮处处理"大利"米厂欠缴 1945 年以前沿江疏散赋谷 400 余万斤案,由黄凤铨核标,黄遂向"大利"米厂暗索大米数十万斤。1947 年年初,省供应局标卖破旧降军服装一批,黄凤铨诈索标商手续费 10 余两黄金。1947 年 5 月,省供应局标卖废铁废品,黄凤铨逼缴黄金 5 两,方允决标。同期,新建县政府定期标卖赋谷 2000 石,请审计处监视,黄凤铨一面逼令该县改期,一面暗示开标途径,由此索得 2000 万元。此案引起了社会的强烈不满。讽刺的是,黄凤铨在当时还是具备了相当审计专业知识的官僚人才,甚至撰写过《中国现行事前审计制度》一书。可见,虽然近代中国引进了一些新式的审计制度和审计理念,但由于国民党政府的腐败无能,使制度设计与现实之间充满了重重矛盾。

第六章　革命根据地时期的审计法律制度

第一节　革命根据地时期的社会背景与审计思想

一、革命根据地时期的社会背景

1919年爆发的五四运动，是中国革命从旧民主主义革命时期转变到新民主主义革命时期的标志。1921年7月，中国共产党在上海成立。中国共产党成立后，领导了全国的工人运动、青年运动和农民运动，并在巩固广东革命根据地之后，与国民党共同进行了北伐战争，取得了重大的胜利。

1927年，蒋介石、汪精卫相继背叛革命，残酷屠杀革命党人。中国共产党为挽救革命，先后发动南昌起义、秋收起义和广州起义，开始了第二次国内革命战争。秋收起义后，毛泽东率领部队到达井冈山，创立了第一个农村革命根据地。随着斗争的发展，党创建了中央革命根据地和湘鄂西、海陆丰、鄂豫皖、琼崖、闽浙赣、湘鄂赣、湘赣、左右江、川陕、陕甘、湘鄂川黔等根据地。1934年10月，由于王明"左"倾冒险主义的错误领导，使红军遭受严重的损失，中央红军主力被迫进行长征。1935年10月和1936年10月，第一方面军和第二、四方面军先后到达陕北，胜利完成长征。

1937 年七七事变爆发后,国共两党第二次合作,开始了合作抗日。中国共产党领导的红军先后改编为八路军和新四军,挺进敌后,建立抗日根据地。到 1945 年抗战胜利前夕,全国已有 19 个大的解放区:陕甘宁边区、晋察冀边区、太行区、太岳区、冀鲁豫区(太行区、太岳区、冀鲁豫区一般统称晋冀鲁豫边区)、山东区、晋绥边区、苏北区、苏中区、浙东区、苏浙区、淮北区、淮南区、皖江区、豫西区、鄂豫皖区、湘鄂赣区、东江区、琼崖区。抗日战争胜利以后,国民党反动派于 1946 年悍然发动了战争,从此进入了第三次国内革命战争时期。随着解放战争的胜利发展,解放区相继扩大,逐渐连成一片。1949 年,全国绝大部分地区获得解放,10 月 1 日,中华人民共和国成立。

革命根据地时期,各革命根据地政权机构不尽相同,并且变动频繁,此处选择几个较有代表性的略作介绍。

根据 1934 年 2 月颁布的《中华苏维埃共和国中央苏维埃组织法》,第二次国内革命战争时期,全国苏维埃代表大会是中华苏维埃共和国的最高政权机关,中央执行委员会是全国苏维埃代表大会闭幕期间的最高政权机关,人民委员会为中央执行委员会的行政机关,负指挥全国政务的责任。人民委员会下设外交、劳动、土地、军事、财政、国民经济、粮食、教育、内务、司法各人民委员部以及革命军事委员会和工农检察委员会。除此之外,中央执行委员会下设立最高法院和审计委员会。1933 年的《中华苏维埃共和国地方苏维埃暂行组织法》规定,地方省、县、区、市各级执行委员会或苏维埃财政部下,均设财政委员会。省及中央直属市执行委员会下设审计委员会,隶属于中央审计委员会,同时受省及中央直属市执行委员会及主席团的指导节制(见图 6.1)。

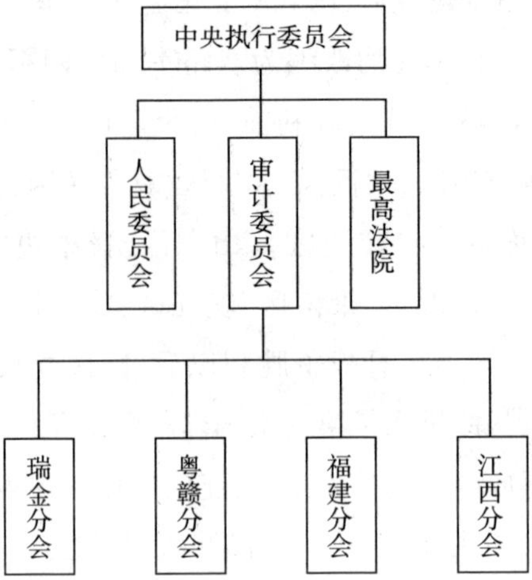

图 6.1　中华苏维埃共和国中央执行委员会

(据 1933 年《中华苏维埃共和国地方苏维埃暂行组织法》、
1934 年 2 月《中华苏维埃共和国中央苏维埃组织法》制)

抗日战争时期,边区建立抗日民主政权。1939 年 4 月公布的《陕甘宁边区政府组织条例》规定,边区政府下设秘书处、民政厅、财政厅、教育厅、建设厅、保安司令部、保安处、审计处。1942 年,华中各抗日民主根据地财政管理系统则有两套班子:一是区党政军委员会下设财委会与审委会,为党内领导机关;二是行政公署下设财经处,县政府下设财经科,区署下设财经股。解放战争时期,随着解放区的不断扩大,人民政权机构在原有的基础上不断充实和完善。1948 年 10 月公布的《华北人民政府各部门组织规程》规定,华北人民政府下设民政部、教育部、财政部、工商部、农业部、公营企业部、交通部、卫生部、公安部、司法部、华北财政经济委员会、华北水利委员会、华北人民法院、华北人民监察院、华北银行、秘书厅、劳动局、外事处。第二次国内革命战争时期,根据地建立之初,财政征收途径单一,收入极为有限。当进行了土地革命,广大农民获得了土地,农村经济得到了恢复和发展的时候,工农民主政府的财政收入就及时转移到经济事业发展的基础上来。苏区的财政收入,税收主要是商业税和农业税,实行统一的累进税。财政支出则主要用于革命战争、红军和政府工作人员的生活费、各级政府办公费、教育费、兴办各项事业的投资等。在这种情况下，建立统一的财政制度，成为苏区政权建设的当务之急。当时，由于客观上的战争环境和主观上的游击思想，财政工作往往各自为政，各县、区、乡财政收入与支出没有统一的支配和统计，更没有做预算和决算，各地政府财政收支参差不齐，也没有建立起统一完备的账目制度。当时革命队伍中的同志，大部分农民出身，没有管理财政的经历和实践，加上苏区交通不便，信息不通，这给财政的统一管理和监督也带来很大困难。总之，随着红军和根据地的不断扩大，军费和给养的不断增加，必须进一步发展经济、保证供给，加强对财政和其他经济活动的管理和监督。中央工农民主政府成立以后，决定在中央根据地实施统一财政，颁布了《中华苏维埃共和国暂行财政条例》，明确规定财政部门的组织系统、隶属关系和各级财政部门的职责；建立统一的预决算制度、会计制度和金库制度；严格财政纪律，反对贪污浪费。

抗日战争时期，各根据地情况错综复杂，财经管理监督因时因地而不相同，但大致上都经历了从分散到集中统一，由缺乏条理走上正规的过程。抗日民主政权建立后，随着经济的发展，农业税成为根据地财政收入的主要部分。根据地财政逐步走向健全和统一，建立了各级财政机构，制定了各项财政政策和制度。

解放战争时期，为适应变化了的情况，各个老解放区相继进行了土地改革，在征收农业税上将原有的“统一累进税制”改变为“比例税制”。除此之外，还征收各种工商税，如入口货物税、酒税、纸烟税、交易费、工商营业税等。解放战争爆发后，为集中财力物力，保障战时供给，解放区政府在财政上强调集中统一，实行统筹统支的战时财政体制，进一步健全预决算和会计、审计制度。当时为适应变化万端的战争形势，党采取了原则性和灵活性相结合的办法。如在战役进行中，政权系统上下失去联系，驻地不详，转移频繁，不可能执行预算程序时，均用以决代预办理。或者有些临时性的开支很难预料，有些本应先经批准而后支出的事项，因难以及时请示必须急于开支的等，对此，各级领导均灵活掌握，只要符合实际情况，报批单位如实说明，开支合理，都给予审批核销。

二、革命根据地时期的审计思想

1927年，毛泽东在井冈山创建了第一个农村革命根据地。1931年11月，中华苏维埃临时中央政府在瑞金成立。为巩固刚诞生的红色政权，克服和制止乱收乱支、贪污浪费现象，各根据地的一些地方苏维埃政权设立了经济审查委员会等组织，清理财政收支，查处贪污浪费，开展节省运动等活动。1932年8月，根据中央人民委员会的决定，中央政府财政部设立审计处。1933年9月，苏区中央政府成立审计委员会，该委员会由中央人民委员会直接领导，独立于财政委员会之外，负责监督、检查各项财政收支的执行情况。1934年2月，中华苏维埃第二次全国代表大会通过《中华苏维埃共和国中央苏维埃组织法》，再次对苏区审计体制进行改革，规定中央审计委员会直接由中央执行委员会领导，与中央人民委员会、中央革命军事委员会、临时最高法庭并列，其成员由中央执行委员会主席团委任，这样就提高了审计机构的地位和权威。中央执行委员会公布的《中华苏维埃共和国中央政府执行委员会审计条例》以法规形式确定了苏区审计的基本性质、地位、任务、职权、程序和方法。中央审计委员会依据审计条例，先后开展了对中央政府各厅、部及瑞金直属县、粤赣省苏维埃财政预决算的审计，并开展了对中央印刷厂、中央邮政总局、苏维埃国家银行等中央单位及群众团体的财务收支审计活动。每次审计结束，中央审计委员会都在中华苏维埃共和国临时中央政府机关报《红色中华》上公布审计结果报告，使审计工作具有透明度和公开性。

1934年10月，第五次反“围剿”失利后，主力红军被迫撤离中央革命根据地，开始了二万五千里长征。1935年10月，中共中央和中央红军胜利到达陕北。1937年2月，中华苏维埃临时中央政府设立了国家审计委员会，发布了一些具体规定，规定中强调建立预、决算制度和审计制度。9月，陕甘宁边区政府正式成立，内设审计处。1939年1

月，边区参议会经过立法程序，通过了《陕甘宁边区政府组织条例》。该条例规定在边区政府下设审计处，并赋予审计处八项职权，从而确立了审计的法律地位。12月，中共中央决定，中央财政经济部建立会计处和审计处，对陕甘宁边区党政军的经费开支进行集中管理和审计，边区政府审计处随即撤销。1940年10月，中央财政经济部撤销，在党中央机关、军队系统、边区党政机关按系统分别设立三个财经处，在财经处内设审计科。这时，名义上恢复了边区政府审计处，但实际工作由财经处审计科办理。1941年9月后，边区财经处撤销，审计处实行独立，各分区、县市开始设审计员。在审计监督实践中，还制定了《各分区县市审计工作暂行规程》《审计制度示范》等一系列审计法规。在抗日战争的大背景下，各个抗日根据地持续开始节约各项收支、防止贪污浪费的活动，各个抗日根据地的审计机构逐步建立起来，开展了卓有成效的工作。1945年8月日本投降。1946年6月国民党政府发动了全面内战，中国革命进入解放战争时期。随着解放区的扩大，西北、华北、华东、东北等解放区根据所在区域的政治、军事、经济等方面的具体情况，分别建立了适合本地实际，较为独立、完善的审计体系和审计制度。1946年陕甘宁边区颁布了《陕甘宁边区审计暂行规程》。1948年10月陕甘宁边区政府、陕甘宁晋绥联防军司令部和中国共产党西北中央局联合颁布《陕甘宁晋绥边区暂行审计条例》。山东省政府颁布了《山东省暂时审计规程》，晋冀鲁豫边区政府颁布了《边区级党政民学审计制度》，华北人民政府发布实施了《华北区审计规程》。各解放区的审计机构都将支出预决算审计作为工作重点。

在新民主主义革命时期，中国共产党领导的根据地和解放区的审计处于革命战争年代，有其鲜明的特点。

第一，中国共产党及其领导的人民政权、人民军队，均十分重视审计工作，建立了适应革命战争需要的颇具特色的审计体制。土地革命战争时期，中央审计委员会由中央执行委员会直接领导，与人民委员会、中央革命军事委员会、临时最高法庭并列，并形成了垂直管理的分级审计体系。抗日战争和解放战争时期，各根据地、解放区审计委员会大多由党、政、军主要领导组成,具有很高的权威性,有利于加强对审计工作的领导,提高审计监督的地位。具体承担审计事务的审计工作机构,尽管与财政机关时分时合,但审计职能一直独立存在,审计工作基本没有中断。这种审计工作的领导机关与具体办事机构并存的体制,在中国审计史上实属独创,体现了审计工作在革命战争年代的重要地位。

第二,各革命根据地、解放区注重审计法制建设,紧密结合实际情况制定了一些比较实用的审计法规,对审计机关的设置、审计职权、审计方法和程序有较为具体明确的规定。到解放战争时期,各解放区的审计法规基本形成体系。此外,审计机关还参与制定了一些财政管理方面的规章制度。

第三,各革命根据地、解放区紧紧围绕革命的中心任务开展审计工作,重点突出。中国共产党领导的革命,目的是用革命的武装斗争夺取全国政权。一切为了革命,一切为了战争,因此节省每一分钱就成为审计的根本目的。在革命根据地、解放区财政经济极为困难,维持革命战争的经济来源有限的情况下,审计工作以监督财政预决算为核心,重点审计经费支出,突出事前审批职能。这些做法在革命战争年代有着很强的针对性和实用性。在审计工作中,审计人员表现出对革命事业高度负责的精神,坚持原则,严肃认真,为革命根据地审计法制事业的不断发展作出了重要贡献。

中国共产党领导的革命根据地的审计法制事业,经历了土地革命时期、抗日战争时期、解放战争时期,采取了革命的战时审计体制。在特定的历史环境下,虽然尚未形成全国统一的审计法律制度和法律体系,审计法律制度尚不完善,但审计对中国革命事业的历史贡献十分明显。审计工作在稳定、发展革命根据地的财政、经济、开源节流、支持革命战争、防止贪污浪费、保持廉洁奉公的革命本色等方面发挥了积极作用,并为新中国成立初期继续实行审计法律制度和改革开放后社会主义审计法律制度的创建提供了宝贵经验。

第二节 中央苏区的审计法律制度

一、中央苏区的审计机构

土地革命时期,根据地最早出现的审计机构是地方各级苏维埃政府成立的财政(经济)审查委员会。中华苏维埃共和国临时中央政府成立后,先在财政组织系统内设立了审计机构。1934年1月在瑞金召开的中华苏维埃第二次全国代表大会后,临时中央政府在中央执行委员会设立了专门的审计机构——中央审计委员会。

(一)地方苏维埃政府财政(经济)审查委员会

各级苏维埃政府成立初期,国民党政府加紧对各革命根据地、苏维埃政权的经济封锁,造成革命根据地财政来源枯竭,财政紊乱的现象比较普遍地出现,各级苏维埃政府清醒地认识到问题的严重性。为巩固革命政权,不使苏维埃走向颠覆的末路,制定了鼓励商业流通,允许中小商人正常营业,开征累进税等政策,发展苏区经济。在开辟财源的同时,整理财政,统一财政,堵塞财政支出漏洞,肃清以前各级滥行开支的流弊。在树立财政观念,实行财政公开的同时,各革命根据地政府逐步探索加强财政监督的措施和途径。

鄂西革命根据地较早地建立了财政预算和决算制度,并开展了对财政的监督、检查。1929年8月,鄂西特委针对各县苏维埃政府经费不按规定开支以及浪费现象,要求政府、农民协会建立预决算制度,将每月的经费收支向群众公布,并经过群众审查。12月,鄂西特委代表大会通过的《经济问题决议案》再次强调要建立经常性的预算和决算,纠正各县坐支收入、自行滥用的错误做法,各县的预算和决算,交由特委审查和批准。

1930年3月18日至24日,闽西召开了第一次工农兵代表大会,成立了闽西苏维埃政府,通过了大会宣言和各项决议案,制定了土地法、劳动法等多项政策法令。会议要求各县政府组织财政审查委员会整理财政。为推动统一财政工作的进程,彻底纠正基层政府财政收支方面存在的种种不良倾向,闽西苏维埃政府于9月召开第二次工农兵代表大会。大会对第一次会议作出的各种决议案和法案进行了修正。在《修正财政问题决议案》中,再次强调成立财政审查委员会整理财政,不仅县政府,各级政府都要成立财政审查委员会。

在此前后,江西省的修水、万载等县成立了经济审查委员会,其他革命根据地也相继成立了具有审计职能的类似组织。如1931年7月,琼崖苏维埃政府成立了财政支销检查委员会,8月鄂豫皖区苏维埃政府成立了清算委员会。

中华苏维埃共和国临时中央政府成立后,中央执行委员会第一次会议讨论通过了《地方苏维埃政府的暂行组织条例》,这是临时中央政府成立后,制定颁布的有关地方苏维埃政府组织建设的第一部法规。条例第51条规定"为审查各级苏维埃政府的财政起见,得组织审查委员会担任这个工作",审查委员会的委员由上级或本级执行委员会主席团任命。

该条例颁布后,各级苏维埃政府相继成立的审查委员会开始整理、清查过去的账目。1932年3月,中共湘鄂临时省委向省苏维埃第一次执行委员会扩大会提议,组织审查委员会,彻底清查过去各级苏维埃政府的一切账目。湘鄂赣省、江西省也先后通过有关会议、决议,提出实行审查制度,组织财政(经济)审查委员会清理账目的要求。

1932年12月29日,川陕省临时革命政府成立,建立川陕革命根据地,同时组织监督机构实施对财政预算和决算的审查。在组织机构的设立上分为两个阶段。1933年2月,川陕省临时革命政府颁布《川陕省苏维埃组织法》,规定省设工农监察委员会,审查苏维埃预算、决算;县设财政委员会,审查各区账目;区设经济委员员,审查各乡账目。1934年10月,中共川陕省第四次党员代表大会通过《财政经济问题决议案》，提出各县成立经济审查委员会负责批准预算，审查决算。

在革命根据地初步建立和形成以财政（经济）审查委员会为主要形式的审计制度，具有如下特征：一是地位较高，具有较强的独立性。审查委员会委员由上级或本级执行委员会主席团任命，独立于其他任何部门，向主席团负责并报告工作。二是实行上审下制度。这种制度有利于财政统一，增强了财政的计划性，在一定程度上控制和减少了浪费。三是与行政监察联系密切。鄂豫皖苏区曾规定，各级进行清算时，工农监察委员会代表出席监视，发现腐化舞弊案交由监察委员会查办。对于决算，在上级审查和批准的同时，监察委员会要进行监察。

（二）中央财政人民委员部审计处

临时中央政府成立以前，革命根据地没有明确统一的财政经济政策，地方各级苏维埃政府和各部队缺乏财政统一观念，普遍没有建立预算、决算制度，乱收乱用现象严重，造成有限财力的分散、浪费。临时中央政府成立后，统一财政成为政府经济建设中一项非常重要的工作。1931 年 12 月，为实现革命根据地财政的统一，临时中央政府先后颁布《中华苏维埃共和国暂行财政条例》《人民委员会训令（财字第 2 号）》。由于战争原因，各级地方苏维埃政府财政困难，有的财源枯竭，入不敷出，而中央政府的政策与各地实际情形并非完全相符，表现为过多地从中央政府的角度强调财政的统一，对地方政府的考虑略显不足。

早在中央财政人民委员部设立审计机构前，一些地方苏维埃政府财政系统就已经设有审计机构，开展了审计监督。如 1931 年 12 月 18 日，湘鄂赣省工农兵苏维埃政府东南办事处召集各县、各区财政委员联席会议，接受省苏维埃政府财政问题决议案，并根据鄂东南实际情形，提出了今后整理财政的具体办法，规定办事处财政科设审计股，审查各机关、各部队的预算和决算。

1932 年 8 月 17 日，中央人民委员会第 22 次常务会通过《财政部暂行组织纲要》，规定在中央财政人民委员部设审计处，省财政部设审计科。审计处的职责是:审核国家总预决算,检查会计账目,审核国家预备费支出,检查国库现金、存款。

各革命根据地积极落实临时中央政府建立审计制度的规定,但由于当时条件的局限,也存在不足。湘鄂赣省在 1932 年 8 月以前,省财政部仅有代理部长 1 人,会计、文书各 1 人。1933 年 11 月,湘赣省苏维埃政府通过了《财政经济问题决议案》,要求全省各级财政部有系统地统一收支,建立审计制度,惩治浪费、贪污。由于政府机构不够健全,建立审计制度的规定并未完全落实,审计工作开展不够正常。在财政管理工作较好的福建省,审计制度也没有被很好建立。1932 年 12 月,福建省苏维埃政府在总结一年来的工作时指出,一个月以前"就是省财政部也没有审计科",政府部门虽有分工但不很科学。成立了审计科的省,有的对各县报送的预决算未加审查便转报中央财政部。

审计处、审计科不承担对财政系统内部的监督,而代表上一级政府对下一级政府财政预决算进行审查。这是政府权力的具体体现,是当时政府审计监督的一种形式。

(三)中央审计委员会

根据中央人民委员会财字第二号训令,各省苏维埃从 1932 年开始组建财政行政系统。由于财政仍未彻底统一,各级政府习惯于承袭过去自由开支的做法,预算、决算制度只在部分地区被建立起来,财政管理中仍存在一些问题。财政制度不健全,缺乏必要的内部控制制度,财政管理较乱。财政人民委员部成立后,因机构不健全,工作人员少,1932 年 7 月、8 月前只有一两个人,工作难以有效开展。至 9 月以后,财政部的各项工作才正常起来。1933 年 9 月 15 日,中央人民委员会召开第 49 次会议讨论新的财政计划。新计划对中央财政部公债局、税务局、国有财产管理局等内设机构进行了调整。会议通过了中财部拟定的新财政计划,同时,决定了七个方面的工作,成立了审计委员会。审计委员会隶属于中央人民委员会,独立于财政部门,专司审计职能。中央审计委员会的成立,使审计职能从财政管理机关中独立出来，表明审计监督制度发生了新变化。1934 年 2 月 3 日，第二届中央执行委员会举行第一次会议，选举了中央政府领导班子。会议通过了《中华苏维埃共和国中央苏维埃组织法》，该法规定，中央执行委员会下设中央审计委员会，负责审核国家岁入与岁出，监督国家预算执行。审计委员会由 5 人至 9 人组成，由中央执行委员会主席团任命，设主任、副主任各 1 人，其他人员按需设置。中央审计委员会法律地位的变化，标志着苏区审计体制的重大变革，审计工作迈入了新的发展阶段。

中央审计委员会成立后，江西、福建、粤赣等省及中央直属县瑞金相继成立了中央审计委员会分会。红军到达陕北后，中华苏维埃共和国中央政府也随迁到陕北，审计机构继续存在，中央审计委员会改称国家审计委员会。

二、中央苏区的审计法规

中央审计委员会成立后不久，为了加强审计机构对一系列财经活动的监督，保证这些措施的切实贯彻，1934 年 2 月 20 日，中央执行委员会第二号命令公布了《中华苏维埃共和国中央政府执行委员会审计条例》（以下简称《审计条例》）。这是中国共产党建立人民政权以来第一部审计法规。

条例共 19 条，规定了建立审计监督制度的目的、审计职权、审计体制、审计范围和任务、审计工作报告制度、审计程序等。条例规定，中央审计委员会审查岁入岁出总预决算以及全国行政费预决算，海陆空军预决算，经济建设收支预决算，由中央政府发补助费的群众团体预决算。中央审计委员会分会审查省苏维埃及省一级机关，中央直属市县及市区苏维埃预决算，各县市苏维埃预决算，地方武装预决算以及中央审计委员会命令办理的审查事项。各级苏维埃预算和决算由中央财政人民委员部汇编后，须经中央审计委员会审查，人民委员会通过，中央主席团方予批准。条例还规定，中央审计委员会有拒绝审查决算的权力。中央审计委员会分会，对逾期不做决算、不按规定表式填载、不附送单据的，可以拒绝审查。在预算、决算审计时效性方面，条例规定，预算、决算书送达中央审计委员会及分会，除特殊情况外，预算须于5天内审查完毕，决算的审查也不得超过10天。中央审计委员会及分会对下级苏维埃财政收支，认为有调查必要时，可以随时派遣审计员实地调查。

条例规定了审计处理和复议的办法。中央审计委员会及分会审查决算，认为有浪费或贪污应处罚的及应负赔偿责任的，应随时报告主席团（中央或省、中央直属县市）执行，分会同时应报告中央审计委员会。被处分人如不服，由分会处分的应提出辩明书，请求中央审计委员会审查；由中央审计委员会处分的，也应提出辩明书，请求再议，但均以一次为限。条例规定，中央审计委员会及分会必须随时检查各机关现用簿记，发现不合格的，应通知该机关更正。条例规定，中央审计委员会和分会对于审查事项，认为必要时可以委托他人或其他机关审查，受委托的人或机关，必须向中央审计委员会或分会报告审查结果。中央审计委员会在每个会计季度终了时，应将审计情况向中央主席团作出总结报告。

中华苏维埃共和国中央政府执行委员会审计条例[1]

（1934年2月20日中华苏维埃共和国
中央执行委员会命令第二号）

第一条 为着保障苏维埃财政政策的充分执行，裁判检举对贪污浪费的行为，使财政收支适合于目前革命战争的需要，特制定本条例。

第二条 本条例的实行，中央审计委员会及分会须与中央、省及中央直属县、市工农检查委员会取得密切联系，使更能吸收广大工农

[1] 参见中国审计学会、审计署审计科研所编：《中国革命根据地审计史料汇编》，北京工业大学出版社1990年版，第1页。

群众对于审计的意见。

第三条　各级苏维埃财政收支的预算和决算，由中央财政人民委员部汇编，经中央审计委员会审查，人民委员会通过，中央主席团批准。未经审查和批准的预算财政机关不得支款，决算亦必在批准后，该用款机关不能解除其责任。

第四条　各级苏维埃机关必须遵照中央财政人民委员部规定的会计季度编造预算、决算，逾期不做决算的，中央审计委员会、分会对于该机关后来的决算得拒绝审查。

第五条　预算、决算的编制须遵照中央财政人民委员会部规定的表式，详细填载，决算须附送单据，否则，中央审计委员会及分会得拒绝审查。

第六条　各级苏维埃对苏维埃机关的预算、决算，须严加审查（省及中央直属县、市的预决算，由中央审计委员会分会审查），然后送中央财政委员部，由中央财政委员部汇集加以审查后，送到中央审计委员会。

第七条　预算、决算书送达中央审计委员会及分会，除有特别情事外，预算须于五天内审查完毕，决算的审查期亦不得超过十天。

第八条　由中央审计委员会审查的事件：

一、岁入岁出的总预决算。

二、全国行政费的预决算。

三、海陆空军的预决算。

四、关于经济建设的收支预决算。

五、由中央政府发补助费的群众团体的预决算。

第九条　中央审计委员会分会审查的事项：

一、省苏维埃及省一级机关、中央直属市、县及市、区苏维埃的预决算。

二、各县、市苏维埃的预决算。

三、地方武装的预决算。

四、受中央审计委员会命令审查之件。

第十条　中央审计委员会分会得向中央审计委员会提出该省或该县市预算□□□批准，在这原则之下进行审查。

第十一条　中央审计委员会分会的职权，除本条例另有规定外，悉依照地方苏维埃组织法第186条至第192条之规定。

第十二条　中央审计委员会每会计季度之终，应将审计经过情形向中央主席团作总结报告。

第十三条　中央审计委员会及分会对于下级苏维埃财政收支，认为有调查必要时，得随时派遣审计员实地调查之。

第十四条　中央审计委员会及分会审查决算认为有浪费或贪污应处罚的及应负赔偿责任的，随时报告主席团（中央或省、中央直属县、市）执行，在分会同时应报告中央审计委员会。被处分人如不服时，在分会被处分的得提出辩明书，请求中央审计委员会审查。在中央审计委员会被处分的亦得提出辩明书，请求再议，但均以一次为限。

第十五条　中央审计委员会得编定关于审计上各种规则及表式。

第十六条　中央审计委员会及分会须随时检查各机关现用簿记，其不合格的通知该机关更正之。

第十七条　中央审计委员会及分会对于审查事项，在必要时可行委托审查，受委托人或机关须报告审查结果于中央审计委员会或分会。

第十八条　本条例如有未尽及不适宜之处，得由中央审计委员会随时提议要请求中央执行委员会主席团修改之。

第十九条　本条例自公布之日施行。

（注：文“□□□”表示原文不清）

三、大案要案

在苏维埃政权建立初期，贪污腐化、铺张浪费、官僚主义、以权谋私等腐败现象开始滋生蔓延。为巩固苏维埃政权，从中央到地方开展了把腐败分子驱逐出苏维埃的斗争。在这场斗争中，中央工农检察部起着主导作用，直接领导苏区的反贪污浪费斗争，查处了一批贪污公款、浪费公物分子。

中央苏区时期，最大的贪污案件当数于都事件。其涉及面之广、涉案人员之多、影响之大，足以使于都事件成为中央苏区“惊天第一案”。于都盛产粮食，又是粤赣省比较有斗争历史和群众基础的县，本应成为苏区各项建设的典范。然而，于都县的主要领导，工作敷衍，推诿塞责，投机牟利，贪污腐化，丧失政治立场，对人民群众的利益漠不关心，致使于都县出现了上至县苏维埃政府主席、书记，下到一些乡、区政府工作人员互相包庇，贪赃枉法的窝案。

于都县贪污案件种类繁多，贪污分子从县苏维埃政府主席、部长以至乡代表，几乎每个机关都有。于都贪污案的案件类型主要有：第一，造假账冒领公款。县军事部部长刘仕祥勾结科员共同造假账、假收据从总供给部冒领动员费400余元。第二，贪污公款做生意。县苏维埃政府主席熊仙壁强挪公款50元做生意，县委组织部部长高兴赞用保险金做生意，县劳动部部长、税务科科长也学习熊仙壁贪污公款做生意。还有一些工作人员和乡政府主席也争相用公款做生意。第三，贪污公款与公物。少共县委书记滕琼贪污群众的飞机捐款，县财政部副部长、小溪裁判部部长、潭头土地与教育部部长，以及一些乡政府主席贪污公谷及没收的烟土、钟表、戒指等各种实物。据统计，从县到区一直到乡的工作人员，贪污公款自10元到90元的查出的有90人之多。

在县委书记刘洪清、县苏维埃政府主席熊仙壁的影响下，于都县某些党与苏维埃机关工作人员，特别是负责人互相勾结竞相做进出口生意，贩卖谷子到白区，牟取私利，造成于都缺粮现象，影响群众生活，破坏苏区经济秩序。由于于都案范围广、影响大，中央工农检查部决定对一些大案要案进行公开审判。首先是审理了滕琼、刘仕祥、刘天浩、李其芳的贪污案，结果这4名贪污犯的贪污数额均超过了中央执行委员会第二十六号训令“贪污公款500元以上者，处以死刑”的规定数额。巡回法庭在全县公审大会上宣判4名贪污犯死刑，并立即枪决。另外，潭头财政部部长也在该区被审判枪决。各区共枪决反革命分子12名，其他犯罪分子也得到了应有的惩罚。对于熊仙壁贪污渎职案,临时最高法庭进行公开审理,并判处熊仙壁监禁 1 年,期满后剥夺公民权 1 年,其投机生意的利润全部没收。至此,于都事件的处理暂告一段落。

中央苏区时期,党领导的反腐败斗争的一个重要特点就是着力查处大案要案,树立反腐败斗争的典型。它不但警示了广大党员干部,密切了党群关系,培育了苏区干部的好作风,而且为新时期的反腐倡廉工作留下了宝贵的经验。

第三节 陕甘宁边区的审计法律制度

一、陕甘宁边区的审计机构

中央工农红军主力到达陕甘初期,中央仍保留长征前苏区的审计委员会,谢觉哉曾任国家审计委员会主席,审计委员会仍发挥着作用,审计委员会对各机关经费预算进行审核。

1937 年 7 月,七七事变爆发。抗日民族统一战线建立后,同年 9 月,陕甘革命根据地正式改名为陕甘宁边区,国家审计委员会撤销,中华苏维埃共和国中央审计委员会历史结束。1939 年 4 月 4 日公布的《陕甘宁边区政府组织条例》规定,边区政府之下设审计处。审计处掌理事务共 8 项:(1)审核全边区行政机关的预算决算;(2)审查全边区行政机关的公有物;(3)审核全边区征税、征粮及其他有关机关收支证据;(4)审核金库收支;(5)审核公产估价变卖;(6)审核公营事业收支;(7)审核由政府补助民营事业收支;(8)检举贪污、舞弊及浪费事件。1940 年的《审计制度示范》进一步明确规定:边区政府最高审计机关为审计处,处长承边区政府主席之命,并对边区参议会负责。审计处掌边区政府及所属各机关财务审计,应将每会计年度审计结果编制审计报告书,并就应行改进的事项,附具意见,呈报边区政府;各级政府编制的年度终决算，应送审计机关审定后，加具审查报告，由审计处汇核呈送边区政府。审计处下设四科：第一科掌理文书、会计、处务及不属于其他各科事务；第二科掌理边府及所属各机关的事前审计；第三科掌理边府及所属各机关的事后审计；第四科掌理边府及所属各机关的稽查事务。审计处设处长1人，必要时设副处长1人；各科设科长1人，科员若干人，分掌各该科审计事务。

1939年6月5日，中央书记处决定“由中财经部建立会计处与审计处，并有检查审核各机关、学校、部队的会计账目及开支情况之权”。同年冬，党中央成立了中央财政经济部，下设审计处，统一管理党政军的审计工作。当时审计处10多人，没有分科，只是按不同性质的工作或不同单位进行分工，有的几人共管同一类型的工作。对各单位的正常经费预算，是按人马多少与标准制度审查核准预算数，进行拨款。开支后编造决算，附单据送审，经审查后进行核销。

随着形势发展，人员增加，经费困难，边区党政领导机关召开经费自给动员大会，确立独立自主，统一领导，分散经营的办法，解决边区财政经济的困难。为适应各单位生产自给的新形势，1940年10月中财部撤销，党中央机关系统、军队系统、边区政府和边区党委系统，分别设立三个财政经济处，统管所属单位财政经济，发展生产，搞好供给的工作。财经处下设会计科、审计科、经济建设或生产科。边区政府财政经济处兼边区政府审计处，管边区政府与边区党委系统生产自给与经费粮秣的审核供应工作。这时的边区审计处其实是以审计科之实与财政经济处并存，只是依据所处理的工作的不同性质，分别以审计处或审计科署名。

当时各县、各机关走自给自足的道路，分散经营，各县需审查的财经工作增多。1942年初，《陕甘宁边区审计处工作报告提纲》提出要加强审计处。其理由主要是当时财政存在着各自为政的局面，总的审计工作未能加强，因此各单位自己生产自己消费，自己收入自己开支，而且亦自己设立审计工作人员或部门，自己审核，这样浪费人力又不能把握总的原则、兼顾全盘。但是，这些意见并没有引起重视。1942

年7月,审计处被撤销,边区政府和边区党委系统的审计工作,全部并入边区政府财政厅。这时,党中央及军队系统的财政,则分别由中央财经处(后改为中央财经管理局)与联防军后勤部统一管理,自给不足部分,由边区政府财政厅审核供给。中央财经处与联防军后勤部对所属经营收支审核,实际上是起决审的作用;财政厅则对边区政府所属与边区党委所属的经费开支进行决审。

在解放战争初期,陕甘宁边区的审计机构又得以重新组建,并加强了领导。1946年10月17日,《陕甘宁边区自治宪法草案》规定行政委员会下设审计处。同年12月24日,为加强边区审计工作,委任边区政府副主席刘景范兼审计处处长。12月28日,陕甘宁边区政府又颁布《建立县财政自治大纲》,明确规定"县最高审计机关应为政府委员会,日常审计事宜,应由县财政科办理"。至此,边区、分区、县三级审计系统得到了全面的建立。

1947年年初,国民党军队全面进攻陕甘宁边区。在激烈的战争环境中,边区财经会议决定取消审计委员会,将其工作并入财经办事处。部队的审计工作与财务工作没有分开,只在野战军后勤供给部设财务科,统管全军财务工作。

1948年,随着解放战争取得重大胜利,中国共产党已有大片巩固的解放区,而且将要掌握全国政权。这时,如何建立审计监督又提到了议事日程。

1948年10月1日颁布的《陕甘宁晋绥边区暂行审计条例》规定:西北财政经济委员会(以下简称西北财委会)在审计方面为边区决审权力机关,下设审计处,为其日常办事机关。陕甘宁边区政府秘书处、联防军后勤部、西北局秘书处各设立审计科,边区政府秘书处及西北局秘书处审计科各受其秘书长领导,联防军后勤部审计科,受后勤部长领导。陕甘宁边区晋绥行署所属各分区,各设立审计室,受分区财政经济委员会领导。各分区所属各县设审计员,受县委统一领导。为实行经济民主,各级政府、机关、部队、学校等应按伙食单位,以民主选举,组织经济委员会,为审计机构基层组织。与此同时,为了对军队实行统筹统支,严格审核预决算,杜绝贪污浪费及一切不当收支,1948 年 9 月 29 日,颁布《西北人民解放军野战军审计工作暂行条例》,规定西北人民野战军团以上各级财委会均兼各级审委会,团以上各级审计委员会,均设专门审计机关,在各级财经委员会领导下进行工作。野战军与各纵队各旅直属队的审计工作,均由野战军与各纵队各旅审计机关兼办。条例规定团审计室为初审机关,纵队旅审计室为复审机关,野战军审计处为决审机关。各级审计机关依据部队的编制人员、马匹、武器、装备、通讯、医疗、运输、宣教等供给标准进行各种审计工作,按月按季编造预决算表、增减损耗报告表、收支对照表等,逐级呈报,进行审查批准。同时,检查各纵旅团在战场缴获及接收、没收以及在新区征借等是否按法交公,有无违背政策等。1949 年 6 月,《陕甘宁边区暂行审计条例》对西北财委会之下的审计系统进行较大的调整,基本上把审计纳入行政或财政系统领导之下。条例规定:在西北财委会授权下,财政厅、边府行政处、军区后勤部、西北局行政处、各行署财政处、各直属专署财政科为各系统的第一级审计主管机关,并负责复审事宜;税务总局,盐务总局,粮食总局,边府各厅、处、院,联防军区直属各部、军队及各级军区司令部,西北局直属机关,各行署区党、政、民、学等主管单位,各直属分区党、政、民、学等主管单位,为各系统第二级审计主管机关,负责初审事宜。

边区审计工作走群众监督的路线,设立群众性的监督组织经济委员会。1948 年 10 月颁布的《陕甘宁晋绥边区暂行审计条例》规定:"为实行经济民主,各级政府、机关、部队、学校等应按伙食单位,以民主选举,组织经济委员会,为审计机构之基层组织","各级政府、机关、学校、部队之生活费及生产节约收支情况,均应由经济委员会进行审查……由经济委员会与主管首长签名盖章后,呈交主管机关汇编送交审计机关"。此规定虽然没有切实地贯彻,但是这种让群众参与经济监督活动的尝试无疑是一种创新。审计监督有了群众基础,依靠群众收集证据,扩大线索,了解情况,对提高审计质量无疑是大有帮助的,并较好地体现了党领导的审计监督的群众性。

二、陕甘宁边区的审计法规

抗日战争时期，中共中央和陕甘宁边区的党政领导机关、财政和审计部门，为适应边区政治、经济形势的变化，根据审计工作的发展需要，曾先后制定、发布过多项有关审计的法规和制度。这些法规和制度大体有三类：一是中央和边区党政领导机关制定发布的一系列重要法规文件中关于审计工作的规定；二是由财政部门和审计部门以通知的形式对于经费预决算的编制、供给标准以及审批中的问题所作的一些具体规定；三是其他方面草拟的一些审计法规制度的草案，草案的内容反映了当时审计工作的观点和思路，对开展审计工作有着比较重要的影响。

（一）边区法规文件中关于审计工作的规定

1937 年 4 月，陕甘宁边区政府正式成立前夕，边区苏维埃政府发布了《苏维埃政府关于财政措施的新规定》，该规定主要针对当时国共合作后由战争状态转到和平状态的新形势，明确了为加强边区财政管理的需要而采取的新措施。规定要求，保持红军刻苦节约的传统作风，防止浪费、腐化习气的侵入；在可能限度内普遍改善机关部队人员的生活；逐渐减少浪费，增加建设支出，要求健全预决算和审计等各种制度。未列入预算的不许开支；经费限度不能超过；要认真审核，不仅审核开支是否合手续，还要审核经费使用是否恰当；在未设审计委员会的地方，财政供给部负责审计；人员编制一经确定，须绝对执行。

从以上规定可以看出，当时政府对于防止浪费和腐化是十分重视的，同时赋予审计部门的职权也是较高的。

1939 年 6 月，中共中央书记处发布了《中央关于严格建立财政经济制度的决定》。决定要求严格统一收支，各机关部队的收入，不得在未上报中央财政经济部前自行开支；所有公营企业，应按党政军系统统一领导，集中营业，所有盈余，一律需要报告中央财政经济部，确定支配办法，不得自由支配。决定还要求严格建立预决算制度，任何机关、部队必须在批准的预算限度内开支，如有浪费或超过，概不批准。决定还特别要求建立会计审计制度，中央财政经济部建立会计处与审计处。两个处有权检查审核各机关、学校、部队的会计账目及开支情况；各机关、部队、学校于会计、审计方面有不明了及应实行改革之处，应随时分别询问中央财政经济部会计处及审计处。为调剂财政，解决困难，必须厉行节约，规定有特殊津贴者必须经过财经部批准，各机关、部队、学校除自己节省伙食解决会餐外，不得互相请客（外宾、来宾招待除外），平时开会不得招待酒菜、香烟。决定表明，审计工作和统一财政收支、严格预决算制度一样，都是中央关注的重要工作。

1940 年 2 月，审计处成立不久，中央财政经济部专门发出通知，就财政经济工作中的一些问题作出规定：一是各机关、学校的开支，分别规定适当标准，并规定一定数目的预备款，由各机关负责人自行调节支配，非有特殊情况不得提出追加，不得自由超过预算。二是人员马匹的增减必须按规定手续确实报告，各机关、学校负责人对预决算所列人马数是否准确，开支是否必要与节省，须考查确实，并签字和提出意见。三是各机关、学校成立节省委员会，研究节省办法，查贪污浪费，使节省问题成为自己的政治任务。四是中央财政经济部对各机关预决算不再逐项批核，只对经费支配及开支当否提出意见，并积极稽查检查，统计各机关的开支情况，遇有浮报、浪费等，应提出质询，必要时呈报中央书记处，并向各机关公布。

（二）边区审计工作的一些具体规定

抗日战争时期，陕甘宁边区审计工作的政策依据，主要是审计部门单独制定或与财政部门联合制定的有关经费开支标准、预算编报程序及审批要求等一些具体规定。

1937 年 2 月 17 日，中央财政部部长林伯渠、审计委员会主席谢觉哉联合签发了《关于各机关经费开支问题的通知》，就各机关编制 3 月份预算问题，详尽具体地规定了开支标准。通知规定一切经费全部改发通用法币，并具体规定了机关工作人员、后方部队人员、各独立军部队人员、工厂工人、医院伤员、红军大学学员、党校及其他学校人员以及临时训练班人员等各类不同人员的伙食费、烤火费、鞋袜费、马草、津贴费、路费、办公费、购置费、修理费、特别费等10项预算标准。对于特别费，通知规定，如有临时支出未编入预算内者，应事先征得中央财政经济部及审计委员会同意方可开支，并应另编追加预算，否则概不承认；如事前未经审计委员会核准，擅自缝制服装被毯者，该项支付概不承认。通知还规定，2月以前已预算之服装等尚未开支的，原预算一律取消，如必要，应于3月份重新预算。

1939年6月6日，边区政府审计处颁发了《陕甘宁边区审计处关于预决算编制及报销的通知》。通知就预算的编制及报销问题，提出了几个方面的规定和要求，强调预决算必须经过机关首长审核盖章，并负责把握执行；各项开支要大量节省；各项数据要填写清楚；购置费、修理费、预算要有详细说明；各机关增加人数要先经过组织批准，并由批准之机关通知本处，方为有效；对经费应逐项讨论，可能节省的应当节省；严格告知会计及管钱人员，再发现遗失公款者，概由本人负责，不许报销。

1940年4月5日，边区政府财政厅、审计处共同制定了《关于党政民众团体机关人员出发费用规定》。规定对在边区范围以内，出发（出差）到边区各县的路途时间、标准、费用的领取与结算等项内容，制定了具体详细的标准。针对因特殊公务到边区以外，各分区及县到延安，各分区县到所属区乡及邻县区乡，妇女及残疾人员步行等情况，制定了不同标准。该规定是边区党政民众团体机关人员出发费用的标准，也是边区各分区、县编制经费预算和边区审计处审核预算执行的重要政策依据。

（三）边区审计工作法规制度草案

1940年，中央财政经济部起草了一部《审计制度示范》，[1]共41

〔1〕中国审计学会、审计署审计科研所编：《中国革命根据地审计史料汇编》，北京工业大学出版社1990年版，第3页。

条，内容完整、详尽。虽然此示范未正式付诸实施，但对以后陕甘宁边区的审计工作仍具有重要影响。

《审计制度示范》规定，审计处是边区政府最高审计机关，负责审计边区政府以及各机关财务。审计处的职权，是监督边区一级及所属各级预算的执行，核定边区一级及所属各级收支命令，审核边区一级及所属各级预算与决算，稽查边区一级及所属各级收支上之不法或不忠于职务之行为。

关于审计处内部机构设置及业务分工，《审计制度示范》规定，审计处设四科，第一科负责文书、会计、处务等机关的内部事务，其他三科分别负责各机关的事前审计、事后审计和稽查事务。审计处处长接受边区政府主席的命令，并对陕甘宁边区参议会负责。处理审计稽查重要事务及调度重要审计人员，应以审核会议的决议来进行，审核会议由审计处长、秘书主任及各科长组成。分区及边区政府所属各机关需要设立审计员的，均由审计处委派，但对于县或有特殊情形的机关，应由审计部门通知送审，仍应每年派员就地进行抽查审计。

《审计制度示范》规定，审计机关为行使职权，向机关查阅簿籍凭证或其他文件，或检查财物，在必要时派员持介绍信向相关公私团体或个人查询或调阅簿籍凭证，或其他文件，相关负责人、主管人员不得隐匿或拒绝，并应翔实地答复审计机关提出的疑问。审计机关行使这些职权，必要时应当临时封存各项有关簿籍凭证或其他文件，可以提取全部或一部。审计人员发现机关人员在财务上的不法或不忠于职务的行为，应报告该主管审计机关通知该机关首长给予处分。审计机关或审计人员行使审计职权，必要时可以要求司法或警察机关协助。遇有应负赔偿责任的，审计机关应通知该机关首长限期追缴。机关首长犯有财务上不法行为时，审计机关应通知其上级机关执行处分。对于审计机关通知处分的案件，各机关有逼压或处分不当行为的，审计机关应查催或质询，各级机关应给予答复。审计机关或审计人员对于各机关显然不当的支出，虽未超越预算，也应当事前拒签或事后驳回。审计处应将每会计年度审计的结果编制审计报告书，并就应改进的事项附具意见,呈报边区政府。财政厅编完总概算书后,应送审计处审核,审计处将依据审核结果出具意见书,报给边区政府委员会议。

《审计制度示范》还对审计机关各类、各项具体审计业务的程序、时限作了明确的规定。各机关应于预算开始执行前,将核定的分配预算,送审计机关审核发还,如与法定预算不符者,审计机关应给予纠正;财政机关发放各项经费的支出书,应送审计机关核签,非经审签后,公库不得付款或转账;各机关收支凭证,应连同其他证件交驻在各机关的审计人员核签,非经核签不得收付款项,未驻有审计人员的不在此限。审计机关或审计人员对于支付书或收支凭证核签,自收受之日起最长不得逾 3 日。驻有审计人员的机关,应将各项日报、旬报、月报按期送该审计人员查核。该审计人员对于各项簿籍得随时检查,并与一切凭证及现金财物等核对。未驻有审计人员的机关,其报支凭证,除特殊情况就旬报、月报查核外,要定期派员赴各机关审核或抽查其有关之簿籍凭证及案卷。经审计机关通知送审机关,在报送各项会计报告时,应将有关的原始凭证及其他附属表册一并送审。各机关的年度决算应送审计机关审核,审计机关应为符合者发给核准书。主管公库机关、代理公库的银行应将每日库款收支详具报告,逐日送该管审计机关或驻公库的审核人员查核。主管公库机关应按日编造库款收支日报,于每月终了 5 日内及年度终了 10 日内分别送该管审计机关查核。经办管理公债财物或特种基金的机关,应按日编造动态日报,并于年度终了时编造年报,分别依时限送该管审计机关审核。各级政府编制的季度决算应送审计机关审定,审计机关审定后,应出具审查报告,汇核呈送边区政府。审计机关对于各机关的一切收支、现金票据、证券应随时检查。各机关营缮工程及购置或变卖各种财物的验收应通知审计机关依责监视;经营债券机关,于债券抽签偿还、收回销毁时,应通知审计机关派员监视,其不合法定手续或与契约章程不符者,监视员应纠正。审计机关对于各机关有关财务之行政事项,应给予调查,认为不当的,应随时提出意见。审计机关对于受公款补助的私人或团体应进行审计,应同样处理。

《审计制度示范》是中央财政经济部审计处主持陕甘宁边区审计工作时起草拟定的审计法规，由于时处战争环境和隶属关系几经变化，故未得以实施。

1941年10月，边区政府拟定的《各分区、县市审计工作暂行规程（草案）》，共5章22条，体例比较完整，内容全面。暂行规程草案指出："自41年起各县财政经济工作要完全走向自给自足道路，增加很多收入支出的事项。为了配合这一工作的开展，所以有加强审计工作之必要。"规定，各县市分区审计人员掌管所属机关的财政经济工作的审核事项，审计员应参加有关财政经济工作的政府委员会。各分区县市设审计员1人，必要时再加文书1人。县审计员由专署审计员领导，各直属县及专署与直属市的审计员受边区政府审计处领导，但行政上受当地首长管理。审计员由各县选择适当人员，呈报边区政府审计处转边区政府主席委任。各分区县市须设审计委员会，由3人至5人组成，审计员是当然委员，并可按各方实际由审计员任主任或副主任。

该草案规定，审计员的审计范围是救济费、救济粮、医药品的收支；公产、金库及其他财政收支；教育经费收支；公营企业或其他经济建设的收支；粮食收支；税务征收；生产自给委员会收支与经费及临时预决算事项；各区乡经费与临时生产收支等。审计员施行审查时，可写信查问，限期答复或直接调查；调阅、索取证据；对不合规定的报告应退回重造；必要时可以委托审查，受托者须向审计员报告审计结果；如发现因财政制度不适当而致发生的弊端，可就这方面提出意见。审计员审查各机关的收支预决算书及证明单据，认为正当者予以核准，认为不当事项应赔偿或处分者，通知各该主管首长执行；对不正当的支出，虽与预算相符亦应退回不报。审计员应经常向审计处报告工作，重大问题须经审计委员会会议决定，对所审查事项未经审计委员会及当地最高首长的允许不得宣布。审计员对于审查完毕的事项，自决定之日起3年内如发现其中有错误、遗漏、重复或有诈伪的证据等情况时，应当再审查及提请政府给诈伪之人以适当的处分。

1941 年 12 月,边区政府制定了《陕甘宁边区暂行决算章程(草案)》。章程草案规定,边区总决算由审计处审定。各财政处的总决算,经审计科审定后,呈报边区政府。章程草案规定了边区一级决算编审的程序和时间(见表 6.1),各机关编造的年度岁入岁出决算书称为第一级决算书,送财政经济处、财政厅各 1 份;各财政经济处汇总边区一级各机关各类岁入岁出决算书,称为第二级决算书,连同第一级决算书各 1 份,经审计处审核加具意见后,限 2 月底前送达边区财政厅;边区财政厅汇总各财政经济处决算编成总决算,连同第二及第一级决算各 2 份,限 2 月 10 日前送审计处加具审核意见,于 20 日前发送财政厅转呈边区政府讨论审定,呈参议会备案。章程草案体现出边区的审计工作围绕审批核销财政收支预决算发挥作用。

表 6.1　边区法规文件中关于审计工作的规定

类别	签发(起草)单位	名称	时间
相关法规	陕甘宁边区参议会	陕甘宁边区政府组织条例	1939 年 4 月
	中共中央书记处	中央关于严格建立财政经济制度的决定	1939 年 6 月
	李富春、曹菊如、林伯渠	边区财政经济计划纲要	1940 年 1 月
	中央财政经济部	中央财政经济部通知	1940 年 2 月
	陕甘宁边区政府	陕甘宁边区县政府组织暂行条例	1942 年 1 月
具体审计规定	陕甘宁边区政府审计处	陕甘宁边区政府审计处通知	1939 年 6 月
	陕甘宁边区政府财政厅、审计处	关于党、政、民众团体机关人员出发费用的规定	1940 年 4 月
	陕甘宁边区政府财政经济处、审计处	关于人员马匹报告问题的通知	1941 年 2 月

续表

类别	签发(起草)单位	名称	时间
未颁布的审计规定	中央财政经济部	审计制度示范	1940 年
	陕甘宁边区政府	各分区县市审计工作暂行规程(草案)	1941 年 10 月
	陕甘宁边区政府	陕甘宁边区暂行决算章程(草案)	1941 年 12 月

三、大案要案

肖玉璧,陕西清涧县城北马家村人,1933 年参加革命,身经百战,是一位身上留下 90 多处伤疤的红军战斗英雄。在土地革命战争时期,曾任清涧县区苏维埃主席、定边贸易局副局长、波洛地方税务分局局长、盐池税务分局副局长等职务。

1937 年 12 月,肖玉璧出任边区清涧县张家畔税务所主任,此时正是国民党正面战场的溃退之时,许多国民党溃散的士兵进入边区。为了避免国民党溃散部队和士兵给边区建设和发展带来不必要的混乱,边区政府发布指示,要求各地对于国民党部队应"妥为收容或与整编或收缴其武器,施以抗战政治教育"。就在这时,肖玉璧遇到了国民党军内蒙古独立旅旅长常崇耀,肖玉璧出于对组织安排他到张家畔工作的不满情绪,便与常崇耀勾结联合招募新兵,企图背叛革命。也就是从这个时候起,肖玉璧开始在征税时采取多收少报、不记账的方式贪污公款。同时,当时征税有时征收的是实物,比如粮食和食油等,肖玉璧就利用职权,把征来的粮食和食油等实物税收变卖给国民党部队。同时,贪婪的私欲也日渐膨胀起来。抗战初期的延安,党的领导人和八路军战士住的是简陋的窑洞,穿的是打补丁的衣服,吃的是粗茶淡饭,领导人与干部同甘共苦。并且,由于边区物资极为匮乏,边区政府提倡节约,一尺布、一根柴、一张纸都倍加珍惜。而肖玉璧正是在边区各级政府厉行节约、全力支持抗战期间,1938 年共贪污公款 280 元,同年12月贪污公款1520元,1939年1月又暗扣公款1000元,共计2800元,全都不记账。肖玉璧贪污巨款造成的亏空必然引起边区财政部的注意,1939年1月,边区财政部开始派人调查肖玉璧的贪污情况。就在调查肖玉璧期间,肖玉璧以外出讨账为由,又携带公款250元,税票18张逃跑。边区财政厅在调查清涧县税务账目期间,发现肖玉璧大量贪污公款,并且经过调查得知肖玉璧在张家畔税务所任上私自将边区短缺的粮食和油等重要物资卖给国民党部队以谋取私利。事情公开后激起极大的民愤,当地的群众看到肖玉璧潜回清涧县后,马上报告当地政府,最终肖玉璧被当地执法机关依法逮捕。

由红军英雄堕落成贪污犯的肖玉璧被惩处后,在边区引起了强烈反响。1942年1月5日,边区《解放日报》专门发表评论,评论指出:"在'廉洁政治'的地面上,不容许有一个'肖玉璧'式的莠草生长!有了,就拔掉它!"由此边区内部开始掀起一场反贪污的运动。肖玉璧案说明,作为曾经的革命功臣无论有着怎样的辉煌历史,一旦走向人民的对立面,触犯党纪国法,无一例外都会被绳之以法,而中国共产党正是靠严明的党规党纪维护党的集中统一,从而保持党的凝聚力、战斗力,塑造着风清气正的执政环境和社会氛围。

第四节　晋冀鲁豫边区的审计法律制度

一、晋冀鲁豫边区的审计机构

抗日战争时期和解放战争时期,晋冀鲁豫曾一度没有单独设置审计机构,而是将审计职能划归财政部门之下。1941年9月公布的《晋冀鲁豫边区政府组织条例》规定:财政厅掌理事务8项,其中第6项是"关于财政审计事项"。1942年4月13日颁布的《晋冀鲁豫边区岁入岁出审计规程》规定:边区政府财政厅内设审计处,各行署财政处内设审计科,各专署县财政科内设审计员,负责各级政府的审计工作。各级审计机关、审计人员在行政系统上仍属于各级财政部门,由财政主管人员领导之。上下级审计机关、审计人员之间,只有工作指导关系,而无行政隶属关系。除此之外,一些重要财经部门,如各工商局、粮食局、银行等内部也都设有审计科或审计室。

晋冀鲁豫边区审计系统发生较大变化的是1948年2月审计检察厅(简称审检厅)的设立。审检厅独立于财政部门之外,直接隶属于边区政府领导,随时将审计、检查、研究结果及改进意见,报告边区政府主席或政务会,并通知有关各部门,以供参考。审检厅的职责和任务是审核政府财政收入与支出,研究预决算制度、征收制度、发行制度,务求财政金融运用得当,节约财力、物力、劳力,达到支援战争,扶助生产;审查公营事业资产、损益及经营情况,以求提高生产、降低成本,加强工作效能,统一经营步调,使公营经济得到合理发展;检查各部门公营事业财政财务及经济设施等情况,揭露违反制度、收支不当等现象,改进制度,树立廉洁奉公守法作风;调查各种财经资料,了解国民富力和经济动向,研究财经制度和建设计划,以供政府及各领导部门参考,促进边区财经建设,逐步走向有计划的发展。边区政府还规定审检厅在执行任务时,对有关部门,可随时调阅簿籍,搜集材料,咨询人员,派人进行审计检查及调查研究;如发现不当收支时,除一面报告边府一面建议该部门负责人处理外,得暂时停止其开支或收入;有关部门应按期将本机关及直属单位的预算、计算、决算、业务报告、工作计划、经验总结、制度设施汇总送审检厅一份;有关部门遇有重要财经情况,应随时通知审检厅,如举行总结、检讨、布置工作,改革制度,编制预、决算,讨论计划等重要会议时,应通知审检厅派人参加;在政务会议外,讨论重大收支或编制预决算,讨论或拟定财经建设计划时,审检厅负责人得出席参加;审检厅在审计检查、设计职掌范围内,得随时向边府秘书处搜集有关材料。

从上述可以看出,审检厅不是仅从消极方面对财经进行监督检查,而且更重要的是从积极方面研究制度、改进制度,促进财政与经济、公营经济各部门以及公营经济与国民经济相互配合，逐步走向计划经济道路，树立新民主主义经济秩序。总之，审检厅不仅仅是一个财经监察部门，更是一个为政府在财经上出谋划策的参谋部。在中国新民主主义革命即将结束，社会主义革命尚未开始之际，晋冀鲁豫边区能建立如此一个审计机构，是对中国现代审计的一个重大贡献，在革命根据地审计史上留下光辉的一页。

二、晋冀鲁豫边区的审计法规

为保证抗战部队粮食的供给，1942 年 3 月 9 日，晋冀鲁豫边区第五专署专门发布粮食审计办法的通令指出，为遵照边区 1942 年度财政工作计划，适应战时环境的需要，减少民间负担，当年节流特别重要，尤其是粮食。通令规定 1 月、2 月、3 月的粮食一律结清报销，剩余粮食缴公。如有隐匿不报，查明以贪污惩处。自 4 月起，粮食审计由粮食局移交财政科处理。4 月至 6 月，按照新编制人数编制 3 个月预算，限 3 月 25 日以前一律送专署，过期不予核批。每月计算报销一次，附详细人名清册，余粮也要缴公。

晋冀鲁豫边区政府 1942 年 4 月 13 日发布《晋冀鲁豫边区岁入岁出审计规程》，共 4 章 22 条，规定了立法宗旨、审计机构与权限以及预决算审计等。根据边区政府组织条例有关规定，规程制定了各级机关单位经费开支和全区的岁入岁出的审计办法，规定审计是财务行政中的立法部分，一切收入非经审计核准，不准征收，一切开支非经审计审核不准动支，违者以贪污论处。对预决算及审计程序，规程规定，全区岁入岁出汇总预决算按三步编制。第一步，由县政府审计全县岁入岁出，各科目的可能与必须数额编送专署批核。预算须于会计年度开始前 3 个月完成，决算于年度终了后一个半月内完成。第二步，由专署审计全专区岁入岁出，各科目的可能与必须数额编制送财政厅行署批核。预算须于会计年度开始前 3 个月完成。决算于年度终了后一个半月内完成。第三步，由财政厅审计全边区岁入岁出，各科目的可能与必须数额编造，送财政厅行署批核。规程强调，边区公粮及地方公粮的收支审计事宜一律按照规程各项规定执行。粮食在战争中是最重要的军需物品,晋冀鲁豫边区处于日寇的重重包围与封锁之中,粮食更是稀缺的战略资源,又是与敌、伪争夺的重要目标。1942 年 10 月 17 日,晋冀鲁豫边区政府再发通令,重新规定粮食审计程序。边区各机关团体的粮食预计算及各专署的粮食预计算备案,自 10 月起送粮食总局审核。专署本身的粮食预计算也归各专署审计人员直接批核,并按期列入备案表内报交粮食预计算报送审核程序,仍照过去规定。各级粮食预计算及备案,经粮食总局核准后每 3 个月一期,汇总后财政厅备案,附原表及人员马匹报告,并于年度开始前或终了后按审计规程的规定由粮食总局做总预算或总决算报送财政厅核准。粮食审计职权在由粮食总局行使的期间,粮食总局审计人员的职权范围均适用于审计规程的有关规定。

晋冀鲁豫边区政府太岳行署于 1945 年 3 月 6 日颁布的《晋冀鲁豫边区政府太岳行署暂行审计制度》是较为完整的一份审计制度。暂行审计制度共 4 章 23 条,对审计制度的目的、审计隶属关系、审计对象、审计职权、审计程序以及施行时间作出了详细规定。暂行审计制度规定,审计为财务行政的基本组成部分,一切经常与临时粮款费用,非经审计核准,不得动支,违者以贪污论处。

1943 年 2 月 1 日,《太行行署制定财政制度——关于设立审计股的决定》规定:自 1943 年 1 月 1 日起,各县预计算的审核权完全归专署,专署级各开支单位的预算按原则应归行署。在专署财政科增设审计股,有股长、审计员各 1 人,由财政科长领导。

三、大案要案

山西沁源县柏木村是个仅有 200 余户村民的小村庄。1942 年 6 月 13 日,村里 150 余户村民联合具名,向县政府控告村长李万和贪污公款公粮,并吞没村民个人粮款。县政府当即撤了李万和村长之职,并组织该村成立“清账委员会”,进行追查。而后,“拔出萝卜带出泥”,前任村公所书记刘仁德的贪污行为也被查了出来。1942 年 7 月

16日,沁源县政府召开“反贪污斗争大会”,组织柏木等43个自然村数百名群众公开斗争李万和与刘仁德。这场大会最终通过了群众们的要求:让李、刘二人退还贪污的公款公粮,返还村民个人款物,并将他们送县政府法办。各边区正是通过打击各类贪腐行为的活动,震慑了抗日革命队伍中潜存的少数贪腐人员,有效推进了节约和廉洁制度的施行,为赢得抗日战争和解放战争胜利积蓄了坚实的基础和力量。

第五节　晋冀察边区的审计法律制度

一、晋冀察边区的审计机构

1942年8月10日,晋察冀军区司令部、晋察冀边区行政委员会发布命令,决定于8月13日组织成立晋察冀边区审计委员会。委员会下分设6个专区审计委员会,各指派3人为专区审计委员会主任和委员。边区和专区审计委员会为上下级组织关系,专区服从边区领导。审计委员会的职权是审计军政部门的财粮预决算,其批准批驳权属于边区审计委员会;掌握军政部门的编制人数,增加编制人数的批准权属于边区审计委员会;检查、检举各级军政部门浪费贪污事项。当时,边区审计委员会的权力较大,晋察冀行政委员会均按边区审计委员会批准的军政各部门编制人马数及预算核发粮食经费,审计委员会未批准者,边区行政委员会无权核发。同时,晋察冀边区行政委员会下的财政处也有一定的审计权。1943年2月公布的《晋察冀边区行政委员会组织条例》规定财政处的职掌之一就是“关于财政审计事项”。财政处为加强财政管理,减少事务手续,1943年3月由晋察冀边区行政委员会发布命令,委派审计员分驻6个专区,进行审计工作。此后,专区的经费粮秣分月计算,统归各该审计员审查。

由于各级政府财粮收支审核权限下放,1943年7月,边区行政委员会通知,驻各专区审计员一律调回本会。1944 年 11 月 15 日,边区、军区为实行各种工作一元化领导,发布命令取消了各级审计委员会。

审计委员会取消后,在短短的半年时间里,出现了不少问题,使大家感到这个机构是不可或缺的。为了确切掌握边区军政民编制人数、财粮预决算、机关生产收入,厉行节约,反对浪费,1945 年 5 月 1 日,晋察冀边区行政委员会、晋察冀军区决定成立边区、行署、专区、县各级审计委员会。审计委员会由各级党、政、军、民负责人参加,一般为 3—5 人组成。各级审计委员会有上下级组织领导关系,审计委员会的决定除交付有关部门执行外,并得直接对上下级报告或指示工作。新成立的审计委员会职掌 4 项工作,其中 3 项同 1942 年 8 月成立的审计委员会职掌基本一样,另外增加的一项是“检查各部门机关生产收入及开支情况”。

1946 年 3 月 8 日,边区审计委员会正式成立,并举行了第一次会议。会议确立了边区三级审计委员会组织。第一级为边区审计委员会,为全区最高审计机关;第二级为各省行署、边区党政军民各系统与直属市、各纵队部审计委员会;第三级为分区与县、旅级审计委员会。当时,战争即将爆发,党认识到边区开支势必增加,财政将愈困难,故以边区、军区主要负责人兼管审计工作,加强财经监督管理,达到防止贪污浪费、节省开支的目的,以支援解放战争。

二、晋冀察边区的审计法规

晋察冀边区所颁布的审计法规,目前能见到的不多,其中较为完整的一个法规是《晋察冀边区审计规程》。该规程开宗明义指出制定规程的目的是为严格财政收支,坚守财政制度,厉行节约,反对浪费,以减轻人民负担。规程规定边区,边区各系统与直属市、各省或行署、各纵队,各分区(旅)与县三级审计机关。各级审计机关逐级审核上报预决算、概算。为了使审计机关有效行使职权,该规程赋予审计机关一定的权限。如各级审计机关对其所属各系统的一切财政收支及机关生产收支,得随时检查之;审计机关得派员向有关公私团体或个人查阅或调阅簿籍凭证或其他文件，各该负责人须作详实答复，给予工作上方便，不得拒绝或隐匿；审计机关对各机关的财物得随时盘查、调动和互相调剂；各机关公用财物须彻底登记，呈送审计机关备查；各军政团体、机关、学校人员马匹数目，须逐级报送审计机关；为确切掌握人员马匹数目，各级审计机关得随时派员向有关各机关进行检验。

边区审计法规中最有特色的是《晋察冀边区行政委员会财政处审计员办事规则》。为了使审计员在专署能更有效地开展工作，审计中有章可循，该规则特规定了以下几个方面：一是边委会财政处审计员派驻各专署工作时，受边委财政处与专署财政科的双重领导，意见有出入时，服从边委会财政处领导。二是审计员在专署的职权是掌握专区范围内的粮库及财粮收支数字，审核各项财粮收支书表；督促署县按期报解粮款；反映执行财粮制度的模范事迹与检查、检举署县各部门浪费贪污事项；办理边委会财政处交办的其他财政事项。三是审计员在履行这些职责时，必须审查各项书表，主要有统一累进税征收报告表、征收边区款月报表、年度经费预决算书、分月粮秣预算书、经费粮秣分月计算书、边区预备费支付报告表等。四是规则还提示审计员在工作时应注意一些事项，这样才能使审核准确无误，善于发现存在的问题。如造送日期与送达程序是否与法令规定相符；预算数是否以审定预算案为范围，有无超越事情，各项收入是否与法令相符，有无不当收入；预算科目是否依照法令规定，其科目流用是否正当，食粮定量是否合乎规定；备考栏目说明是否真实；书表格式是否与规定相合，是否加盖印信与负责人手章。

三、大案要案

完县二区新建村农会主任王长有在 1941 年 8 月，趁敌人对边区“大扫荡”之机，将他负责坚壁清野的部队被服装厂的白布 6 匹、裤衩 7 条窃为己有，并多次动用存放在他家的染料和棉花。“大扫荡”结束后，他编造军需物资被鬼子发现并抢走的假话，欺骗被服厂和上级。事情查清后，完县县政府认为，王长有身为村中重要干部，破坏坚壁清野,贪污盗窃、中饱私囊,实属罪大恶极,经县法院审判,报边区政府批准,判处死刑。在艰苦的抗日战争环境下,晋察冀边区财政上通过开源节流,坚持与健全财务审计制度,完善机关部队人员的给养与生活费规定,规定地方财政的经费与支出,厉行节约、反对浪费,积极发展国民经济,增加财政收入,为边区提供了充足的资金,确保人民群众的生活需求,为巩固和发展根据地、坚持持久抗战发挥了极为重要的作用。

第六节　华中革命根据地的审计法律制度

一、华中革命根据地的审计机构

据目前所知,华中比较早建立审计机构的是 1941 年 4 月 7 日,中共中央革命军事委员会华中分会为确立经济制度,克服浪费,严防腐化等现象,决定在各级军政党委会下设立审计委员会,进行审计工作。1942 年 2 月,《华中抗日根据地财政经济政策草案》规定:区、分区、县均应由各地区最高军政党委会决定,组织各地的审计委员会,建立严格审核军、政、党各方面预决算的制度。

在华中 8 个根据地中,苏中有比较完善的审计机构。1941 年 11 月 22 日,《苏中军政党委员会关于坚持苏中长期斗争的决定》明确规定:苏中区、分区与县三级分别设立审计委员会,凡主力部队、地方兵团的预算、决算与苏中区党、政、军机关的预决算及其事业费,均由苏中区审计委员会审核;属于分区级的党、政、军机关的预决算及各种事业费,由各分区审计委员会审核,交苏中区审委会复审;属于县的党、政、军机关预决算及各种事业费,由各县审委会审核,交分区审委会复审。各级审委会的职权是:审核各级军、政、党机关预决算;各级审委会得随时派员向各军、政、党机关查账及查点现金;审计委员会如发觉贪污浪费事实,得通知各该主管机关按照情节轻重,分别予以处分;管理经济人员调动工作时,应由审计委员会派员会同上级机关人员办理交代,在交代未清前不得擅自离任。

1943 年年初,苏中军区贯彻党中央精兵简政的号召,撤销了审计委员会。1945 年 7 月,苏中区党委成立了财经委员会,行署财政厅和审计室为具体办事机构。不久,抗日战争胜利之后,苏中、苏北、淮南、淮北四个行政区合并,成立了华中分局、苏皖边区政府和华中军区,统一领导华中解放区的党政工作。分局设财经委员会;边区政府财政厅设审计室(后改审计处),审计室下面有军事、行政、党务、直属队四个股;华中军区、野战军和各纵队(军)、师、旅、团供给部(处)也分别设审计室(处、科、组),配备了审计人员。

豫皖苏区也有较系统的审计组织。1948 年 5 月 20 日颁布的《豫皖苏边区行政公署关于各级财粮机构的决定》中明确规定:行署财粮处设审会计科,科长 1 人,科员 4 人,其中审计 2 人,会计 2 人;专署财粮科设审会计股,股长 1 人,股员 4 人,其中也是审计 2 人,会计 2 人;县政府财粮科也设审会计股,人员编制与专署同。

二、华中革命根据地的审计法规

华中地区较早、较完整的审计法规是 1942 年制定的《苏中区各级审计委员会暂行组织及审计法规》。这个法规共分五部分。第一部分规定了苏中、分区、县三级审计委员会组织。第二部分规定了各级审委会职权是依据供给标准及有关财经供给法令,审查收支预算,监督预算的执行,核定支付命令,并审核收支计算及决算,且得随时检查各部门账目。第三部分规定了预算审查程序。第四部分规定了计算及决算审核程序。各级预算、计算、决算呈递及核定程序相同,即第一级预算、计算、决算呈请县审委会初审后,转呈分区审委会复审核定,而分区级和苏中级党、政、军各单位预算、计算、决算,则分别呈送分区和苏中审委会审查核定。法规还指出:未经各级审委会核签的支付命令,出纳机关不得付款;经费支出计、决算必须经审委会核准后,方得向财经供给机关转账报销。有违反供给标准、其他财经供给法令及核定预算支出，审委会得予以剔除，不准报销，并通知财经供给机关负责追偿；审委会审核收支计、决算，如发现贪污情事，经查有实据者，得提请主管行政司法机关予以应有处分；收支计算及决算的造报，有不合手续或遗漏之处，各级审委会拒不受理，或退回令重新编造。

1945 年 12 月《苏皖边区政府各种款项统一收支程序》比较详细具体地规定了预决算和收支审核手续。该程序规定本边区经管收支款项的各机关、部队，均应按会计年度编制预决算，呈送边区政府财政厅及审计处审核。收入预决算，由经管收入各机关编制。支出预决算，则由财政厅支付经费的各机关编制，并分四个系统呈报：一是军务经费；二是政务经费；三是民运经费；四是财务经费。

1948 年 7 月 29 日，《豫皖苏地区关于今后审计工作的决议》则对审计的方法和工作范围作了比较全面细致的规定。审计方法分三种：一是报告审计，审计人员坐机关审核之。二是巡回审计，审计人员外出到各单位审计；或划定巡回区，规定各预算单位前往报告，就地审核。三是委托审计，由审计单位委托其他会计、出纳及甲区审核乙区的收支预计算。审计的范围是监督预算的执行：稽查检举不法、不忠、不守于职务的行为；设计制度；检查审核计算，批准报销；统计收支数字。决议更进一步指出审计、会计、出纳互相配合又互相牵制，任何一笔财粮收支都须共同处理，谁亦不能单独了结；工作程序虽有先后、轻重的不同，但组织地位是平行关系。

三、大案要案

华中抗日根据地审计领域发生的案例大多与贪污公共财物有关。为此，各根据地通过颁布“惩治贪污暂行条例”的形式，明确规定对贪污犯的惩治办法。如 1941 年 11 月淮海区颁布的《修正惩治贪污暂行条例》，1942 年 3 月淮北苏皖边区政府颁布的《惩治贪污暂行条例》，1942 年 7 月盐阜区颁布的《各县惩治公务人员贪污暂行条例》等。当时，对贪污腐败分子的惩处极为严格，在淮海区，贪污财物在抗币 1000

元以上者处死刑或7年以上之有期徒刑;贪污财物在抗币1000元以下500元以上者处10年以下5年以上之有期徒刑;贪污财物在抗币500元以下300元以上者处5年以下1年以上有期徒刑;贪污财物在抗币300元以下者处3年以下之有期徒刑。在苏中地区,贪污财物在价值抗币1000元以上或抗币1000元以上者处死刑。在浙东地区,贪污满1000斤食米之总值者,处死刑或5年以上有期徒刑。

各根据地依据"惩治贪污暂行条例",对贪污腐败分子依法予以严惩。1942年5月,魏文伯在津浦路西联防临时参议会第一届第二次代表大会的报告中说:"有个别不明大义贪污腐化、动摇分子,背叛民主政权的无耻行为,遭受政府法律上的制裁,如林某某被判处极刑。"津浦路东六合县移居乡乡长钟某贪污受贿淮南币120元,经查实,报淮南行政公署批准,于1943年9月召开公审大会,执行枪决。苏中税务第四分局主任邢爱身贪污4000余元,结果依法执行枪决。师特务营长李桂成贪污1000元执行枪决。三分区四个干部因贪污依法判处死刑,执行枪决。皖江有位管理员因为贪污了10块银元被送上军事法庭判处死刑。1943年5月,无为县榆村合作社有3个干部合伙贪污20余万元,除令其全部退赔外,为首的判5年徒刑,其余两个一个判6个月徒刑,一个判3个月徒刑。

华中地区曾是国民党的政治中心和经济、文化中心,华中各抗日根据地由于长期处于被日、伪、顽夹击的分割状态,各战略区经济发展水平和环境存在着较大的差异。但中共中央华中局和华中抗日根据地的党政军领导,继承中国共产党及其领导下的中央苏区工农民主政府时期的廉政传统,不断加强对各根据地的财经审计工作的领导,对症下药采取了一系列的审计措施,为贯彻抗战时期的财政经济方针,巩固与发展革命政权,支持全国抗日斗争以及日后的解放战争,发挥了重要的历史作用。

第七节　山东革命根据地的审计法律制度

一、山东革命根据地的审计机构

1938年年底,中共苏鲁皖分局改为山东分局。分局财委会审计科负责对山东分局直隶机关和八路军山东纵队指挥部、政治部、供给部等单位的经费预决算进行审核。各单位按月报送经费预决算,经审计科审批核准后,会计科才予以支付和核销。审计科对发现的问题,要分别写出审核意见书,以财委会名义,发送有关单位执行。

1940年8月1日,山东省战时工作推行委员会宣告成立。战时工作推行委员会设审计处,公署设审计科,各专署设审核员,负责审核各机关、团体、部队开支。如有先支后报,甚至不按批准开支者,不准报销,并以贪污论罪。

1942年6月,《山东省审计处暂行组织条例》对全省审计组织作了统一规定:省设审计处,处里配备主任1人,审计员4人,统计员1人。主署区设审计分处,处里配备主任1人,审计员3人,统计员1人。专署区设审计员1人,审计干事2人。山东审计组织不属于财政系统,各级审计处受该地区检查委员会的领导,并受行政委员会的指导。

1945年9月,中共中央指示将山东分局改为华东局。随之,山东地方各级审计组织也发生了很大的变化,由原来隶属于检查委员会领导改属财政部门领导。在行署,财政处内设会审科,科内设审计干部四五人。1947年4月,按照华东局编制的规定,财政处内会审科改为会计科,单设审计室,配备审计室主任和审计干部多人。1948年合并成立鲁中南行署后,行署财政处仍设审计室,下设4个组,配备审计干部近30人。在专署,财粮科(财政科)内设审计干部两三人,后设会审股,亦专设会审干部。在县府,财粮科内设会计、出纳、金库等人。会审合一,审计工作由会计负责。

二、山东革命根据地的审计法规

较早的山东革命根据地审计法规是1941年7月胶东行政联合办事处所制定的《十大财政制度》中的第二部分"审计制度",但"审计制度"并没有较完整、系统地对审计机构、职权、工作程序等作出规定,而仅制定出县、专署、办事处、胶东审计处自下而上逐级审核预决算计算的程序。

山东地区较为全面完整的审计法规是1942年6月5日颁布的《山东省审计暂行条例》。该条例规定审计方法分书面审计、实地审查和委托审查三种。审计内容主要是县、专署、主署、省战工会逐级审核概算、预算和决算。各级审计机关在接到收支概算书及预算书时,应审核造送日期及手续是否与法令规定相符;概算书及预算书是否以法定收入与开支标准为范围;概算书及预算书格式与规定的格式是否相合,有无加盖编制机关首长及其会计人员的印信;专署的总概算及总预算是否有审计员初审的意见。各级审计机关接到收支决算书时,应审查其有无超越预算或预算之外的支出;所列各项收支数目是否正确无误;各项单据是否真实,开列金额与决算所列金额是否相符,并有无与单据证明的规定不相符合之处;各项用途是否合法正当及有无浪费之处;书表格式是否与法定格式相合。审计分处接到专署送审的总决算,应即根据专署审计员的意见进行审核,如认为无疑义时,即签署审核证明书,连同原决算及附件发还送审机关;如认为有问题时,即通知其主管首长提出声辩书,或派人实地审查;如发现贪污舞弊情节时,得提请同级检查委员会检举。

1946年2月,山东省政府为规范财粮制度,实现统一收支,制定了一系列财粮制度,其中之一是《山东省暂行审计规程》。这个规程对1942年的条例规定进行了调整,规定审计事项为公款公粮的收入及支出预算的审定,预算执行的检查及决算报告的审定等;公营事业计划的审定及计划执行的检查及决算报告的审定等;公款公粮出纳保管的检查。审计程序分初审和决审两步:各区行政公署及直属各机关及所属各级政府的预算决算书类及附件,由各区初审机关依据法令规定,初步审核加注意见,转送省审计机关;省审计机关收到已经初审的预算书类及附件,应即依据法令规定,参考初审意见审定之。审计后的处理分三种类型:一是对计算错误、不合规定程式者,应退回更正之或代为更正之;二是对不合法令的规定,违背供给制度、浪费及不经济支出,应剔除或删改;三是对贪污舞弊者,应负责教育或通知其上级机关处分之。

三、大案要案

为了让极其有限的经济资源保障战争供给和人民生活需要,党在山东抗日根据地建立了严格的审计制度,为保证党的财经方针政策贯彻执行,维护财经法纪,遏制贪污浪费,保障战时军需民用,推动根据地经济建设作出了重要贡献。

据曾任鲁南行署财经处审计主任的田诚回忆:“1941 年至 1942 年是我们解放区最艰苦的时期,严峻的形势要求我们精兵简政、压缩开支、增加财源,减轻民负,为此也要反贪污。鲁南的反贪污工作取得了较为出色的成就。有这样一件事是由我经办的。据费南县反映,其县财政科一个姓王的会计和秘书科的事务股长生活腐化,有贪污的嫌疑。于是李主任派我到了费南,在当时财政科长刘向正的协助下,审核了簿记,进行了实地盘点,发现数字与实物有差距,但漏洞不大。半个月左右,当我要返行署时,进行复查,差距更大了。刘也向我提供线索:王会计行为诡秘,小便时间长,频繁地注意腰间。我们商议后,进行了会审。王起初矢口否认,后来我们搜身检查,发现了现金。王供认不讳,并交代出与社会上的商人有勾结,与事务股长也相互沟通。县政府根据其犯罪事实,决定并报行署批准后处以极刑,而那个事务股长也被处决。会计是该县民政科长之子,讨论时民政科长也大义灭亲。”田诚还回忆:“滕沂边办事处,群众反映其会计与一青年妇女有染,生活上也很优裕,领导上再次派我去查访。与上次一样,我清查了账册,但破绽很小,于是便与公安局局长筹定方略,假托派他去学习,放他几天假做准备,然后再观察他的动向(出发一般要带钱)。正如我们预料的,他到了那女人那儿。回来后,我们对他进行讯问,并从他身上搜出二三十元现金,临行前,我照以往的经验,杀了回马枪,再清查金库,又发现了问题。原来县金库在会计受审时,觉得有机可乘,进行舞弊。在他身上,我也搜出了一批现金。并且在深夜里将其扭送到公安局。最后的结果是这样,会计枪毙,金库罚做行署主任李乐平的马夫。"[1]

山东革命根据地是中国共产党在抗战时期创建的一处规模较大的敌后根据地,山东革命根据地审计工作的历史经验告诉我们:为了保证审计监督的有效实施,除了健全审计机构之外,还必须严格依法办事,只有这样,才能最大限度发挥审计制度的作用。正是由于卓有成效的审计工作,在同敌人残酷斗争中,山东抗日根据地建立起敌后抗日财政经济基础,夯实了同敌人斗争的经济堡垒。

第八节　其他革命根据地的审计法律制度

一、鄂豫皖革命根据地的审计法律制度

鄂豫皖苏区是第二次国内革命战争时期比较大的一块革命根据地,由鄂豫边、豫东南、皖西三块革命根据地统一而形成的。1930 年 4 月,三个根据地连成一片,成立了鄂豫皖特区工农民主政府和中国工农红军第一军。

特区初期,财政上分散管理,各自为政。1931 年 2 月,《鄂豫皖特

[1] 中国审计学会、审计署审计科研所编:《中国革命根据地审计史料汇编》,北京工业大学出版社 1990 年版,第 429 页。

委报告》就指出：过去财政没有计划，就来源说，是来一点用一点；就收入支出说，丝毫没有预算与决算。同年7月，鄂豫皖召开区苏维埃第二次代表大会，决定改变财政上的混乱局面，实行统一管理。鄂豫皖区苏维埃第二次代表大会通过的《苏维埃政府临时组织大纲》规定，鄂豫皖苏维埃政府建立各级财政经济委员会，负责管理各级财政经济事项。特区财经委员会之下设有会计科，负责管理钱粮收支，审查各地账目，规定预决算。可见，会计科具有财政财务审计的职能。鄂豫皖区苏维埃第二次代表大会之后，各级苏维埃政府还建立了工农监察委员会，其职责之一就是监督苏维埃政府工作人员，检查官僚腐化行为和各级财政预决算的执行情况，接受群众对违反财经纪律者的控告。特区苏维埃为发动群众共同监督财政，规定各乡、各区苏维埃的账目，可由群众参加组织清算委员会，专门进行清查。

鄂豫皖苏维埃政府在建立财经监督机构的同时，着手整顿财政。1931年8月1日，苏维埃政府发出第一号通令，指出各级苏维埃的财政或多或少地存在着任意浪费、各自为政以及贪婪的行为。为了纠正这些问题，通令规定一切财政事项必须统一在财政经济委员会，反对各自为政的现象；没有法律上的规定、财委会的委托，个人或组织不得随便开支或领款；清算以前的账目；各级都要重新制定预算，交上级批准；特区财委会应把各项决算制度和方式规定清楚，各级决算需交上级审查批准。不久，鄂豫皖苏维埃政府又颁发布告，公开号召广大群众，凡发现有腐化舞弊、肥私为己的情形，应随时报告监察委员会或革命法庭。经过整顿，苏维埃各机关、党部用费每月预决算都能较严格地执行。当然，还应指出的是在激烈动荡而艰苦的战争环境中，尚难以完全做到财政全面统一，一切按预算执行。

二、湘鄂赣革命根据地的审计法律制度

湘鄂赣革命根据地是第二次国内革命战争时期革命根据地之一。1930年4月，湘鄂赣省苏维埃政府提出各级须组织经济审查委员会，以清理过去的经济问题，严惩贪污分子。1931年11月，中华苏维埃共

和国临时中央政府颁布《地方苏维埃政府的暂行组织条例》,要求苏维埃组织审查委员会以审查各级苏维埃政府的财政。随后,各级苏维埃政府遵照条例相继建立了审查委员会的组织。

1932年5月,湘鄂赣地区在《中华苏维埃共和国革命互济会湘鄂赣省第一次代表大会决议案》中规定:各县须组织审查委员会,审查过去账目,实行经济统一;省互济总会须按照各县工作情况,规定各县工作人员办公费;各县自下而上须造县预算、决算表,送交省互济总会审核。

在加强财经管理监督中,湘鄂赣根据地主要进行了三个方面的工作:一是为贯彻预算和决算制度,控制各系统、各部门的收支;二是实行审核制度,除了对同级与下级机关团体的预算、决算和重大的财政支出进行审议与核准外,主要是定期地进行财政检查,以杜绝滥用和浮报之弊;三是为发挥群众监督财政的作用,实行财政公开。

三、晋绥边区的审计法律制度

晋绥抗日根据地的审计机构初建于1941年4月。中共中央晋绥分局审计委员会1944年4月1日颁发的《审计条例》,对审计宗旨、组织与权限、预决算审计以及粮秣审计规程、被服审计规程、汇兑审计规程和交接审计规程等作了规定,是各根据地中比较完整的审计法规。

粮秣审计规程规定,从上年11月到本年10月为粮秣年度(会计年度)。预决算应依照规定日期编报,到期不编报预算者不准发粮,不造决算者停止下期发粮。分局审计委员会批准拨粮后通知行署,发给拨粮证,方准发粮,没有审计委员会通知,政府不得自行拨给公粮。各分区部队调动时,须经过分局审计委员会批准方准发粮。本分区部队调动时,须经过地委审计委员会批准,方准发粮。无审计委员会的通知,政府不得自行拨用公粮。

被服审计规程规定,审计委员会按地区环境、物质力量的实际情况决定服装装具的件数、种类。领取服装、装具、物品时,必须编制预算表及领物证,经各单位首长审核盖章呈报审计委员会批准发给。各机关、部队、学校人员调动时，应填三联供给介绍证，一联由调动人员携带，交所去机关，一联交供给机关存查，一联留原机关备查，物品领取即以此为据。

汇兑审计规程规定，凡各部队、机关、学校需用银元等非本位币开支者，必须先造预算呈报开支理由，经审计委员会批准方准开支，否则即行没收，其负责人不执行者，均以违法论罪。购买兵工器材及军用器材、印刷材料、药品、电料及根据地其他需要物品等，折合白洋五百元以下者，由地委审计委员会批准，白洋五百元以上者，须经分局审计委员会批准。边区范围内非绝对必需品，不得使用非本位币。如系绝对必需品者，应将物资数量、需款数目呈报审计委员会，经批准后方准开支。

交接审计规程规定，凡边区内党、政、军民各级负责人、财政经济供给负责人以及各机关内部总务负责人等调动工作时，均依照条例进行交接。移交人得按下列规定进行移交：从到任截至卸任期止，所管辖的一切机关，均得移交，并清算其账目；公粮财政收支，编制“旧管、新收、开除、实在”四柱清册；机关本身一切实物（包括自力更生财物及工具农具等），均须编造清册；凡交接各项，应呈请上级委派监交人监交。接收人需按下列规定进行接收：核算各种清册与检点各种实物等；核算与检点无差错时，各方署名盖章，如日后有问题时，接收人须负完全责任；若经审核清理确是前任负责者，仍由该机关将前任人员呈请审计委员会调回清理；新任交接清楚后，前任一切事宜均由新任负责，不得借故推诿。监交人应负的职责：要认真负责、实事求是，不得徇情；监交人除在交接四柱清册署名盖章外，以后发生问题须负责；有严格检查贪污浪费或本位主义的责任及督促按期交接的权力，并随时报告上级交接情形。

四、东北革命根据地的审计法律制度

东北根据地建立之初，由于处于被分割的状况，各省、县的财政处于分散的状态，管理比较混乱。如有的地区长期不报预决算，有的把财政不能报销或不合理的开支挤到企业里去报销。为了合理组织财政收入,节约使用财政资金,防止贪污浪费,以适应战争和各项建设事业的需要,各级党和政府十分重视对财经的管理和监督,陆续建立了预决算制度、审计制度、税收制度和国库制度等。下面简略谈谈东北革命根据地的预决算制度和审计制度。

1947年3月1日,东北局在《关于1947年财政经济工作方针与任务的指示》中,强调建立各种财政制度,普遍厉行节约,对人员、马匹进行精确的统计,实行预决算制度。从1947年1月份起,3个月不报账目的,停拨经费;对虚报人数、浮支冒领的,以贪污论罪。同年8月颁发的《财政工作条例(草案)》规定:民主联军总部、东北行政委员会、东北局等系统按季编造预算,季度终了编造决算。各省、市的财政收支于会计年度开始时编造概算,每季编造预决算,年终编造收支总结。军队系统各部门,统一由总后勤部编造预算,经财经委员会审核后,分季支付。各省根据要求,先后也制定了预决算制度。如嫩江省政府于1947年11月15日作出《关于收支预决算制度的决定》,规定各编造预算机关及各编造预算的主管机关必须在每月25日后将下月预算及总预算送交财政厅。在下月10日前,编造决算并附原始单据送财政厅核销。连续3个月不报决算的,财政厅不予核发第4个月的预算。

东北根据地的审计机构,在1949年前,是设在东北行政委员会财政部内的审计室,人员配备较少。1949年后,改为审计处,下设三个科,分别主管整个东北根据地的行政费;省市一级的地方经费;整个东北根据地的文教、卫生、事业经费等。

1947年,东北财经办事处颁布了《审计暂行条例》,这是解放战争时期东北根据地有关审计方面的较系统立法。

后　　记

本书致力于研究中国历代的审计法律制度,在结构上,以时间为主轴,以朝代为章节之基础,从夏朝研究至近代革命根据地时期。各章首先分析了各个历史时期的社会背景,社会背景是研究每一个时代任何问题之蓝本、基础,立足于社会背景,才能分析理解各个历史现象产生、发展的原因。其次介绍在每个时期的社会背景之下产生的立法指导思想,各个时期的法律制度都是统一于各时代的法律思想之下的,其伴随着特定的法律思想孕育而生,要理解各个时期的审计法律制度,必先理解该时代背景下的立法指导思想。最后再深入分析各时期的审计法律制度。各章结构环环相扣,逻辑清晰。在方法上,本书在研究各个时期的审计法律制度时,以史料为根本,通过对各种史料的考证研究来深入挖掘各时代的审计法律制度,做到有的放矢。

为什么要编写中国审计法制史?其一,习近平总书记在党的二十大报告中指出:"弘扬社会主义法治精神,传承中华优秀传统法律文化。"中华优秀传统法律文化源远流长,中华法系在世界法制史上独树一帜,其显示了中华民族的伟大创造力和中华法治文明的深厚底蕴,是全面依法治国的重要思想基础。学习中国审计法制史可以为推动中华优秀传统法律文化创造性转化和创新性发展助力,增强中华民族的文化自信。其二,以史为鉴可以知兴替,对现代审计法律制度的研究,离不开对中国审计法制史的研究。法律从来不是凭空产生的,研究前人的审计法律制度可以为后人提供可借鉴的经验,择其善者而用之,帮助后人不断完善法律制度。审计制度自实行以来,存在一些理论设计上的缺陷,主要表现为审计理论研究的定位不太准确以及研究轻视理论、重实务的倾向。受现行之制度和社会现状的影响，其理论研究有空洞之现象，缺乏实证研究，并且在理论研究上过多地关注专题型分析而缺乏对审计基础理论的研究。其三，由于现代审计制度的基础理论中大量借鉴外来制度，缺乏对中国传统社会现实的探究，从而导致了制度理论与实务的脱节。对此，我们不得不将视角拉回传统的社会文化当中，从中国自古以来的相关法律制度规定中寻求灵感，使理论研究与社会实务相联结，最终推动审计基础理论的创新与发展。其四，法律的研究不是独立进行的，法律是社会的一种产物，对一部分法律的研究往往需要社会中其他的法律来辅助，因此研究审计法制史可以为其他法律制度的研究夯实一定的基础。

在此，特别感谢本书的校对团队。他们是文字的守护者。他们以严谨的态度，为本书筑起了一道坚实的防线。每一页、每一段，甚至每一个标点，都经过了他们数次的推敲与修正，才使本书能够以完美的姿态呈现于读者面前。特别应当提到的是来自西南政法大学的研究生们：史良、黎雪、王晶星、蔡沁妤、宋长远、肖琴、袁弘一、曹春雨、陈陟阳、吕昊阳、兰瑞洁、姚晨曦、刘广才、张云鹤、林同涛、王馨怡、陶文雯、李范晴、李星海、孙一丹。他们的专业精神令人深感敬佩。在繁忙的学习之余，他们抽出宝贵的时间，逐字逐句地审阅稿件，提出了许多宝贵的意见和建议，使本书的文字更加流畅、内容更加丰富。他们的努力，是本书得以顺利完成的重要保障。

感谢西南政法大学的资助。

感谢法律出版社的大力支持。

面对丰富的历史，本书在史料和分析方面还存在诸多不足或者错误，衷心希望得到各位读者的批评指正。

张　伟

2024 年 12 月于重庆